Ingrid-Ute Leonhäuser · Uta Meier-Gräwe
Anke Möser · Uta Zander · Jacqueline Köhler

Essalltag in Familien

AF140990

Ingrid-Ute Leonhäuser · Uta Meier-Gräwe
Anke Möser · Uta Zander · Jacqueline Köhler

Essalltag in Familien

Ernährungsversorgung zwischen
privatem und öffentlichem Raum

VS VERLAG FÜR SOZIALWISSENSCHAFTEN

Bibliografische Information der Deutschen Nationalbibliothek
Die Deutsche Nationalbibliothek verzeichnet diese Publikation in der
Deutschen Nationalbibliografie; detaillierte bibliografische Daten sind im Internet über
<http://dnb.d-nb.de> abrufbar.

1. Auflage 2009

Alle Rechte vorbehalten
© VS Verlag für Sozialwissenschaften | GWV Fachverlage GmbH, Wiesbaden 2009

Lektorat: Frank Engelhardt

VS Verlag für Sozialwissenschaften ist Teil der Fachverlagsgruppe
Springer Science+Business Media.
www.vs-verlag.de

Umschlaggestaltung: KünkelLopka Medienentwicklung, Heidelberg
Druck und buchbinderische Verarbeitung: Krips b.v., Meppel
Gedruckt auf säurefreiem und chlorfrei gebleichtem Papier
Printed in the Netherlands

ISBN 978-3-531-16053-5

Inhalt

Abbildungsverzeichnis 9

Tabellenverzeichnis 11

1 **Einleitung** 15

2 **Stand der Forschung zum Ernährungsverhalten und Essalltag** 19
  2.1 Einführende Bemerkungen 19
  2.2 Ernährungsverhalten aus unterschiedlichen Perspektiven 20
    2.2.1 Sozialwissenschaftliche Perspektive 20
    2.2.2 Ernährungswissenschaftliche Perspektive 24
    2.2.3 Ökotrophologische Perspektive 25
  2.3 Determinanten der praktischen Ausgestaltung des Essalltags 29
    2.3.1 Quantitative Studien in Deutschland 29
    2.3.2 Qualitative Studien in Deutschland 30
    2.3.3 Qualitative Studien außerhalb Deutschlands 31
  2.4 Fazit 35

3 **Forschungsdesign** 37
  3.1 Ökotrophologischer Bezugsrahmen 37
  3.2 Methodische Vorgehensweise 42
    3.2.1 Integratives Forschungsdesign zur Untersuchung der
        Ernährungsversorgung in Familienhaushalten 43
    3.2.2 Methodische Umsetzung 46

4 **Zeitverwendung für die Ernährung in Famileinhaushalten: Ergebnisse
  der quantitativen Sekundäranalyse der Zeitbudgedaten 2001/02** 55
  4.1 Einleitung 55
  4.2 Zeitbudgeterhebung 2001/02: methodisches Konzept und
    Auswertung 56
  4.3 Soziodemografische Beschreibung der Stichprobe 60
  4.4 Zeitverwendung für hauswirtschaftliche Arbeiten einschließlich
    Beköstigung 62
  4.5 Zeitverwendung für die Ernährungsversorgung und Beköstigung ... 63
    4.5.1 Zeitverwendung für die Ernährungsversorgung und
        Beköstigung nach dem Umfang der mütterlichen
        Erwerbstätigkeit 63

4.5.2 Zeitverwendung für die Ernährungsversorgung und
Beköstigung nach Art der mütterlichen Erwerbstätigkeit 66
4.5.3 Zeitverwendung für die Ernährungsversorgung und
Beköstigung nach dem Alter der zu versorgenden Kinder 70
4.5.4 Unterstützung durch Partner und ältere Kinder bei der
Ernährungsversorgung und Beköstigung 71
4.6 Zeitverwendung für Essen und Trinken 73
4.6.1 Zeitverwendung für Essen und Trinken nach dem Umfang
der mütterlichen Erwerbstätigkeit 73
4.6.2 Zeitverwendung für Essen und Trinken nach Art der
mütterlichen Erwerbstätigkeit 79
4.6.3 Zeitverwendung für Essen und Trinken nach Alter der zu
versorgenden Kinder 84
4.6.4 Zeitverwendung von Kindern über zehn Jahren für Essen
und Trinken 85
4.7 Zusammenfassung 87

5 Der Essalltag von Familienhaushalten 89
5.1 Die Mahlzeiten im Familienalltag: gemeinschaftliches Ritual oder
individuelle Angelegenheit? 90
5.1.1 Frühstück 90
5.1.2 Mittagessen 92
5.1.3 Abendessen 96
5.1.4 Außerhäusliche Mahlzeiten 98
5.2 Die Beköstigung der Familie: die Mutter als Hauptverantwortliche
oder partnerschaftliches Gemeinschaftswerk? 100
5.2.1 Partnerschaftliche Arbeitsteilung in der Familie 101
5.2.2 Normative Leitbilder von Müttern 104
5.2.3 Alltagskompetenzen von Müttern 107
5.3 Die Ernährungssozialisation in der Familie: zwischen elterlichen
Ansprüchen und außerhäuslichen Einflüssen 113
5.3.1 Ernährungssozialisation der Eltern 114
5.3.2 Ernährungserziehung der Kinder 118
5.3.2.1 Gesundes Ernährungsverhalten 119
5.3.2.2 Weitergabe und Vermittlung von
Kochkenntnissen und -techniken 122
5.3.2.3 Benimm- und Tischsitten 124
5.3.3 Einflüsse anderer Sozialisationsinstanzen 125
5.4 Zusammenfassung 128

5.5 Gegenüberstellung quantitativer Zeitbudgetdaten und qualitativer
Interviewbefunde im Kontext aktueller Forschung 130
    5.5.1 Mahlzeitenmuster 131
    5.5.2 Beköstigungstätigkeiten und Arbeitsteilung 137

**6 Typologie der Ernährungsversorgung in Familien-Haushalten
von erwerbstätigen Müttern** **143**
6.1 Generierung der familialen Ernährungsversorgungstypen 144
6.2 Die sieben Ernährungsversorgungstypen in Familienhaushalten ... 151
    6.2.1 Die familienorientierten Traditionalistinnen 151
    6.2.2 Die ambivalenten Ess-Individualistinnen 153
    6.2.3 Die entspannten Unkonventionellen 155
    6.2.4 Die berufsorientierten Netzwerkerinnen 158
    6.2.5 Die pragmatischen Selbstständigen 160
    6.2.6 Die überlasteten Einzelkämpferinnen 163
    6.2.7 Die aufopferungsvollen Umsorgerinnen 166
6.3 Abweichende Fälle 168
    6.3.1 Familie 28 169
    6.3.2 Familie 29 172
6.4 Fazit 176

**7 Prozessorientierte Qualitätssicherung qualitativer Forschung –
ein Anwendungsbeispiel** **179**
7.1 Modell prozessorientierter Qualitätssicherung 180
    7.1.1 Entwicklung der Forschungsfrage 183
    7.1.2 Datenerhebung 183
        7.1.2.1 Reflexion der Beziehung zwischen Forscher
            und Interviewpartner 183
        7.1.2.2 Intersubjektive Nachvollziehbarkeit der
            Datenerhebung 185
        7.1.2.3 Glaubwürdigkeitsprüfung der Datenerhebung 187
    7.1.3 Interpretation 188
        7.1.3.1 Intersubjektive Nachvollziehbarkeit der
            Interpretation 188
        7.1.3.2 Glaubwürdigkeitsprüfung der Interpretation 190
    7.1.4 Abschluss des Forschungsprojektes 192
        7.1.4.1 Empirische Verankerung 192
        7.1.4.2 Verallgemeinerbarkeit 193

7.2 Kritische Bewertung des gewählten Forschungsansatzes und
      Handlungsempfehlungen 195

8 **Schlussbetrachtugen** 197
   8.1 Forschungsperspektiven 197
   8.2 Handlungsempfehlungen 198

Literaturverzeichnis 215

Abbildungsverzeichnis

Abb. 2.1: Stand der Forschung zum Ernährungsverhalten und Essalltag ... 20
Abb. 3.1: Ernährungsversorgung im mikro-sozioökonomischen
Handlungssystem 38
Abb. 3.2: Determinanten des Essalltags 40
Abb. 3.3: Integratives Forschungsdesign 45
Abb. 3.4: Forschungskonzept und Umsetzung 46
Abb. 4.1: Abgrenzung von Beköstigung und Ernährungsversorgung 58
Abb. 4.2: Beteiligungsgrad von Müttern an Essen und Trinken nach
Umfang der Erwerbstätigkeit im Tagesverlauf
(Zeitbudgeterhebung 2001/02) 75
Abb. 6.1: Stufenmodell der empirisch begründeten Typenbildung 145
Abb. 6.2: Darstellung des Merkmalsraums mit zugeordneten
Untersuchungseinheiten und Einzelfällen 149
Abb. 7.1: Prozessorientierte Qualitätssicherung 182

Tabellenverzeichnis

Tab. 3.1: Stratifizierung der Familienhaushalte für die qualitativen
           Interviews 48
Tab. 4.1: Veränderungen von n und n-Personentagen durch die
           Gewichtung am Beispiel von Müttern mit unterschiedlichem
           Umfang der Erwerbsbeteiligung 57
Tab. 4.2: Einteilung der Berufsgruppen in der Zeitbudgeterhebung
           2001/2002 und der eigene qualitativen Erhebung 60
Tab. 4.3: Soziodemografische Beschreibung der ausgewählten Mütter
           (ZBE 2001/02) 61
Tab. 4.4: Durchschnittliche tägliche Zeitverwendung von Müttern für
           hauswirtschaftliche Tätigkeiten nach Umfang der
           Erwerbstätigkeit (ZBE 2001/02) 62
Tab. 4.5: Durchschnittliche tägliche Zeitverwendung von Müttern für
           Ernährungsversorgung nach Umfang der Erwerbstätigkeit
           (ZBE 2001/02) 64
Tab. 4.6: Durchschnittliche tägliche Zeitverwendung von Müttern für
           Beköstigung zu ausgewählten Uhrzeiten nach Umfang der
           Erwerbstätigkeit (ZBE 2001/02) 65
Tab. 4.7: Durchschnittliche tägliche Zeitverwendung von Müttern für
           die Hauptaktivität Beköstigung und gleichzeitige
           Nebenaktivitäten nach Umfang der Erwerbstätigkeit (ZBE
           2001/02) 66
Tab. 4.8: Durchschnittliche tägliche Zeitverwendung von Müttern für
           Ernährungsversorgung nach Art der Erwerbstätigkeit (ZBE
           2001/02) 68
Tab. 4.9: Durchschnittliche tägliche Zeitverwendung von Müttern für
           Beköstigung zu ausgewählten Uhrzeiten nach Art der
           Erwerbstätigkeit (ZBE 2001/02) 69
Tab. 4.10: Durchschnittliche tägliche Zeitverwendung von Müttern für
           Ernährungsversorgung nach dem Alter der Kinder (ZBE
           2001/02) 70
Tab. 4.11: Durchschnittliche tägliche Zeitverwendung der Väter für
           Tätigkeiten der Ernährungsversorgung nach Umfang der
           Erwerbstätigkeit der Partnerin (ZBE 2001/02) 72
Tab. 4.12: Durchschnittliche tägliche Zeitverwendung von Kindern über
           zehn Jahren für ausgewählte Tätigkeiten der
           Ernährungsversorgung nach Umfang der Erwerbstätigkeit der
           Mütter (ZBE 2001/02) 73

Tab. 4.13: Durchschnittliche tägliche Zeitverwendung von Müttern für Essen und Trinken nach Umfang der Erwerbstätigkeit (ZBE 2001/02) 74

Tab. 4.15: Durchschnittliche tägliche Zeitverwendung von Müttern für Essen und Trinken für ausgewählte Tageszeiten, Orte und personelle Zusammensetzung nach Umfang der Erwerbstätigkeit (ZBE 2001/02) 78

Tab. 4.16: Durchschnittliche tägliche Zeitverwendung von Müttern für die Hauptaktivität Essen und Trinken und gleichzeitigen Nebenaktivitäten nach Umfang der Erwerbstätigkeit (ZBE 2001/02) 79

Tab. 4.17: Durchschnittliche tägliche Zeitverwendung von Müttern für Essen und Trinken nach Art der Erwerbstätigkeit (ZBE 2001/02) 80

Tab. 4.18: Durchschnittliche tägliche Zeitverwendung von Müttern für Essen und Trinken für ausgewählte Tageszeiten und Orte nach Art der Erwerbstätigkeit (ZBE 2001/02) 81

Tab. 4.19: Durchschnittliche tägliche Zeitverwendung von Müttern für Essen und Trinken für ausgewählte Tageszeiten, Orte und personelle Zusammensetzung nach Art der Erwerbstätigkeit (ZBE 2001/02) 82

Tab. 4.20: Durchschnittliche tägliche Zeitverwendung von Müttern für die Hauptaktivität Essen und Trinken und gleichzeitigen Nebenaktivitäten nach Art der Erwerbstätigkeit (ZBE 2001/02) .. 83

Tab. 4.21: Durchschnittliche tägliche Zeitverwendung von Müttern für Essen und Trinken nach dem Alter der Kinder (ZBE 2001/02) .. 84

Tab. 4.22: Durchschnittliche tägliche Zeitverwendung von Kindern über zehn Jahren für Essen und Trinken nach Umfang der Erwerbstätigkeit der Mütter (ZBE 2001/02) 85

Tab. 4.23: Durchschnittliche tägliche Zeitverwendung von Kindern über zehn Jahren für Essen und Trinken für ausgewählte Tageszeiten und Orte nach Umfang der Erwerbstätigkeit der Mütter (ZBE 2001/02) 86

Tab. 4.24: Zentrale Ergebnisse der Sekundäranalyse der Zeitbudgeterhebung 2001/02 und resultierende Leitfragen 87

Tab. 6.1: Beschreibung der Ressourcenausstattung 147

Tab. 6.2: Art des Mahlzeitenmusters von Familienhaushalten an den Werktagen 148

Tab. 6.3: Die familienorientierten Traditionalistinnen 153

Tab. 6.4: Die ambivalenten Ess-Individualistinnen 155

Tab. 6.5:   Die entspannten Unkonventionellen 157

Tab. 6.6:   Die berufsorientierten Netzwerkerinnen 160

Tab. 6.7:   Die pragmatischen Selbstständigen 162

Tab. 6.8:   Die überlasteten Einzelkämpferinnen 165

Tab. 6.9:   Die aufopferungsvollen Umsorgerinnen 167

Tab. 7.1:   Ausschnitte aus den Beobachtungsprotokollen zur
             Dokumentation des Interviewverlaufs und -atmosphäre 184

1 Einleitung

Die vorliegende Veröffentlichung ist das Ergebnis eines umfänglichen Forschungsprojekts zum Essalltag von Paarhaushalten mit berufstätigen Müttern. Gestützt auf ein innovatives Forschungsdesign lotet es erstmals ganzheitlich die Organisation, Koordinierung und konkrete Umsetzung der familialen Ernährungsversorgung zwischen privatem und öffentlichem Raum (EVPRA) systematisch aus und überwindet damit die bis dato gängige Betrachtung von einzelnen Aspekten zu diesem Thema – sowohl in der nationalen als auch in der internationalen Forschungslandschaft. Das Projekt wurde zwischen 2004 und 2007 von der Deutschen Forschungsgemeinschaft (DFG) für drei Jahre gefördert, wofür die Autorinnen an dieser Stelle nochmals ihren aufrichtigen Dank bekunden möchten.

Unser Erkenntnisinteresse war auf die Frage fokussiert, wie zu Beginn des 21. Jahrhunderts die an 365 Tagen im Jahr beständig wiederkehrende Anforderung der Ernährungsversorgung von Eltern und Kindern zwischen privatem und öffentlichem Raum in Deutschland bewältigt wird. Gleichermaßen wichtig war es den Autorinnen der vorliegenden Veröffentlichung in Erfahrung zu bringen, welche Intentionen und Ansprüche Mütter aus verschiedenen Bildungs- bzw. Berufsgruppen mit Familienmahlzeiten oder anders arrangierten Settings der täglichen Ernährungsversorgung verbinden – gesundheitsfördernd, erzieherisch, aber auch mit Blick auf die Herstellung von familialer Identität und Gemeinsinn. Dieses Anliegen wird vor dem Hintergrund der in der Öffentlichkeit und der Scientific Community äußerst widersprüchlich diskutierten Thesen verständlich: Auf der einen Seite die Annahme einer unaufhaltsamen Erosion familialer Mahlzeitenstrukturen hin zum individualisierten Verzehr von Nahrungsmitteln; auf der anderen Seite die These von der konstanten Zuständigkeit der Mütter für die familiale Ernährungsversorgung sowie einer kulturellen Persistenz von Mahlzeitenmustern.

Das Thema dieses Forschungsprojekts steht zudem in einem unverkennbaren Zusammenhang mit fundamentalen Wandlungsprozessen europäischer Gesellschaften im Allgemeinen und der Bundesrepublik Deutschland im Besonderen. In vielen europäischen Ländern wurde spätestens seit den 1980er Jahren eine familien- und kindbezogene Infrastruktur zur Unterstützung weiblicher Erwerbsbeteiligung und schließlich – wenn auch weitaus zögerlicher –

zur allmählichen Überwindung herkömmlicher Geschlechter(rollen)stereo-
typisierungen implementiert. Diese Entwicklungen schließen nicht zuletzt eine
verlässliche Pausen- und Mittagessensversorgung in Kindertagesstätten und
Schulen ein.

Die Bundesrepublik Deutschland hat sich indessen mit der Übernahme einer öffentlichen Verantwortung für das gesunde Aufwachsen von Kindern und
einer partiellen Entlastung der Mütter von den täglich anfallenden Routineauf-
gaben der Alltagsversorgung schwer getan. Erst in den letzten Jahren wurde ein
familienpolitischer Paradigmenwechsel eingeleitet, der auf der empirisch ge-
stützten Erfahrung beruht, dass sich das Festhalten an einem traditionellen
Mutterbild nicht nur im internationalen Vergleich als obsolet, sondern letztlich
auch als kontraproduktiv erwiesen hat: Traditionelle Politikstile, die dem Modell der „guten", nicht erwerbstätigen Mutter verhaftet waren und mit der Er-
wartung einhergingen, dass Mütter als primäre Bezugspersonen für ihre Kinder
eine Rundum-Betreuung bis ins Schulalter hinein (mit Ausnahme des Rechts-
anspruchs auf einen Halbtagskindergartenplatz ohne Mittagessen) privat zu
gewährleisten haben, führten immer häufiger gerade bei den gut ausgebildeten
und beruflich ambitionierten Frauen zum Verzicht auf die Realisierung ihrer
durchaus vorhandenen Kinderwünsche. Für diejenigen berufstätigen Frauen
wiederum, die sich trotz widriger gesellschaftlicher Rahmenbedingungen der
Vereinbarkeit von Beruf und Familie für Kinder entschieden hatten, waren
vielfältige Formen von Zeitstress, gesundheitlichen Beeinträchtigungen und
Partnerschaftskonflikten die Folge oder aber sie mussten deutliche Abstriche
bei der Verwertung ihrer erworbenen Bildungs- und Qualifikationsabschlüsse
für den Aufbau einer eigenständigen Erwerbsbiographie und Alterssicherung
hinnehmen.

Im Kontext dieser gesellschaftspolitischen Entwicklungen, deren Folgen
inzwischen immer deutlicher werden und an Stichworten wie Work-Life-
Balance, demographischer Wandel oder dem absehbaren Mangel an Fach- und
Führungskräften in einer alternden Gesellschaft festgemacht werden können,
ist schließlich auch die Entscheidung für unser Sample – berufstätige Mütter –
zu sehen: Wir wollten systematisch und subjektorientiert untersuchen, wie der
Essalltag in dieser Familienkonstellation organisiert und koordiniert wird, auf
welche familialen und/oder institutionellen Netzwerke und Infrastrukturen
zurückgegriffen wird (werden kann), welche Versorgungsarrangements letztlich praktiziert werden und wie unter der Bedingung weiblicher Erwerbsbeteiligung der Essalltag von Familien verlässlich hergestellt wird. Aus diesem
Grunde wurden Zeitbudgets der Beköstigung, Mahlzeitenmuster und Strategien
zur Organisation der familialen Ernährungsversorgung berufsgruppen- und
milieuspezifisch analysiert.

Der Studie liegt ein ökotrophologischer Bezugsrahmen zugrunde, um das Zusammenspiel von verfügbaren Ressourcen, Sinnsetzungen und Handlungs- spielräumen der Familienhaushalte ganzheitlich in den Blick zu nehmen und eine individuumsfixierte Betrachtung des Essens und Trinkens konzeptionell zu vermeiden. Letztlich geht es im familialen Lebenszusammenhang um die keineswegs triviale Herausforderung, unterschiedliche Bedürfnisse, Zeitbin- dungen, Geschmacksvorlieben und Gewohnheiten von Müttern, Vätern und Kindern auszutarieren, Kompromisse zu finden und einen von allen Familien- mitgliedern getragenen Ernährungsversorgungsstil auszuhandeln, der entlang der Familienbiographie immer wieder neu arrangiert werden muss. Dieser Zugang eröffnet die Chance, den Essalltag von Familien nicht nur in seiner ernährungs- und gesundheitsbezogenen Relevanz zu erfassen, sondern zudem in seinem kulturellen und sozialen Bedeutungsgehalt auszuloten. Somit leistet die vorliegende Studie einen wichtigen Beitrag zur Etablierung einer kultur- und sozialwissenschaftlichen Perspektive in der Ernährungsforschung und wirkt der Dominanz ihrer bisher weitgehend einseitigen natur- und technikwis- senschaftlichen Spezialisierung im deutschen Forschungsraum entgegen.

Das Buch basiert sowohl auf einer Sekundäranalyse von repräsentativen Zeitbudgetdaten als auch auf 48 detaillierten qualitativen Fallanalysen, wobei wir großes Gewicht auf eine prozessorientierte Qualitätssicherung der qualita- tiven Daten gelegt haben. Aus dem umfänglichen Datenmaterial wurde eine Typologie der familialen Ernährungsversorgung generiert, die zum einen die Vielfalt der gelebten Ernährungsversorgungsstile im Kontext von verfügbaren Ressourcen, Sinnsetzungen und Handlungsspielräumen zwischen privatem und öffentlichem Raum offenbart und zugleich innovative Ansatzpunkte für eine zielgruppenbezogene Gesundheits- und Ernährungsprävention eröffnet.

Das Projekt wäre ohne die breite Unterstützung vieler Personen kaum möglich gewesen, welche in der vorliegenden Publikation nicht oder nur indi- rekt erwähnt werden. Danken möchten wir zunächst Frau Prof. Dr. Eva Barlö- sius, ohne deren Initiative und Organisation eines DFG-Rundtischgespräches zur kultur- und sozialwissenschaftlichen Ernährungs- und Essforschung in Berlin im Juni 2002 die Idee zu unserem Forschungsantrag möglicherweise gar nicht zustande gekommen wäre. Frau Barlösius stand uns darüber hinaus mit ihrer langjährigen Forschungserfahrung für ein Expertengespräch im Rahmen eines peer debriefing[1] zur Verfügung. Gleiches gilt für Frau Dr. Christine Brombach und Frau Dr. Heide Preuße, die ebenfalls für intensive Expertinnen- gespräche gewonnen werden konnten. Ihnen allen gilt unser herzliches Danke- schön. Auch die Bereitschaft von Vertretern des Statistischen Bundesamtes in

---

1   Peer debriefing bezeichnet die Validierung der Ergebnisse durch Gruppendiskussion mit anderen Wissenschaftlern (STEINKE 1999, LINCOLN/GUBA 1985).

Wiesbaden, uns nicht nur die Zeitbudgetdaten als Scientific Use File zur Verfügung zu stellen, sondern auch bei aufgetretenen methodischen Fragen kompetent zu beraten, sei an dieser Stelle besonders hervorgehoben.

Vor allem aber sind wir den vielbeschäftigten berufstätigen Müttern zu Dank verpflichtet, die uns als Expertinnen ihres Alltags so bereitwillig und ausführlich für ein Interview zur Verfügung standen und Einblicke in den Essalltag ihrer Familien gewährt haben. Wir danken außerdem Frau Gisela Beigi für ihr vielseitiges Engagement bei der schreibtechnischen Erstellung des Abschlussberichts unseres Projekts sowie den studentischen und wissenschaftlichen Hilfskräften Mareike Donner, Anneke von Reeken, Kerstin Hämel, Felicja Engel, Susanne Kühnel, Carina Walter, Beate Angelstein und Susanne Gastmann, die an der Auswertung der Zeitbudgetdaten und bei der Durchführung von Interviews sowie ihrer Transkription und Vercodung beteiligt waren. Dadurch konnten sie während ihres Studiums bzw. kurz nach Abschluss ihrer Ausbildung wertvolle Forschungserfahrungen im Rahmen eines DFG-Projekts gewinnen.

Zu danken ist schließlich Frau Dipl. oec. troph. Frauke Wieting, die zudem eine ergänzende schriftliche Befragung der Väter in unseren Familienhaushalten durchgeführt hat. Besonders danken möchten wir schließlich auch Frau Mareike Bröcheler und Frau Dr. Stephanie Dorandt, die mit Akribie, Geduld und hohem zeitlichen Einsatz dazu beigetragen haben, dass das druckfertige Manuskript dem Verlag fristgerecht vorgelegt werden konnte.

Gießen, den 1. 9. 2008   Ingrid-Ute Leonhäuser, Uta Meier-Gräwe,
                              Anke Möser, Uta Zander und Jacqueline Köhler

2 Stand der Forschung zum Ernährungsverhalten und Essalltag

2.1 Einführende Bemerkungen

Essen und Trinken sind in vielfältiger Weise in unser Alltagshandeln eingebunden. Die Nahrungsaufnahme ist lebensnotwendiger Bestandteil unserer Daseinsvorsorge, das Ernährungsverhalten hingegen ist eine in Sozialisationsprozessen erlernte Handlung, die vielfach routine- und gewohnheitsmäßig ausgeübt wird (v. SCHWEITZER 2006, 1991; BARLÖSIUS 1999; PRAHL/SETZWEIN 1999). In ernährungswissenschaftlichen und medizinischen Studien wurde der notwendige physiologische Bedarf erforscht und beschrieben. Alle zum Lebenserhalt benötigten Nährstoffe sind heute analysiert und in ihren Wirkungen auf den menschlichen Organismus eingehend untersucht. Was den Forschungsgegenstand „Ernährungsverhalten" betrifft, so sind die das Ernährungsverhalten beeinflussenden Determinanten ebenso bekannt und als solche in der Literatur weitgehend thematisiert worden (BARLÖSIUS 1999; GRUNERT 1993; BODENSTEDT 1983; NEULOH/TEUTEBERG 1979).

Unklar ist jedoch nach wie vor, wie diese Größen auf das Ernährungsverhalten wirken, wie sie in Wechselwirkung stehen, welche Faktoren wann welche Wirkung haben und schließlich, wie diese den Alltag von Privathaushalten bzw. von Familien mitbestimmen (LEONHÄUSER 1995).

In der graphischen Literaturübersicht[2] (Abbildung 2.1) ist der Stand der Forschung zu diesen Fragen abgebildet. Die Übersicht ist in zwei Themenkomplexe unterteilt: Einerseits wird das Ernährungsverhalten aus unterschiedlichen disziplinären Blickrichtungen thematisiert; hierbei liegt das Augenmerk auf der Darstellung der theoretischen Diskussion zum Ernährungsverhalten und Essalltag. Andererseits werden Studien angeführt, welche die praktische Ausgestaltung des Essalltags von Familienhaushalten erläutern. In diesem Kontext werden empirische Erkenntnisse sowohl aus dem deutschen Forschungsraum als auch solche aus anderen europäischen Ländern und aus den USA angesprochen.

---

2 CRESWELL (2003, S. 39 ff.) empfiehlt eine „literature map" zur Darstellung relevanter Literatur zum Forschungsgegenstand, zur Organisation dieser Literatur und zur Einordnung des Forschungsvorhabens in die bisherige Forschung.

Abbildung 2.1:   Stand der Forschung zum Ernährungsverhalten und Essalltag

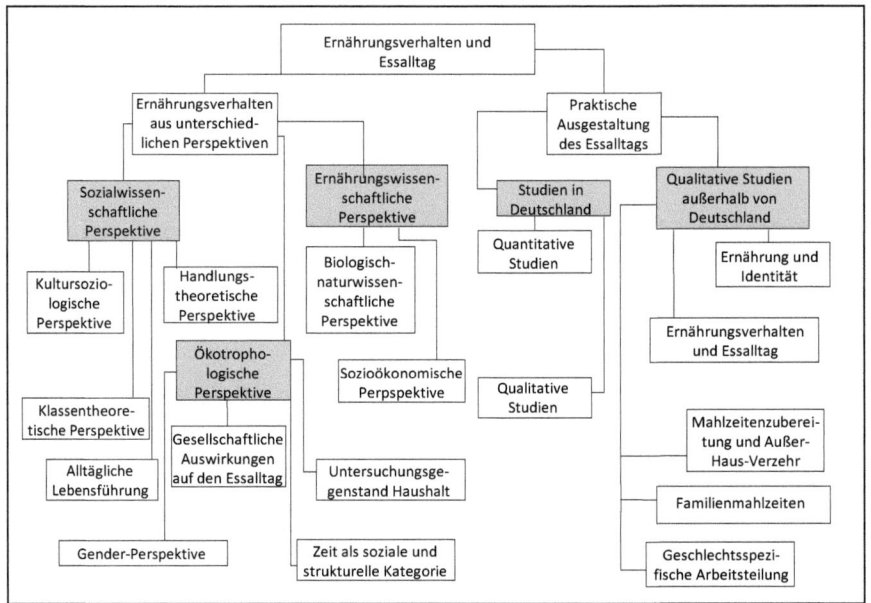

Quelle: Eigene Darstellung

2.2 Ernährungsverhalten aus unterschiedlichen Perspektiven

Bestimmungsgründe für das Ernährungsverhalten können sowohl aus einer sozialwissenschaftlichen, ernährungswissenschaftlichen als auch aus der öko-trophologischen Perspektive heraus betrachtet werden.

2.2.1 Sozialwissenschaftliche Perspektive

Ernährungsverhalten ist eine Handlung, die willentlich oder gewohnheitsmäßig abläuft. Sie umfasst die Nahrungsbeschaffung, Zubereitung, den Verzehr und die Nachbereitung von Lebensmitteln durch ein Individuum und/oder von sozialen Gruppen. Sie kann auch religiös-symbolischen Zwecken dienen und von diesen beeinflusst werden. Das Ernährungshandeln bzw. Ernährungsverhalten[3] eines Individuums ist immer eine Folge endogener und exogener Ursachen; deren Wirkungen können sowohl individueller als auch überindividueller Art sein. Die Verschränkung von Ursachen, Wirkungen und Folgen des Ernährungsverhaltens lassen sich aus unterschiedlichen sozialwissenschaftlichen Forschungsperspektiven darstellen. Nachfolgend werden die dieser Studie zugrunde liegenden Ansätze einzelner Forschungsrichtungen kurz skizziert, analysiert und bewertet. Kultur-soziologische, klassentheoretische und handlungstheoretische Perspektiven beschreiben diejenigen Faktoren, die im Zusammenhang mit exogen wirksamen Determinanten eines Ernährungsverhaltens gesehen werden.

Kultur-soziologische Perspektive[4]
Essen wird nach DURKHEIM und MAUSS (1971) als soziales Totalphänomen definiert. Damit ist gemeint, dass Essen und Trinken in soziale und kulturelle Belange des Menschen hinein reicht. Nahrung muss zuerst produziert werden, um nachfolgend mit kulturellen Verfahren in Speisen überführt zu werden. BARLÖSIUS (1999) weist darauf hin, dass dies nicht nur unter Anwendung von „Technik" geschieht, sondern auch als Aneignungsprozess einer Kultur zu verstehen ist, sich die „Natur" durch Essen einzuverleiben. Diese kulturellen Prozesse können entschlüsselt werden (DOUGLAS/KARMASIN 1999). Essen und Ernähren sind materiell „verankert", an raum-zeitliche und personale Strukturen gebunden, die sozial ausgedeutet und ausgehandelt werden: in der Familie, in unseren Lebensbezügen, in Haushalten. Nach DOUGLAS (1972) ist die Nahrungsaufnahme des Menschen in allen menschlichen Kulturen weder beliebig noch unstrukturiert. Sie erfolgt nach sozialen Normen, die einen hohen Verbindlichkeitsgrad aufweisen. Diese Normen sind kulturell verschieden, sie werden sozial vermittelt und sozial bewertet (SCHÜTZ 1979).

ELIAS untersucht, wie durch die Verfeinerung der Tischsitten bestimmte gesellschaftliche Normen den Umgang mit dem Essen und den am Tisch Versammelten regeln. Durch diese Vorstellungen und Erwartungen wird das ursprüngliche triebhafte Bedürfnis, zu essen, kultiviert bzw. zivilisiert (ELIAS 1969). Der Zivilisationsprozess einer Gesellschaft verläuft parallel zu den Veränderungsprozessen einer Gesellschaft und zeichnet sich durch eine Verschiebung der „Peinlichkeitsschwellen und Schamgrenzen" aus. Diese kulturell geltenden ernährungsbezogenen Normen und Werte prägen das Ernährungs-

---

3   Im exakten wissenschaftlichen Gebrauch müsste von „Ernährungshandeln" gesprochen werden. Da sich sprachgebräuchlich der Begriff „Ernährungsverhalten" durchgesetzt hat, wird im Folgenden dieser Begriff verwendet.
4   An dieser Stelle sei C. Brombach für die Zuarbeit in der Projektantragsphase gedankt.

verhalten[5]. Die reziproke Wirkung eines Ernährungsverhaltens auf kulturelle Aspekte verläuft im Sinne von „Verfestigung durch Wiederholung", weil sich ernährungsbezogene Normen durch ständige „Ausführung" bestätigen (BARLÖSIUS 1999; MURCOTT 1983). Die in einer Gesellschaft geltenden Ernährungsnormen stehen in Wechselwirkung zum gesamtgesellschaftlichen Wandel und sind damit nicht permanent festgelegt. Retrospektiv können Veränderungen der „Ernährungsnormen" festgestellt werden. Beispielsweise gelten heute Nahrungsmittel nicht mehr als essbar, die noch im Mittelalter und früher Neuzeit durchaus die Tafeln der Speisenden erfreuten oder es betrifft die veränderte Wertschätzung der Nahrungsmittel (ELIAS 1969).

Klassentheoretische Perspektive
BOURDIEU (1991) beschreibt in seinen Untersuchungen, wie durch die jeweilige (Ess-) Erziehung ein „Habitus" erlernt, durch die soziale Herkunft bedingt und verursacht und die Zugehörigkeit zu einer bestimmten Klasse verdeutlicht wird. Die von ihm vorgelegten klassentheoretischen Untersuchungen sind sehr differenziert und erfolgten in Bezug auf die französische Gesellschaft. Auch wenn die Ergebnisse nicht in jedem Fall auf deutsche Verhältnisse übertragbar sind, so ist auch für unsere Gesellschaft von einer Stratifizierung der Einkommens- und Bildungsgruppen auszugehen. Gleichfalls ist hier beobachtbar, dass die Esserziehung im Kindesalter das gegenwärtige Ernährungsverhalten maßgeblich prägt (BROMBACH 2000; DEVAULT 1991). Nach BOURDIEU (1991) ist Ernährungsverhalten Merkmal einer Klassenzugehörigkeit. Individuelles Ernährungsverhalten ist nur dann verständlich und deutbar, wenn Klassenzugehörigkeit und Lage des sozialen Umfelds bekannt sind.

Handlungstheoretische Perspektive
Leben bedeutet „Handeln", ohne Handeln ist kein Überleben möglich. Die „Weltoffenheit" des Menschen zwingt diesen, sich für Handlungsalternativen zu entscheiden. Dabei bleibt der Mensch grundsätzlich auf seine „Grenzen" bezogen, deren Binnenraum er imperativ zu nutzen hat. Handeln wird innerhalb der Phänomenologie als zielgerichtetes Tun verstanden (LUCKMANN 1992). Die Genese der Handlungstheorie lässt sich auf Aristoteles zurückführen, auf den sich nachfolgend WEBER bezieht[6]. Menschen können nach ihren Verhaltensweisen bestimmten „Verhaltenstypen" zugeordnet werden. Nach RIESMAN (1958) wird die Entwicklung einer Gesellschaft durch demographische Veränderungen geprägt. Anhand der Untersuchung der amerikanischen

---

5   Dem Einzelnen oft nicht bewusst.
6   WEBER unterscheidet affektuelles, traditionales, wertrationales sowie zweckrationales Handeln (WEBER 1972).

Gesellschaft resümiert er[7] drei Verhaltenstypen, die sich parallel zu demographischen Entwicklungen konstituieren: traditionsgeleitete Verhaltenstypen, die konservative Werte vertreten, innen geleitete Verhaltenstypen, die sich einzig an ihren persönlichen und inneren Werten orientieren, außengeleitete Verhaltenstypen, die sich in ihrem Handeln in Übereinkunft zur „öffentlichen Meinung" befinden und dabei ihre Werte- und Konsumorientierungen aus dem „allgemein Üblichen" legitimieren.

Handeln, somit auch das Ernährungsverhalten, erfolgt in einer Lebenswelt, die als „fraglos Gegebenes" jedem Menschen anheim gestellt ist. Diese Lebenswelt ist auslegungsbedürftig und ist eine sozial geteilte, die Menschen für sich „erklären" müssen, um darin (über)leben zu können. Handlungsleitend für Entscheidungen sind nach SCHÜTZ (1979) „alltagstheoretische Erklärungskonstrukte", die verschiedene Funktionen und Bedeutungen für ein Individuum haben:

- Orientierungsfunktion (Strukturierung und Ordnung der jeweils erfahrenen Wirklichkeit),
- Handlungsplanungsfunktion (Anlass und Planung von Handlungen),
- Handlungsrechtfertigungsfunktion (Bewertungen von Handlungen),
- Identitätswahrung (Einordnung des Selbst in die jeweiligen Handlungen und
  Handlungsfolgen sowie einer Kontinuität des Selbstverständnisses) und
- Kommunikationsfunktion (Austausch, Beziehungen). (SCHÜTZ 1979)

Außengeleitetes Handeln ist, wie SCHULZE für die modernen Gesellschaften darlegt, ein erlebnisorientiertes Tun, welches rekursiv die Gesellschaft verändert (SCHULZE 1992). Die Veränderlichkeit einer Gesellschaft, der „Wandel", bleibt nicht ohne Folgen für das Individuum. Auch wenn Individuen sich zunehmend „individualisieren" (BECK 1986), sind sie in die Strukturen einer Gesellschaft und ihre Veränderungen eingebunden. Die Folgen von „Handeln" und „Ernährungsverhalten" sind dynamisch und wechselseitig: Die sich verändernden Strukturen verändern die Handelnden, die ihrerseits handelnd die Gesellschaft verändern.

---

7   Obgleich die Untersuchungen RIESMANS (1958) uns „doppelt distal" vorkommen mögen (bezogen auf die historische Zeit und den geographischen Raum), sind seine Aussagen erstaunlich weitsichtig und aktuell. So beschreibt Riesman etwa die Ausdifferenzierung in eine Dienstleistungsgesellschaft mit Singularisierungsprozessen, zu denen auch BECK (1986) und BECK-GERNSHEIM (1983) in ihren zeitkritischen Analysen gelangen.

2.2.2 Ernährungswissenschaftliche Perspektive

Biologische Perspektiven der Verhaltensforschung beschreiben diejenigen Faktoren, die in der Literatur als vorrangig endogen wirksame Einflussfaktoren eines Ernährungsverhaltens identifiziert werden. Der ernährungswissenschaftliche Ansatz verbindet die endogenen und exogenen Perspektiven durch die biologisch-naturwissenschaftliche und sozioökonomische Orientierung, ohne jedoch den Alltagskontext unmittelbar zu berücksichtigen (LEONHÄUSER 1995).

Biologisch-naturwissenschaftliche Perspektive
Das Überleben ist an eine regelmäßige und ausreichende Zufuhr von Kohlenhydraten, Proteinen, Fetten, Mineralstoffen Vitaminen, Spurenelementen, Ballaststoffen und sekundären Pflanzenstoffen gebunden. Zwar ist die Ernährung eine biologische Notwendigkeit, aber die Auswahl, der Umgang mit und die Zubereitung von Nahrung wurde immer und zu jeder Zeit der Menschheitsgeschichte kulturell ausgestaltet (RATH 1984, KLEINSPEHN 1987).

Sowohl im Alltagsverständnis als auch in der wissenschaftlichen Betrachtung können den Begriffen „Essen" und „Ernährung" unterschiedliche Bedeutungen zugeordnet werden (TEUTEBERG 1993; PUDEL, WESTENHÖFER 1998; SCHLEGEL-MATTHIES 2001). In dem Maße, wie die Naturwissenschaften an Einfluss gewannen, wurde der wissenschaftliche Deutungszusammenhang von Essen und Trinken als Heilkunst und Lebensweise verdrängt (TEUTEBERG 1993). Die Erfahrung der Einheit von Leben - Alltag - Essen - Lebensführung wurde abgelöst zugunsten von positivistischen Erklärungsmodellen. Exemplarisch verdeutlichen dies heute die quantitativen Referenzwerte der Deutschen Gesellschaft für Ernährung (DGE 2000a), die Richtwerte, Maßzahlen und Mengenangaben für eine „gesunde" und damit „wissenschaftlich gesicherte" Ernährung liefern. Ernährungslehre wird zu einer Naturwissenschaft, die das „Essen" quantitativ und nach biochemischen, physiologischen Ursache-Wirkungsmechanismen erklärt und bewertet. Ausgehend davon werden normative Vorgaben geschaffen, die die Grundlage für eine „richtige" Ernährungsweise bilden. Heute ist die Ernährungsforschung zudem durch drei aktuelle Entwicklungen bestimmt:

- „die zunehmende Erkenntnis, dass der Ernährung eine überragende Bedeutung in der Krankheitsprävention zukommt,
- die methodischen Möglichkeiten der biochemischen, zellulären und molekularbiologischen Forschung, einschließlich der funktionellen Genomik und

- die Einführung von Lebensmitteln mit präventivmedizinischem Zusatz-
  nutzen (funktionelle Lebensmittel, functional food)." (DEUTSCHE FOR-
  SCHUNGSGEMEINSCHAFT 2006, S. 1)

Sozioökonomische Orientierung
Die wenigen durchgeführten sozioökonomischen Studien sind vorwiegend
Studien aus ernährungsphysiologischer Sicht sowie Studien zum Lebensmittel-
verbrauch und Lebensmittelverzehr der Deutschen. Quantitative, repräsentative
Daten zur Ernährungsversorgung und zum Ernährungsverhalten von Mitgliedern in Privathaushalten sind bislang für Deutschland kaum erhoben worden.
Die erste Nationale Verzehrsstudie 1991 (NVS I) war bis vor kurzem die einzige repräsentative wissenschaftliche Untersuchung zum Lebensmittelverzehr
der Westdeutschen. Ihre Ergebnisse liefern ein differenziertes Bild zur Nähr-
stoffaufnahme sowie zu Einstellungen gegenüber Lebensmitteln und Gesundheit. Beim Ernährungssurvey als Unterstichprobe des Bundes-Gesundheits-
surveys 1998 (ROBERT-KOCH-INSTITUT 2004) wurde lediglich der Konsum der
Hauptlebensmittelgruppen nach Häufigkeit und Menge im Hinblick auf die
Nährstoffsituation erfasst. Die Einkommens- und Verbrauchsstichprobe (EVS),
die im fünfjährigen Turnus vom Statistischen Bundesamt erhoben wird, bezieht
sich nach dem Marktentnahmekonzept auf die eingekauften Lebensmittel von
Privathaushalten, bewertet nach Mengen und Preisen, sowie unterschieden
nach Einkommensgruppen, Anzahl der Haushaltsmitglieder, Haushaltsform,
sozialem Status etc. sowie auf den Außer-Haus-Verzehr. Da die EVS-Daten
aggregierte eingekaufte Mengen, nicht jedoch den familiären Verzehr abbilden,
können keine Rückschlüsse über Essgewohnheiten, Verteilungsmuster oder
Entscheidungsstrukturen bezüglich der Nahrungszubereitung, Nahrungsvor-
und Nahrungsnachbereitung abgeleitet werden. Panel- Untersuchungen, beispielsweise von der GfK Panel Services Deutschland GmbH, Nürnberg, erfassen ebenso nur die eingekauften Lebensmittel, hier allerdings werden auch
Motive, Einstellungen und Werte erfragt (KUTSCH/SZALLIES/WISWEDE 1991).

2.2.3 Ökotrophologische Perspektive

Erst seit ca. dreißig Jahren gibt es vereinzelte Ansätze, die „black box" der
Lebensführung von Privathaushalten im Allgemeinen und ihrer Ernährung im
Besonderen aufzuhellen, also den Blick auf die Individuen in diesen Haushal-
ten in ihren sozialen, ökonomischen und emotionalen Bedürfnis- und Bezie-
hungsstrukturen zu richten. In Bezug auf den Untersuchungsgegenstand
„Haushalt" sind die wegweisenden haushaltswissenschaftlichen Arbeiten von

VON SCHWEITZER zu nennen (VON SCHWEITZER 2006; 1991; 1987; 1978; VON
SCHWEITZER/PROSS 1976). Die von ihr konzeptualisierten systemtheoretischen
und handlungsorientierten Betrachtungsebenen von Haushaltsstrukturen und
Haushaltshandlungen ermöglichen es, das Haushaltsgeschehen im Kontext von
Daseinsvorsorge und der Ernährungsversorgung im Besonderen mit den damit
in Verbindung stehenden Handlungen und Prozessabläufen zu analysieren
(LEONHÄUSER 2002; 1993).

Was den unmittelbaren Bezug zum Teilsystem Ernährung von Haushalten
betrifft, so liegen bisher zwei Fallstudien von dem Volkskundler NEULOH und
dem Historiker TEUTEBERG (NEULOH/TEUTEBERG 1979) sowie von den Medi-
zin-Soziologen VON FERBER und ABT (1993) vor. Weder die Befunde dieser
Untersuchungen noch der bisher in eigenen Arbeiten vertretene verhaltens-
wissenschaftliche Ansatz[8] erlauben indessen Rückschlüsse auf die Beantwor-
tung der Frage, ob und inwieweit Haushalte bereit sind, sich den gesellschaftlich bedingten (exogenen) Veränderungen in ihren Auswirkungen auf den
Essalltag zu stellen – zu denken ist beispielsweise an die Organisation des
Alltags in ihren räumlich-zeitlichen, sachlich-arbeitsteiligen und sozialen Dimensionen, insbesondere, was die Aushandlungs- und Abstimmungsleistungen
betrifft.

Zur Frage der Operationalisierung der in dieser Veröffentlichung vorgenom-
menen Begrifflichkeit „Essalltag" kann auf das Ende der achtziger und Anfang
der neunziger Jahre durchgeführte Forschungsprojekt „Alltägliche Lebensführung" (JURCZYK/RERRICH 1993a) zurückgegriffen werden. Ihre Ergebnisse zur
Gestaltung des beruflichen und familialen Alltags auf der Grundlage des theoretischen Konzepts „Lebensführung" verweisen auf einen umfassenden Unter-
suchungsansatz, der mit der eher theoretisch angelegten „Soziologie des Alltags" (AHLHEIT 1983; BAETHGE/EßBACH 1983; SCHÜTZ/LUCKMANN 1990,
1994) nicht vergleichbar, jedoch für den eigenen ökotrophologischen Ansatz
hilfreich ist.

„Alltägliche Lebensführung" wird dort als integratives Konzept verstanden, welches das gesamte Tätigkeitsspektrum der Personen umfasst: Beruf,
Hausarbeit, Familienarbeit, Freizeit und anderes mehr sowie die Organisation
und Koordination dieser Tätigkeiten. JURCYK und RERRICH (1993b) definieren
die Lebensführung als den systematischen Ort, an dem Personen in ihrem praktischen Alltagshandeln die unterschiedlichen gesellschaftlich ausdifferenzierten

---

8   Vgl. LEONHÄUSER (1999), KLAPP/LEONHÄUSER (1995), LEHMKÜHLER/LEONHÄUSER
    (1999); der verhaltenswissenschaftliche Untersuchungsansatz liefert eher eine deskriptiv-
    kausale Momentaufnahme des Essverhaltens von bestimmten Bevölkerungsgruppen und den
    das Verhalten bestimmenden endogenen und exogenen Faktoren.

Arbeits- und Lebensbereiche und ihre sozialen Beziehungen gestalten und integrieren. Essen und Trinken – verstanden als Alltagshandeln im Kontext von alltäglicher Lebensführung – wurden jedoch weder im o. g. Forschungsprojekt noch von Vertretern und Vertreterinnen unterschiedlicher sozialwissenschaftlicher Disziplinen bearbeitet, die sich mit dem „Phänomen" Essen und/oder Ernährung[9] (BARLÖSIUS 1999; 1995; BUNDSCHUH 1995; KUTSCH 1993; BODENSTEDT/VON FERBER 1980) auseinandersetzen.

Die vorwiegend von Frauen geleistete Ernährungsversorgung der Familien als Teil ihrer „Alltagsarbeit" ist eng mit den Haushalts- und Familienstrukturen verwoben. Diese Alltagsarbeit wird einerseits milieuspezifisch und gesamtgesellschaftlich geprägt und ist andererseits durch die familialen Ressourcen bedingt. Wird dieser Zusammenhang aus der Haushaltsperspektive untersucht, erscheint es sinnvoll, von Haushaltsstilen (MEIER 2000) zu sprechen. Hierbei wird sowohl die Kategorie „Geschlecht" als auch die der „Ernährungsversorgung" als Bestandteile der Daseinsvorsorge im Geschlechter- und Generationenzusammenhang berücksichtigt.

Gesellschaftliche Auswirkungen
Gesellschaftliche Auswirkungen können im thematischen Kontext des Essalltags z. B. anhand der Frage erörtert werden, inwieweit Familienhaushalte einen Teil ihrer Ernährungsversorgung durch Angebote zum Außer-Haus-Verzehr vornehmen und welche Einflussgrößen hier eine Rolle spielen.

Vorhandene und sichtbare Ausgabenanteile privater Haushalte für Nahrungs- und Genussmittel beim Außer-Haus-Verzehr seit den 60er Jahren des zwanzigsten Jahrhunderts dokumentieren durchaus die Bereitschaft von Privathaushalten, unbezahlte Hausarbeit im Bereich der Ernährungsversorgung durch bezahlte Dienstleistungen zu ersetzen. Laut Feinaufschreibungen der Einkommens- und Verbrauchsstichprobe (STATISTISCHES BUNDESAMT 2003) wurden 2003 für den Außer-Haus-Verzehr monatlich durchschnittlich je Haushalt rund 87 Euro (1998: 83 Euro) ausgegeben. Deutliche Ausgabenunterschiede treten auf, wenn die soziale Stellung berücksichtigt wird. Im Jahr 2003 bezahlten die Haushalte von Beamten durchschnittlich 116 Euro pro Monat für den Außer-Haus-Verzehr. Diese Summe entsprach rund 40% der monatlichen Aufwendungen für Nahrungsmittel, Getränke und Tabakwaren der Beamtenhaushalte. Weniger wurde in den Haushalten von Angestellten (104 Euro) bzw. von Arbeitern und Arbeiterinnen (88 Euro) aufgebracht. Dabei ist zu berücksichtigen, dass das Haushaltsnettoeinkommen ein wesentlicher determinierender Faktor für die Ernährungsausgaben insgesamt darstellt. Trotz vorhandener Differenzen

---

9   Mit einer Klärung dessen, welche Problembereiche für die Entwicklung einer Ernährungssoziologie essentiell sein könnten, hat sich BARLÖSIUS (1999) verdient gemacht.

in den Ausgabenanteilen für das Essen außer Haus – unterschieden nach Einkommen bzw. der sozialen Stellung des Haupteinkommensbeziehers von Ost- und Westdeutschen – lässt sich eine stetige Nachfrage nach Dienstleistungen für den Außer-Haus-Verzehr im In- und Ausland beobachten (CZAJKA/KOTT 2006).

Der Trend, vorgefertigte Nahrung zu konsumieren, scheint als parallele Entwicklung zur Erwerbstätigenquote von Frauen zu verlaufen. Neben den veränderten Arbeitsbedingungen von Frauen lassen sich weitere sozial-strukturelle Faktoren anführen: Mittagsmahlzeiten verlagern sich auf Grund von Arbeits- und Freizeitaktivitäten auf einen späteren Zeitpunkt, das Abendessen gewinnt an Bedeutung, damit zumindest einmal am Tag alle Familienmitglieder daran teilnehmen können. Auch nimmt der Außer-Haus-Verzehr im Zuge von vielfältiger, neuer Freizeitgestaltung zu (GUTHRIE/BIING-HWAN/ FRAZAO 2001; BOWERS 2000; DEUTSCHE GESELLSCHAFT FÜR ERNÄHRUNG 2000). Es ist allerdings wenig über die Gründe und Motive bekannt, die Haushaltsmitglieder bei ihrer Daseinsvorsorge zum Außer-Haus-Verzehr veranlassen. Ob und in welchen Haushaltstypen die dadurch erzielte Zeitersparnis im Vordergrund steht oder ob es vorrangig um die Befriedigung sozial-kommunikativer Bedürfnisse geht, ist bisher nicht analysiert worden.

Die Befunde der ersten repräsentativen gesamtdeutschen Zeitbudgeterhebung von 1991/92 (MEYER/WEGGEMANN 2001) sprechen für ein Verharren der deutschen Bevölkerung in überwiegend „traditionellen" häuslichen Mahlzeitenmustern, trotz der Zunahme der Erwerbsbeteiligung von Frauen und der Tendenz zum schnelleren und situativen Essen außer Haus.

Gender-Perspektive
Der thematische Zusammenhang „Gender und Ernährung" wurde in einer vorwiegend naturwissenschaftlich geprägten Ernährungswissenschaft bislang nur marginal aufgegriffen (SETZWEIN 2004). Die Ernährungsversorgung ist im Alltag von Familien – über alle strukturellen Unterschiede und Lebensstile hinweg – nach wie vor an eine geschlechtsbezogene Aufteilung gekoppelt: Die mit der Ernährungsversorgung verbundenen Vor-, Zu- und Nachbereitungen werden vorrangig von Frauen geleistet (BROMBACH 2001). Wie allerdings die Ernährungsversorgung in Alltags- und Lebensbezügen von beiden Partnern organisiert und bewältigt wird, wie dies vor allem erwerbstätige Mütter leisten, mit ihren Partnern absprechen und wie sich Väter an der Konstruktion des Essalltags beteiligen, ist noch nicht systematisch untersucht worden.

Der Bereich der Daseins- und Ernährungsvorsorge wurde seit jeher öffentlich gering bewertet, obgleich dieser in seiner Funktionalität für den Erhalt einer Gesellschaft zentral ist. Diese kulturbedingte Einschätzung von Frauenarbeit spiegelt sich gleichfalls in der wissenschaftlichen Auseinandersetzung mit „Alltagsthemen" wider, die in einer bislang überwiegend „männlich geprägten Wissenschaft" wenig thematisiert werden. Somit greift die Gender-Perspektive eine „doppelte Leerstelle" im Wissenschaftsbetrieb auf: Die marginalisierte Position der Ernährung in der Geschlechterforschung einerseits und die Vernachlässigung der grundlegenden Analysekategorie „Geschlecht" in der Ernährungswissenschaft andererseits. Es liegen zwar mittlerweile Analysen vor, die über die geschlechtsspezifischen Verzehrsgewohnheiten Auskunft geben (MEIER 2002), größtenteils verbleiben diese Studien im Deskriptiven und reproduzieren bereits bekannte Zusammenhänge.

2.3 Determinanten der praktischen Ausgestaltung des Essalltags

Die von der Öffentlichkeit bisher nur gering geschätzten essentiellen Leistungen der Ernährungsversorgung für die Gesellschaft spiegeln sich auch in der Tatsache wider, dass in Deutschland bislang wenige Studien zum Essalltag und Ernährungsverhalten von Familienhaushalten durchgeführt wurden.

2.3.1 Quantitative Studien in Deutschland

Die Auseinandersetzung mit dem Essalltag von deutschen Familienhaushalten liegt in quantitativen Studien bislang nur als „Nebenprodukt" des eigentlichen Forschungsgegenstandes vor. Unterschiedliche Erhebungen mit unterschiedlichen Erhebungszielen und Methoden im Rahmen der Ernährungs- und Gesundheitsberichterstattung des Bundes und der Länder werden hierzu mehr oder wenig regelmäßig durchgeführt, um die Ernährungs- und Gesundheitssituation der Bevölkerung und einzelner Bevölkerungsgruppen zu erfassen. Beispiele hierfür sind die Agrarstatistiken, Verbrauchsstatistiken und Wirtschaftsrechnungen privater Haushalte (STATISTISCHES BUNDESAMT 2003, DEUTSCHE GESELLSCHAFT FÜR ERNÄHRUNG 2004) sowie direkte Verzehrserhebungen im Rahmen von nationalen und europäischen Ernährungs- und Gesundheitssurveys des Robert- Koch Instituts und des Deutschen Instituts für Ernährungsforschung. Mit der in den vergangenen vier Jahren im Auftrag des Bundesministeriums für Ernährung, Landwirtschaft und Verbraucherschutz vorbereiteten und durchgeführten zweiten Nationalen Verzehrsstudie (NVS II) wurde indessen 2008 eine bundesweit repräsentative Studie zur Ernährung von Jugendlichen und Erwachsenen vom MAX- RUBNER-INSTITUT, KARLSRUHE, präsentiert. Dabei werden nicht nur Verzehrsdaten und anthropometrische Messdaten zu

Körpergewicht, Körpergröße und BMI, sondern auch umfassende Befunde zu Ernährungswissen, Ernährungsweisen, zur Teilnahme an der Gemeinschaftsverpflegung, zur Risikoeinschätzung, Einnahme von Nahrungsergänzungsmitteln, Kochkompetenz u. a. m. vorgelegt (Max-Rubner-Institut 2008).

Insgesamt sind in den angesprochenen Studien jedoch große Informationslücken zu beobachten, beispielsweise zur Frage, unter welchen sozioökonomischen Bedingungen Umfang und Qualität von häuslichen Ernährungsversorgungssystemen entstehen und durch welche Determinanten sich die Entscheidungsprozesse zum Ess- und Trinkverhalten einzelner Familienmitglieder herausbilden. Eine eigenständige quantitative Untersuchung zum Ernährungsverhalten von Familienhaushalten existiert nicht.

2.3.2 Qualitative Studien in Deutschland

Ebenso wenig gibt es eine umfassende qualitative Studie zum Ernährungsverhalten von Familienhaushalten in Deutschland. Autoren vereinzelter Studien widmen sich allerdings unterschiedlichen Aspekten der Ernährungsversorgung von Familienhaushalten.

Mahlzeiten stehen im Blickpunkt der Arbeiten von BROMBACH. Die Autorin beschreibt die subjektive Bedeutung von Mahlzeiten als Zeit der Kommunikation und Ort der Sozialisation, Ästhetik und Emotionen. Sie entwickelt eine Mahlzeitenpyramide, nach der sich Mahlzeiten durch den Ort, die anwesenden Personen und die Zeit konstituieren (BROMBACH 2001). In einer Untersuchung zum Mahlzeitenverhalten von Familienhaushalten, an der drei Generationen beteiligt waren, wird aufgezeigt, dass sich Zeit- und Arbeitsaufwand für die Nahrungszubereitung heute im Gegensatz zur Großelterngeneration deutlich reduziert haben und vermehrt Halbfertig- und Fertigprodukte genutzt werden. Neben diesen inhaltlichen sind auch strukturelle Veränderungen hinsichtlich einer flexiblen Anpassung der Mahlzeiten an zeitliche Erfordernisse zu beobachten. Das Ideal der gemeinsamen Familienmahlzeiten hat weiterhin Bestand und zeigt sich gegenüber den makro-sozial bedingten strukturellen und inhaltlichen Veränderungen als persistent (BROMBACH 2003). Anhand der Ergebnisse von zwei qualitativen Interviewstudien (BROMBACH 2005) werden sowohl die Veränderungen als auch die stabilen „Pfeiler" familialer Kochkultur im Verlauf von drei Generationen beschrieben. In der Großelterngeneration, der sog. f1-Generation, erfolgt eine traditionelle Arbeitsteilung, indem Frauen für die Nahrungszubereitung verantwortlich sind und Männer im Umfeld mit helfen. Zahlreiche Großmütter verköstigen ihre Enkel bzw. eigenen Kinder, geben ihnen vorgefertigte Speisen mit oder sprechen Einladungen zum Essen aus. Alle befragten Mütter, die berufstätig sind (f2-Generation), empfinden es als Belastung, Familie, Ernährungsversorgung und Beruf zu vereinbaren. Für sie ist die Zeit eine knappe Ressource, nach der sich auch Art und Umfang des Kochens richtet. Obwohl die befragten Mütter aussagen, dass sie meist sehr gern kochen, empfinden sie oft die Nahrungszubereitung an Werktagen als Stresssituation. Im Vergleich zur f1-Generation messen sie der zeitlichen Mahlzeitengestaltung einen größeren Freiraum bei, um z.b. unterschiedliche Freizeitaktivitäten der einzelnen Familienmitglieder zu ermöglichen. In der f3-Generation werden Mädchen selbstverständlicher in die Nahrungszubereitung eingebunden als Jungen. Betätigen sich die Jungen, wird dies von den Müttern besonders hervorgehoben.

KLAPP (1998) untersucht die Bedeutung von gemeinsamen Mahlzeiten der Kinder in Kindertagesstätten für die Ernährungssozialisation von Kindern. Die Autorin kommt u. a. zu dem Ergebnis, dass Ernährungssozialisation dann effektiv ist, wenn Art und Umfang der Ernährungsversorgung in der Familie und in den Betreuungs- und Bildungseinrichtungen aufeinander abgestimmt werden.

Die Auswirkungen von Armut auf das Ernährungsverhalten von Familien mit niedrigem Einkommen beschreibt LEHMKÜHLER (2002). Anhand einer qualitativen Studie in 15 Armutshaushalten in Hessen zeigt sich, dass das Ernährungsverhalten von Familien mit niedrigem Einkommen deutlich von dem Verhalten der Familien mit höherem Einkommen abweicht. Gründe sind einerseits knappe finanzielle Ressourcen, andererseits spielen auch fehlende Ernährungskompetenzen im Umgang mit und bei der Verarbeitung von Lebensmitteln ebenso eine Rolle wie das Wissen um eine gesunde Ernährung. Um die Ernährungssituation von Familien mit niedrigem Einkommen zu verbessern, sollten Haushalte befähigt werden, sich relevante Fähigkeiten und Fertigkeiten anzueignen, um ein gesundheitsförderliches Ernährungsverhalten für sich und ihre Familie innerhalb ihrer finanziellen, kulturellen und sozialen Rahmenbedingungen zu praktizieren.

2.3.3 Qualitative Studien außerhalb Deutschlands

In skandinavischen Ländern und auch im anglo-amerikanischen Sprachraum existieren einzelne Studien, die sich beispielsweise mit der Identität stiftenden Funktion der Ernährung oder aber mit spezifischen endogenen-exogenen Determinanten des Ernährungsverhaltens eines Haushalts oder einzelner Personen auseinandersetzen. Eine umfassende Darstellung des Essalltags von Familienhaushalten sucht man in diesen qualitativen Studien vergeblich. Nachfolgend werden die unterschiedlichen Schwerpunkte dieser Arbeiten kurz erläutert, ohne dabei einen Anspruch auf Vollständigkeit zu erheben.

Identitätsstiftende Funktion von Ernährung
BARTHES (1997) erörtert die Frage, welche Bedeutung die Ernährung für den Menschen hat und kommt zu dem Ergebnis, dass über eine bestimmte Ernährung oder den Konsum einzelner Lebensmittel Werte, Assoziationen und Wünsche transportiert werden. Im Rahmen der Studie „Food and Identity Among Families in Copenhagen" (HOLM 1996) wird untersucht, inwieweit Essen und Trinken, die Wahl der Lebensmittel und Speisen dazu beitragen, für den Einzelnen und gesellschaftliche Gruppen Identität stiftend zu wirken[10]. CONNORS et al. (2001) untersuchen, wie ein Individuum zu seinem persönlichen Ernährungsverhalten gelangt. Sie gehen davon aus, dass jeder Mensch ein "personal food system" besitzt, dass auf bisherige Lebenserfahrungen und Lebensereignisse zurückzuführen ist und sich aus dem jeweiligen Kontext, den sozialen Beziehungen, persönlichen Ressourcen, Werten und Idealen herausbildet. Veränderungen und Neuerungen dieses individuellen Ernährungsverhaltens sind möglich. Die Erstellung eines gemeinsamen, häuslichen Ernährungsmusters erfordert nach GILL (1999) immer Angleichungen, Aushandlungen und Kompromissbereitschaft der einzelnen Individuen mit ihren eigenen Vorstellungen und Bedürfnissen. Die Rolle der Kinder wird dabei oft übersehen.

Die Arbeit von MITCHELL (1999) ist auf die Frage gerichtet, ob trotz dynamischer wirtschaftlicher und gesellschaftlicher Veränderungen die Ernährungsmuster in ihrer Entwicklung stabil bleiben. Am Beispiel der britischen Ernährungsweise kommt die Autorin zu dem Schluss, dass die traditionelle Form der Hauptmahlzeit (d.h. Fleischgericht mit einer kohlenhydratbasierten Sättigungsbeilage und Gemüse) erhalten geblieben ist und als wichtig und gesund eingestuft wird. Allerdings haben sich die für den Verzehr gewählten Lebensmittel und auch die Zubereitungsart verändert (z.B. wird mehr Geflügelfleisch, mehr Reis und Nudeln verzehrt sowie Pommes Frites anstelle von frischen Kartoffeln). Die zukünftige Entwicklung wird als "menu pluralism" bezeichnet, was heißt, dass sich mit zunehmender Diversifizierung des Lebensmittel- und Dienstleistungsangebots auch die tradierte Ernährungsweise verändert.

---

10   Zur näheren Erläuterung wird von HOLM (1996) ein Zitat von FISCHLER (1988) angeführt:
      „The way any given human group eats helps it assets its diversity, hierarchy and organization, and at the same time, both its oneness and otherness of whoever eats differently"
      (FISCHLER 1988, S. 275).

Ernährungsverhalten und Essalltag

BEARDSWORTH/BRYNAN/KEIL (2002) weisen auf geschlechtsspezifische Präferenzen hinsichtlich der Nahrungsauswahl hin und sprechen Frauen mehr Fertigkeiten im Umgang mit Lebensmitteln zu als Männern; ein umfassenderes ernährungsrelevantes Wissen wird ebenso eher bei den Frauen beobachtet.

In anderen Studien (BOVE/SOBAL/RAUSCHENBACH 2003, MARSHALL/ANDERSON 2002, KEMMER 1999 und JANSSON 1995) wird analysiert, wie sich das individuelle Ernährungsverhalten durch das Zusammenleben mit einem Partner bzw. nach der Heirat verändert. Es wird ermittelt, welche Auswirkungen die unterschiedlichen Rollenverständnisse zur Arbeitsteilung im Haushalt (gleichberechtigte Arbeitsteilung vs. nicht mehr typische, traditionelle geschlechtsstereotype Vorstellungen von Arbeitsteilung) auf die Präferenzen für bestimmte Lebensmittel und Gerichte haben (BROWN/MILLER 2002). Die Autorinnen kommen zu dem Ergebnis, dass die Frauen eher ihre eigenen Wünsche den Wünschen des Partners und der Kinder nachordnen. DIXON/BANELL (2004) bestätigen, dass die Rücksichtnahme auf Vorlieben und Geschmackspräferenzen der Partner und auch der Kinder ein wesentliches Handlungsmotiv für Mütter sei. Untersuchungen zum kindlichen Ernährungsverhalten verdeutlichen, dass zahlreiche Faktoren das Essverhalten und die Lebensmittel- und Speisenpräferenzen von Kindern prägen. BIRCH/FISHER (1998) diskutieren die Vorbildfunktion der Eltern und die Bedeutung gemeinsamer Mahlzeiten bei der Prägung des kindlichen Ernährungsverhaltens. BOURCIER et al. (2003) stellen das Rollenverständnis der Mütter als Hauptverantwortliche für die Ernährungsversorgung heraus und untersuchen, welche Strategien Mütter anwenden, um Kinder und den Partner zu einer gesunden Ernährungsweise zu motivieren. Die Autoren betonen ebenfalls die Vorbildfunktion der Mutter. PÉREZ-RODRIGO/ARANCETA (2001) erläutern die Schlüsselrolle der Familie beim Erlernen und Entwickeln von Lebensmittelvorlieben sowie beim Ernährungsverhalten, die im Schulalter jedoch zunehmend durch Lehrer und „peers" übernommen wird. Kinder beginnen dann zunehmend eigene Entscheidungen in Bezug auf Essen und Trinken zu treffen (VEREECKEN/KEUKELIER/MAES 2004). Die Bedeutung des erlernten Ernährungsverhaltens in der Kindheit für das spätere Ernährungsverhalten im Erwachsenenalter erläutern BRANEN und FLETCHER (1999).

Die Abläufe des täglichen Ernährungsalltags von Familienhaushalten sind Gegenstand der qualitativen Untersuchung von HOLM/KILDEVANG (1996). Die Autorinnen identifizieren Aussagen, Meinungen und Einstellungen der Befragten über ihr Alltagsverständnis von Nahrungsmitteln, zum Essen im Allgemeinen und zur Lebensmittelqualität im Speziellen; dieses sind „themes of interest

for food producers and retailers, public authorities and health educators."
(HOLM/KILDEVANG 1996: 1)

Mahlzeitenzubereitung und Außer-Haus-Verzehr
BOWERS (2000) stellt für amerikanische Familienhaushalte fest, dass immer
weniger Zeit für die Zubereitung von Mahlzeiten aufgewendet wird und Mütter
vielfältige Strategien entwickelt haben, um den Zeitaufwand zu verringern.
Beispiele hierfür sind die Inanspruchnahme von „home delivery" - Angeboten,
Convenienceprodukten sowie von Angeboten einfacher Mahlzeiten anstelle
von mehrgängigen kompletten Menüs. GUTHRIE/BIING-HWAN/FRAZAO (2001)
beschreiben bei amerikanischen Haushalten die Bedeutung des Außer-Haus-
Verzehrs und die abnehmende Bereitschaft, selbst zu Hause zu kochen; dabei
weisen sie auf mögliche ernährungsfehlbedingte Konsequenzen hin.

(Familien-) Mahlzeiten
Die sozialkommunikative Bedeutung von Mahlzeiten diskutieren BOUTELLE et
al. (2003). Sie beobachten, dass einerseits während des Essens Konfliktgesprä-
che geführt werden, andererseits während der Mahlzeiteneinnahme ferngese-
hen wird. Die ursprünglich bestehende Idealvorstellung, Mahlzeiten mit der
Familie gemeinsam einzunehmen, wird nach den Studien von BOWERS (2000)
in den USA immer seltener realisiert. Mahlzeitenmuster und soziale Funktionen von Mahlzeiten in skandinavischen Ländern stehen im Beitrag von
KJAERNES (2002) im Mittelpunkt.

MÄKELÄ et al. (1999) gehen der Frage nach, ob in modernen Gesellschaften feste regelmäßige Mahlzeiten durch unregelmäßiges „Snacken" abgelöst
werden, ob also eine Auflösung traditioneller Mahlzeitenstrukturen zu beobachten ist. Die Autorinnen kommen zu dem Ergebnis, dass das typische tägliche Mahlzeitenmuster in den untersuchten skandinavischen Ländern weiterhin
aus drei bis fünf regelmäßigen Mahlzeiten besteht; „Snacking" und „Grazing"
haben dieses Mahlzeitenmuster nicht abgelöst. Es konnten aber Unterschiede
zwischen den einzelnen Ländern bezüglich der Anzahl und Abfolge von warmen und kalten Mahlzeiten ebenso beobachtet werden, wie das, was gegessen
wird.

NEUMARK-SZTAINER et al. (2003) fanden heraus, dass häufigere Familienmahlzeiten zu einer gesünderen Ernährungsweise von Jugendlichen beitragen. Dabei wird deutlich, dass ein höherer sozialer Status der Familien mit der
Häufigkeit von gemeinsamen Mahlzeiten positiv korreliert.

Geschlechtsspezifische Arbeitsteilung
Zur geschlechtsspezifischen Arbeitsteilung gibt es einige Untersuchungen. Beispielsweise bestätigen BEARDSWORTH/BRYNAN/KEIL (2002), dass ernährungsrelevante Entscheidungen und die Ernährungsversorgungsarbeit überwiegend in den Händen der Frauen liegen. BONKE (1999) zeigt auf, dass sich geschlechtsspezifisches Rollenverständnis zur Mithilfe im Haushalt bereits in der Kindheit manifestiert und nennt als Einflussfaktoren die Beteiligung von Kindern an der Hausarbeit, den Bildungsstand und den Erwerbsarbeitsumfang der Mütter.

2.4 Fazit

Dieser kurze Überblick zum Stand der Forschung in und außerhalb Deutschlands dokumentiert, dass die Phänomene „Ernährungsverhalten", „Ernährungsversorgung", „Essalltag" bereits im Mittelpunkt des Interesses von verschiedenen Disziplinen stehen (z.b. Soziologie, Psychologie, Ökonomie, Kulturwissenschaften). Er verdeutlicht aber auch den Bedarf nach umfassenden Untersuchungen zum Essalltag von *Familienhaushalten*. Dabei wird der Familienhaushalt nicht nur als Wirtschaftseinheit betrachtet, sondern als der Ort, an dem unter Berücksichtigung von familialen Ressourcen der Essalltag von allen Beteiligten eines Haushalts aktiv gestaltet wird und sozial vermittelte, ernährungsbezogene Deutungsmuster umgesetzt werden.

Die in den einzelnen Studien dargelegten Befunde sind unter spezifischen Studienzielsetzungen und aus unterschiedlichen Studienrahmenbedingungen hervorgegangen; sie bieten dennoch die für die Intensivierung einer in Deutschland erst am Beginn stehenden sozialwissenschaftlichen Ernährungsforschung[11] umfangreiche und unverzichtbare Basis, verschiedene Vorannahmen für die eigene Forschungsfragestellung zu treffen und die geeignete methodische Vorgehensweise zu wählen.

---

11   In seinen Empfehlungen zur Entwicklung der Agrar- und Ernährungswissenschaften in Deutschland schlägt der Wissenschaftsrat angesichts der Zunahme an ernährungsbedingten Erkrankungen u. a. vor, die sozialwissenschaftliche Ernährungsforschung zu intensivieren (WISSENSCHAFTSRAT 2006).

3 Forschungsdesign

3.1 Ökotrophologischer Bezugsrahmen

Im Fokus des Projektes und damit auch des vorliegenden Buches steht der Essalltag in Familienhaushalten von erwerbstätigen Müttern. In Deutschland sind in 51% aller Familienhaushalte beide Partner berufstätig (STATISTISCHES BUNDESAMT 2006). Dies prägt einerseits maßgeblich die materiellen Ressourcen eines Haushalts, da zwei Einkommensbezieher zum Haushaltseinkommen beitragen. Andererseits sinkt mit zunehmender Erwerbstätigkeit der Frau ihre arbeitsungebundene, frei verfügbare Zeit. Zudem bedingt die außerhäusliche Abwesenheit der Mutter, dass die Ernährungsversorgung von Familienhaushalten nicht auf den privaten Raum des eigenen Haushalts beschränkt bleibt, indem beispielsweise die Mutter sich selbst am Arbeitsplatz außer Haus versorgt bzw. durch Dritte versorgt wird. Verflechtungen von selbst erbrachten und in Anspruch genommenen Leistungen der Ernährungsversorgung, d. h. Verflechtungen zwischen dem eigenen Haushalt als privatem Raum und dem öffentlichen Raum[12] sind von ihrer Bedeutung und Wertigkeit zur Bewältigung des Essalltags bislang nicht erforscht worden. Auswirkungen der mütterlichen Berufstätigkeit auf die Ausgestaltung der Ernährungsversorgung zwischen privatem und öffentlichem Raum gilt es daher zu untersuchen.

Aufgrund einer im deutschsprachigen Forschungsraum dominierenden naturwissenschaftlich ausgerichteten Ernährungsforschung erscheint es den Autorinnen zur Gewinnung von weiterführenden und aktuellen Erkenntnissen unverzichtbar, die ernährungs- und haushaltswissenschaftlichen Ansätze im Rahmen einer umfassenden ökotrophologischen Perspektive miteinander zu verknüpfen. Die ökotrophologische Sichtweise spiegelt sich in der nachfolgenden Abbildung 3.1 wider. Für die ökotrophologische Forschungsarbeit ist es dabei wesentlich, die hier systemisch angeordneten, aber nur beispielhaft genannten Faktoren, nach und nach in ihren Zusammenhängen zu untersuchen.

---

12 Dies sind z.B. Kantinen, Mensen, Versorgungsangebote für Kinder und Heranwachsende in Bildungs- und Betreuungseinrichtungen, aber auch außerhäusliche Versorgungsangebote als Teil der Gastronomie und zur Freizeitgestaltung.

Abbildung 3.1: Ernährungsversorgung im mikro-sozioökonomischen
Handlungssystem

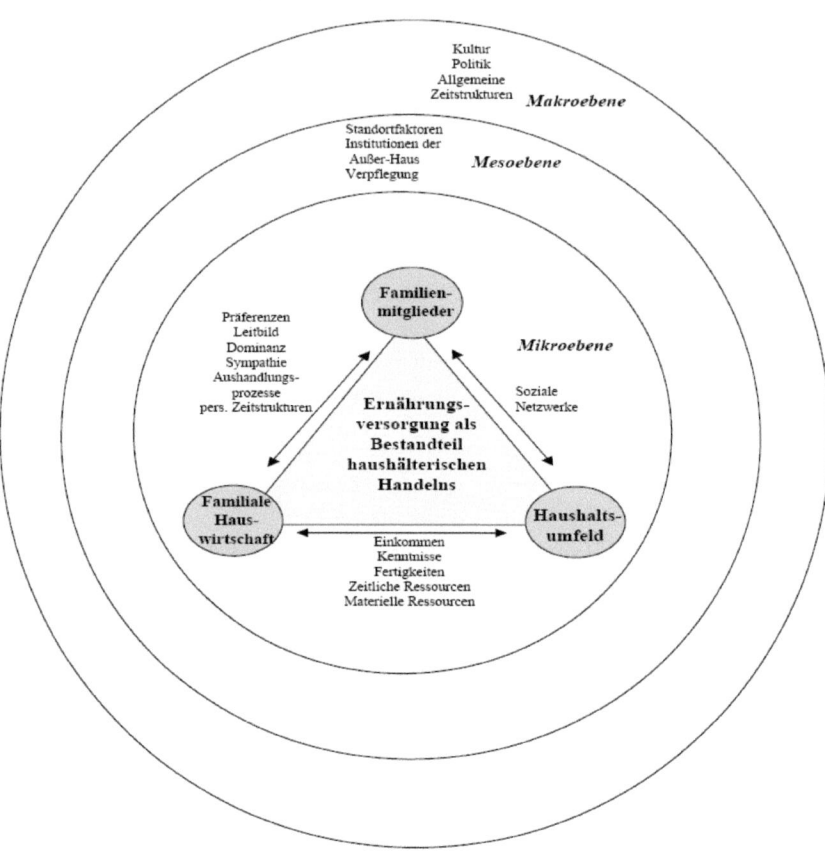

Quelle: modifiziert nach VON SCHWEITZER (1991)

Die Ernährungsversorgung bzw. synonym der Essalltag ist elementarer Bestandteil haushälterischen Handelns und lässt sich aus handlungstheoretischer
Perspektive darstellen (VON SCHWEITZER 2006, 1991). Die Ernährungsversorgung wird dabei als wesentlicher Versorgungsbereich verstanden, der zur Sicherstellung regenerativer Grundfunktionen aller Familienmitglieder unab-
dingbar ist. Art und Umfang, Anspruch und Wertschätzung der Ernährungsver-
sorgungsaktivitäten sind das Ergebnis vielfältiger Wechselbeziehungen zwi-

schen verschiedenen Einflussfaktoren auf der Mikro-, Meso- und Makroebene. Während auf der Mikroebene einerseits beispielsweise die psychosozialen Bedürfnisse, Bedarfe, Präferenzen und Leitbilder der einzelnen Familienmitglieder und andererseits ihre Ressourcen sichtbar werden, steht die Mesoebene für die Faktoren, die sich aus dem unmittelbaren Haushaltsumfeld (Standortfaktoren, soziales Netzwerk, gemeinnützige, betriebliche und gewerbliche Einrichtungen der Außer-Haus-Verpflegung) ergeben. Die Makroebene umfasst die kulturellen, wirtschaftlichen und gesellschaftlich-politischen Bereiche, in die der Haushalt eingebunden ist.

Demzufolge resultiert das haushälterische Handeln[13] bzw. der Handlungsspielraum aus dem Zusammenspiel der im Modell (Abb. 3.1) auf den einzelnen Ebenen veranschaulichten Faktoren. Auf die Ernährungsversorgung zwischen privatem und öffentlichem Raum bezogen, bilden sich haushaltsinterne und haushaltsexterne Handlungsoptionen heraus. Im Ergebnis sind diese sogenannten Haushaltsstile[14] (MEIER 2000) als typische Muster der Alltagsorganisation zu sehen, denen in Bezug auf die Koordinierung von individuellen Bedürfnissen, Wertvorstellungen und Lebensstilpräferenzen haushaltsinterne Aushandlungs- und Entscheidungsprozesse zwischen den Haushaltsmitgliedern vorausgehen. Das Konzept des Haushaltsstils bildet die Grundlage dafür, auf der Basis von qualitativen Daten eine Typologie der Ernährungsversorgungsstile abzuleiten.

Der Essalltag bzw. die Ernährungsversorgung wird vielfältig determiniert. Er konzentriert sich einerseits auf die räumliche, personelle, zeitliche und soziale Gestaltung der Mahlzeiten. Es entstehen familiale Mahlzeitenmuster, die von allen Beteiligten eines Haushalts konstruiert, erklärt und bewertet werden.

---

13 VON SCHWEITZER (1991, S. 137) geht davon aus, dass jeder haushälterischen Handlung eine Sinnsetzung bzw. Lebenseinstellung, die von Werten, Normen und Einstellungen geprägt wird, zugrunde liegt und von vorhandenen Ressourcen und Handlungsalternativen bedingt wird.

14 Haushaltsstile werden definiert als „typische Muster der Alltagsorganisation von privaten Haushalten zur Sicherung der Daseinsvorsorge. Sie werden einerseits bestimmt durch die verfügbaren Ressourcen eines Haushalts und andererseits durch die getroffenen Lebensplanungen seiner Mitglieder. Haushaltsstile werden von den persönlichen Wertorientierungen und von Geschlechter- und Generationenbeziehungen, aber auch von den Rahmenbedingungen des haushälterischen Umfelds maßgeblich beeinflusst. Haushaltsstile ändern sich entlang der Haushaltsbiografie. Haushaltsstile sind kollektive haushälterische Gestaltungsleistungen, denen haushaltsinterne Aushandlungs- und Entscheidungsprozesse zwischen den Haushaltsmitgliedern vorausgehen, um ihre individuellen Bedürfnisse und Interessen, Wertvorstellungen und Lebensstilpräferenzen zu koordinieren (Mikroebene). Haushaltsstile bilden sich im Kontext milieuspezifischer Wahlmöglichkeiten und Zwänge (Mesoebene) und werden durch gesamtgesellschaftliche Strukturen (Makroebene) bestimmt" (MEIER 2000, S. 59). Haushaltsstile bilden sich zeit- und ressourcengebunden heraus.

Andererseits bezieht sich der Essalltag auf die Beköstigung, unter der Aktivitäten der Informationsbeschaffung, Organisation und Planung von Mahlzeiten, des Einkaufs und der Vorratshaltung sowie der Zu- und Nachbereitung von Mahlzeiten verstanden werden. Sie werden mehr oder weniger innerhalb des eigenen Haushaltes, dem privaten Raum, oder außerhalb, durch den öffentlichen Raum, geleistet und sind für den Haushalt an sich, aber auch für die Gesellschaft unverzichtbar, um die physische und psychosoziale Versorgung von Menschen zu gewährleisten (Abbildung 3.2). Mahlzeitenmuster sind ohne Beköstigungsaktivitäten nicht zu realisieren.

Abbildung 3.2:   Determinanten des Essalltags

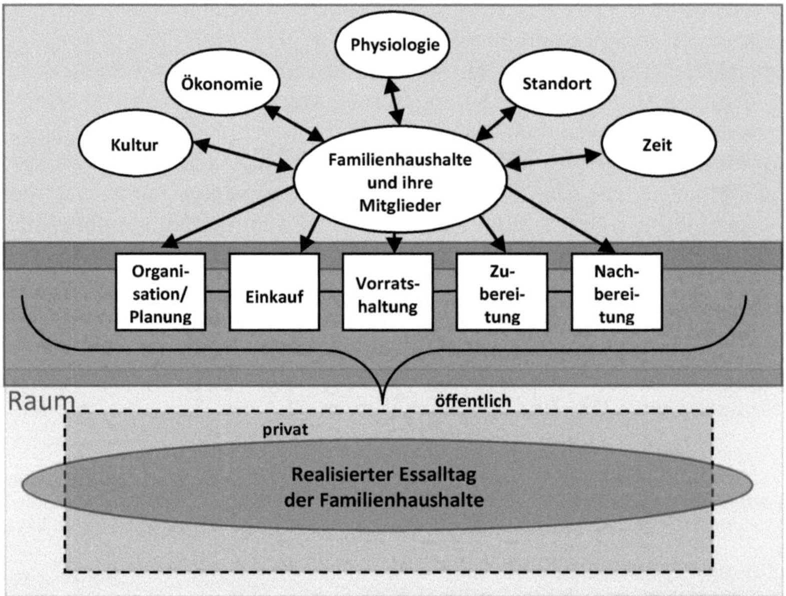

Quelle: Eigene Darstellung

Es wird zu prüfen sein, inwieweit Mahlzeitenmuster und Beköstigungsaktivitäten im sozioökonomischen und psychosozialen Gefüge eines Familienhaushalts weitgehend geschlechtsbezogen ausgeführt und bewertet werden[15]. Zudem

---

15   Dieser mögliche Zusammenhang wird durch viele Studien bestätigt. Auch in anderen westlichen Ländern ist die Nahrungszubereitung ein typisch weibliches Aufgabenfeld. Auswahl-

stehen folgende zentrale Fragestellungen im Mittelpunkt: Wie, mit welchen Ansprüchen und in welchem Umfang wird die Ernährungsversorgung insbesondere von erwerbstätigen Müttern im alltäglichen Geschehen erbracht? Welche zentrale Rolle und welche Funktionen üben die Mütter im Essalltag aus, der im Spannungsfeld zwischen Familien- und Erwerbsarbeit zu gestalten ist? Inwieweit können berufstätige Mütter beispielsweise auf haushaltsinterne oder haushaltsexterne Netzwerke zurückgreifen? Die Aktualität und Brisanz dieser Fragen ist nicht nur auf den in den letzten Jahrzehnten vollzogenen tief greifenden Strukturwandel von Familie und Gesellschaft zurückzuführen, sondern auch auf die zunehmende öffentliche Aufmerksamkeit, das Ernährungs- und Gesundheitsverhalten in den Familien zu beobachten, wenn nicht sogar in groß angelegten repräsentativen Studien (wie z. B. mit dem Kinder- und Jugendgesundheitssurvey und der Nationalen Verzehrsstudie II) zu analysieren.

Das Forschungsanliegen dieser Studie besteht darin, den Essalltag aus Sicht der befragten Mütter zu beschreiben, zu analysieren und zu interpretieren. Dabei wird ein inhaltliches und ein methodisches Ziel verfolgt.

Zunächst geht es darum, die Ernährungsversorgung in Familienhaushalten erwerbstätiger Mütter als konstitutiven Bereich der Alltagsorganisation zu untersuchen. Der Studie liegt ein fachwissenschaftlich-methodisch integratives Forschungsdesign zu Grunde, das einerseits ernährungs- und haushaltswissenschaftliche Perspektiven vereint und andererseits quantitative und qualitative Methoden miteinander verknüpft, um zu einem umfassenden und tiefgehenden Erkenntnisgewinn zu gelangen. Es wird angenommen, dass die Ernährungsversorgung der Familien nicht nur von den vorhandenen familialen Ressourcen Zeit, Geld und Alltagskompetenzen, sondern auch vom Alter der zu versorgenden Kinder sowie vom Erwerbstätigkeitsstatus der Mütter (Vollzeit-, Teilzeit-, Nichterwerbstätigkeit) beeinflusst wird.

Ausgehend von der (vermuteten) Bedeutung der Ressource Zeit werden durch die Sekundäranalyse der repräsentativen Zeitbudgeterhebung 2001/02 (ZBE) des Statistischen Bundesamtes typische Zeitverwendungsmuster von Familienhaushalten für die Ernährung generiert.

Auf der Basis dieser Ergebnisse und der vorliegenden Forschungsbefunde wird eine qualitative Befragung erwerbstätiger Mütter mit dem Ziel durchgeführt, die „Ist-Situation" der Ernährungsversorgung zwischen privatem und öffentlichem Raum und den vorhandenen Ressourcen (Zeit, Geld, Alltags-Kompetenzen) von Familienhaushalten zu analysieren. Dabei findet auch die Gender-Perspektive Berücksichtigung. Aus dem Datenmaterial werden familia-

---

weise sei verwiesen auf die Arbeiten von CHARLES/ KERR (1988), DEVAULT (1991), KJAERNES (2001).

le Ernährungsversorgungsstile in Anlehnung an das Haushaltsstil-Konzept herausgearbeitet.

Als methodisches Ziel erfolgt eine Evaluierung des qualitativen Instrumentariums. Die intersubjektive Nachvollvollziehbarkeit sowohl im Forscherinnenteam als auch für Dritte kann dabei während des Forschungsprozesses gewährleistet werden.

Die aus dem Stand der Forschung bekannten, aber bislang unverbundenen disziplinären Sichtweisen werden in dieser Studie konzeptionell aufeinander bezogen: Die induktive Vorgehensweise anhand von Fallstudien ermöglicht es, eine sozialwissenschaftliche Methodik in eine vorwiegend naturwissenschaftlich geprägte Disziplin einzubringen. Es können ernährungs- und haushaltswissenschaftliche Fragestellungen integrativ vernetzt und auf den Untersuchungsgegenstand „Essalltag von Familien im Haushaltsgeschehen" angewandt werden.

Über die Beschreibung, Erklärung und Interpretation der Ernährungsversorgung in Familienhaushalten wird ein innovativer Zugang geschaffen, der bisher in der sozialwissenschaftlichen Ernährungsforschung in Deutschland kaum berücksichtigt wurde.

3.2 Methodische Vorgehensweise

Aus der ökotrophologischen Perspektive zur Ernährungsversorgung wird abgeleitet, dass die vorwiegend von Frauen geleistete Ernährungsversorgung der Familien als Teil ihrer Alltagsarbeit eng mit den Haushalts- und Familienstrukturen verwoben ist. Diese Alltagsarbeit ist milieuspezifisch und gesamtgesellschaftlich geprägt und durch die familialen Ressourcen, insbesondere der zur Verfügung stehenden Zeit, bedingt. Es bietet sich daher an, die aktuelle Zeitbudgeterhebung 2001/02 des Statistischen Bundesamtes heranzuziehen, um Zeitverwendungsmuster von Familienhaushalten für die Ernährungsversorgung aufzudecken und den Umgang mit der Ressource Zeit zu thematisieren. Motive, Einstellungen und Werthaltungen, welche die Ernährungsversorgung in Familienhaushalten prägen, können mit Zeitbudgetdaten jedoch nicht erfasst werden (vgl. MEIER/KÜSTER/ZANDER 2003, S. 5 f., S. 148). Da das Ziel des Forschungsprojektes darin liegt, die Ernährungsversorgung aus Sicht berufstätiger Mütter darzustellen, zu analysieren und zu interpretieren, ist die induktive

Vorgehensweise mit qualitativen Methoden notwendig[16]. Diese methodische Vorgehensweise wird im Folgenden dargestellt.

3.2.1 Integratives Forschungsdesign zur Untersuchung der Ernährungsversorgung in Familienhaushalten

In der Literatur existieren für die Kombination von unterschiedlichen Methoden in einem Forschungsprojekt mannigfache begriffliche Ansätze, die von "Methodentriangulation", „Mixed Methods" bis hin zu "Integration qualitativer und quantitativer Verfahren" reichen und deren Abgrenzung voneinander schwierig erscheint (FLICK 2004, KELLE 2004a, KELLE/ERZBERGER 2004, CRESWELL et al. 2003, ERZBERGER/KELLE 2003, TASHAKKORI/TEDDLIE 2003).

Die Zielsetzung der Verknüpfung unterschiedlicher Ansätze (d.h. verschiedene quantitative, verschiedene qualitative oder sowohl quantitative als auch qualitative Methoden innerhalb eines Forschungsprojektes) liegt darin, die Validität der Ergebnisse zu erhöhen. Die Verknüpfung von Methoden ist aber nicht zwangsläufig nur als Validierungsstrategie von Ergebnissen anzusehen, vielmehr steht die systematische Erweiterung und Vervollständigung möglicher Erkenntnisse im Vordergrund (FLICK 1995, S. 249 ff.). Im deutschen Sprachgebrauch findet sich der Begriff der Integration qualitativer und quantitativer Verfahren wieder (vgl. KELLE 2004a, ERZBERGER/KELLE 2003, KLUGE 2001)[17]. KLUGE (2001) weist darauf hin: „Es existieren zwar zahlreiche Möglichkeiten, qualitative und quantitative Verfahrensweisen bei der Stichprobenziehung sowie bei der Datenerhebung und -auswertung zu kombinieren, im Mittelpunkt eines jeden methodenintegrativen Verfahrens müssen jedoch (...) die Forschungs*resultate* stehen." (KLUGE 2001, S. 44) ERZBERGER/KELLE (2003, S. 467 ff., KELLE 2004a, S. 40) führen aus, dass sich bei der Integration

---

16 MORSE (2003, S. 193) plädiert dafür, bei der Konzeption des Forschungsdesigns zuerst den „theoretical drive" zu bestimmen. Geht es in einem Forschungsprojekt um das Aufdecken und Analysieren von Strukturen, ist eine qualitative induktive Vorgehensweise sinnvoll. Im Rahmen des EVPRA-Projektes mit der beschriebenen Zielstellung liegt das Hauptaugenmerk auf einer qualitativen Vorgehensweise. Allerdings passen sich auch die quantitativen Daten der Zeitbudgeterhebung in die genannte Zielstellung ein, denn mit Hilfe der Zeitbudgetdaten sollen generelle Zeitverwendungsmuster der Ernährungsversorgung von Familienhaushalten aufgedeckt werden.

17 KELLE/ERZBERGER (2004, S. 300 ff.) unterscheiden bei den Modellen zur Methodenintegration einerseits ein Phasenmodell und andererseits die Triangulation. Im Phasenmodell ist vorgesehen, dass qualitative Methoden der Hypothesengenerierung dienen, quantitative Methoden nachfolgend zur Hypothesenprüfung eingesetzt werden. Triangulation meint nach dem Verständnis der Forscher die Verbindung von quantitativen und qualitativen Methoden zur Vervollständigung des Bildes von einem Untersuchungsgegenstand.

unterschiedlicher Verfahren die Ergebnisse in spezifischer Weise ergänzen können:

- die Ergebnisse der unterschiedlichen Methodenstränge stimmen überein und validieren sich gegenseitig,
- die Ergebnisse verhalten sich komplementär zueinander, indem sie unterschiedliche Aspekte eines sozialen Sachverhaltes beleuchten oder
- die Ergebnisse widersprechen sich und erfordern eine Überprüfung des Forschungsdesigns oder der theoretischen Grundannahmen.

Vor diesem Hintergrund kann das gewählte Forschungsdesign als integratives Verfahren beschrieben werden, bei dem sich die Ergebnisse komplementär zueinander verhalten und so zur Vervollständigung des „Bildes" von der Ernährungsversorgung in Familienhaushalten beitragen[18]. ERZBERGER/KELLE (2003, S. 470) sehen ein solches Komplementaritätsmodell immer dann für sinnvoll an, wenn eine Forschungsmethode allein nicht ausreicht, um angemessene empirische Daten zur Beschreibung eines theoretischen Zusammenhanges zu erhalten[19]. In Abbildung 3.3 wird das integrative Forschungsdesign der EVPRA- Studie skizziert.

---

18 Aufgrund der zeitlichen Abfolge der Datenerhebung der Zeitbudgeterhebung 2001/02 und der Durchführung der qualitativen Interviews in den Jahren 2005/06 ist ein einheitlicher Gegenstandsbereich (d.h. die zu befragenden Personen) nicht gegeben, wie er vielfach in bisherigen empirischen Studien mit Triangulation und „Mixed Methods" umgesetzt wurde. Aus Datenschutzgründen wurden Informationen zu den Haushalten, die an der Zeitbudgeterhebung teilgenommen haben, anonymisiert. Eine qualitative Befragung der Personen, die bereits an der Zeitbudgeterhebung teilgenommen haben, schließt sich daher aus. Auch aus diesem Grund wurde das gewählte Forschungsdesign als integratives Verfahren benannt.

19 ERZBERGER/KELLE (2003, S. 471 f.) warnen insbesondere davor, dass Schlussfolgerungen, die nach ersten theoretisch fundierten Annahmen und der Analyse einer Datenbasis gezogen werden, oftmals „heuristics of commonsense knowledge" darstellen, nach denen Forscher ergänzende theoretische Annahmen aufgrund ihrer eigenen persönlichen Werte, Vorstellungen und Zielsetzungen formulieren. Sie sehen es als notwendig an, zusätzliche theoretische Annahmen ebenfalls empirisch zu belegen und formulieren daher einen komplementären Forschungsablauf. Dabei werden quantitative Methoden zur Beschreibung der Verhaltensweisen einer Vielzahl von Untersuchungspersonen herangezogen, während die Hintergründe für die beobachteten Verhaltensweisen qualitativ ermittelt werden können. „Empirical results from qualitative studies help to build the necessary framework to understand the empirical results from statistical analyses." (ERZBERGER/KELLE 2003, S. 473)

Abbildung 3.3:   Integratives Forschungsdesign

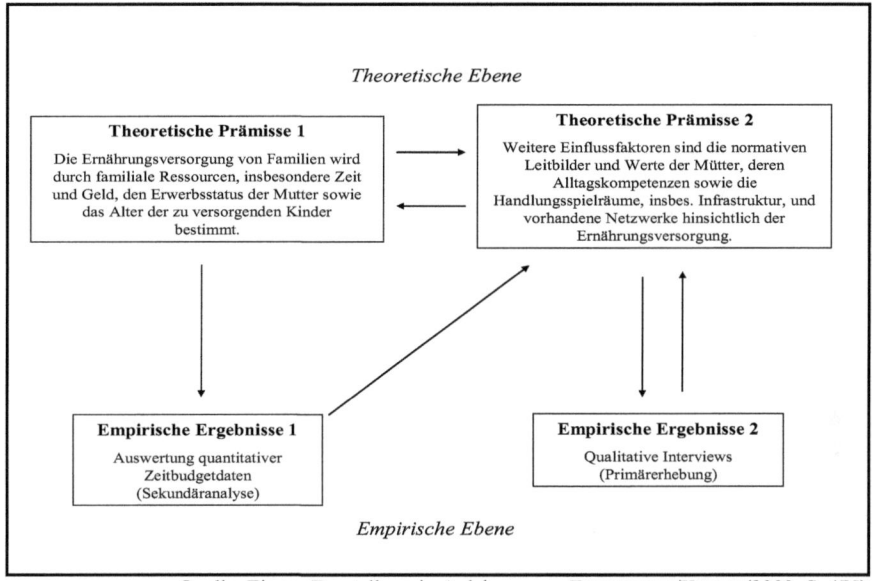

Quelle: Eigene Darstellung in Anlehnung an ERZBERGER/KELLE (2003, S. 475)

Zunächst wurden theoretische Annahmen aus dem aktuellen Stand der Forschung abgeleitet (Prämisse 1). Aufbauend darauf wurde eine Sekundäranalyse zum Zeitaufwand für die Ernährungsversorgung von Müttern in Familienhaushalten mit den quantitativen Zeitbudgetdaten 2001/02 des Statistischen Bundesamtes durchgeführt. Da Zeitbudgetdaten nicht die Handlungsmotive des Zeitverwendungsverhaltens erklären, wurden die theoretischen Annahmen erweitert. Die Forscherinnen gingen von der Hypothese aus, dass weitere Einflussfaktoren, wie normative Leitbilder und Werte, Handlungsspielräume, Alltagskompetenzen der Mütter sowie vorhandene Netzwerke, wichtige Determinanten der Ausgestaltung der Ernährungsversorgung sind (Prämisse 2). Die quantitativen und qualitativen Bestandteile des Forschungsvorhabens wurden so miteinander verknüpft: Die Entwicklung des Erhebungsinstruments der qualitativen Befragung basiert auf den Ergebnissen der Auswertung der Zeitbudgetdaten. Die Operationalisierung des Forschungsdesigns einschließlich der verwendeten Methoden ist in Abbildung 3.4 dargestellt.

Abbildung 3.4:   Forschungskonzept und Umsetzung

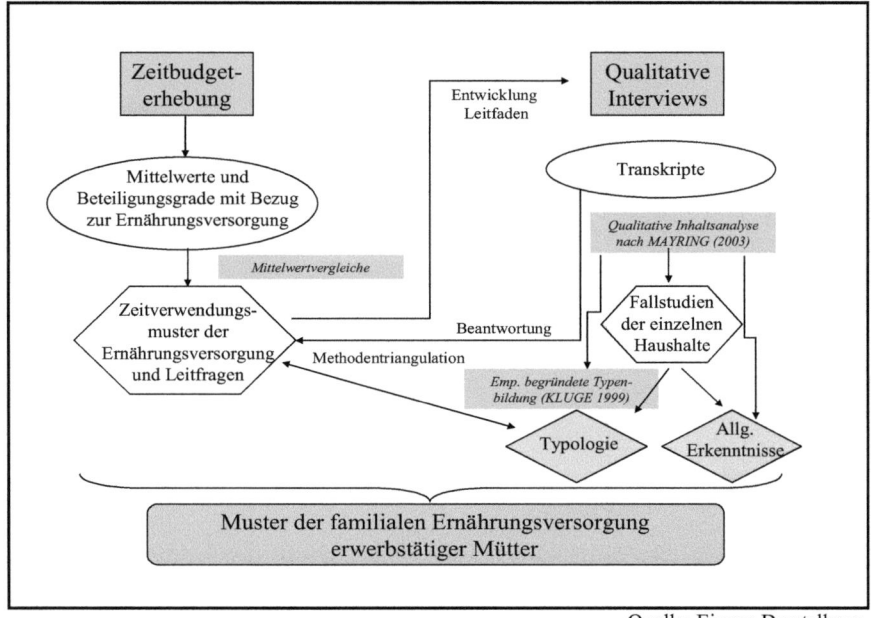

Quelle: Eigene Darstellung

3.2.2 Methodische Umsetzung

Die Zeitbudgeterhebung 2001/2002 des Statistischen Bundesamtes ist die zweite repräsentative Erhebung zur Zeitverwendung der Gesamtbevölkerung der Bundesrepublik Deutschland. Sie ermöglicht einen umfangreichen Überblick über die durchschnittliche Zeitverwendung für die Ernährungsversorgung in Familienhaushalten. Das projektbezogene Auswertungsverfahren sowie Ergebnisse im Kontext der Ernährungsversorgung werden in Kapitel 4 dargestellt.

Aufbauend darauf wurden qualitative Datenerhebungs- und Auswertungsmethoden eingesetzt, um ein tief greifendes Verständnis der Ernährungsversorgung von Familienhaushalten aus Sicht der befragten Mütter (und Väter) und der familieninternen Strukturen, die das *Wie*, *Was* und *Wo* des Ernährungshandelns bestimmen, zu erlangen, zu analysieren und zu interpretieren.

Als vorherrschende Methode der Daten- bzw. Informationssammlung in der qualitativen Forschung wurden im Rahmen der EVPRA-Studie Interviews eingesetzt. Die unterschiedlichen intrafamilialen Abläufe bei der Gestaltung der Ernährungsversorgung konnten nur durch Offenheit der Forscherinnen gegenüber unterschiedlichen Ausprägungen der Ernährungsversorgung von Familien untersucht werden. Die Befragten hatten dabei die Möglichkeit, ihre Wirklichkeitsdefinitionen den Forscherinnen mitzuteilen, ohne in ein starres Schema hineingezwängt zu werden (GREEF 2005, S. 287; LAMNEK 2005, S. 348). Bezogen auf den Untersuchungsgegenstand „Ernährungsversorgung von Familienhaushalten" berücksichtigen qualitative Interviews zudem, dass sich die Handlungsweisen verschiedener Familien unterscheiden, weil unterschiedliche subjektive Perspektiven und soziale objektive Bedingungen vorliegen (FLICK 1995, S. 15).

Auf der Basis der Zeitbudgetdaten sind Leitfragen generiert worden, die den thematischen Schwerpunkt, die *Problemzentrierung*, ausmachen und anhand derer der Interviewleitfaden für die strukturierten qualitativen Interviews gestaltet wurde. Es haben sich sechs Schwerpunktthemen ergeben. Dazu zählen:

- die *Alltagsorganisation* bzw. der Alltagsablauf der Ernährungsversorgung in den Familien,
- die *Zuständigkeiten und Verantwortlichkeiten* für bestimmte Tätigkeiten innerhalb der Familie,
- der *Stellenwert*, den die *Ernährung* im betreffenden Haushalt einnimmt,
- die *alltäglichen Zeitstrategien*, insbesondere im Spannungsfeld zwischen dem Berufsalltag der Mütter und der Organisation der Ernährungsversorgung im Haushalt
- und die *Aushandlungen und Machtverhältnisse* in Bezug auf die Ernährungsversorgung zwischen den einzelnen Familienmitgliedern.

Da die Formulierung des Fragetextes im qualitativen Interview nicht vorab festgelegt sein sollte (LAMNEK 2005, S. 352), ist der Leitfaden stichwortartig in Form eines Mind Maps angelegt worden.

Vor Beginn der Erhebungsphase wurde – im Anschluss an die durchgeführten Pretests – eine Schulung durchgeführt, um Interviewerinnen und studentische Hilfskräfte, die mit der Transkription beauftragt waren, auf die durchzuführenden qualitativen Interviews vorzubereiten. Gegenüber der quantitativen Zeitbudgeterhebung unterliegen qualitative Interviews einer höheren Beeinflussung durch die Befrager, was eine gründliche Schulung erforderlich macht (GREEF 2005, S. 287).

Auswahl der zu Befragenden
Weil es in der qualitativen Forschung um Typisierungen und Typologien geht, spielt die Frage der Repräsentativität nur eine untergeordnete Rolle (LAMNEK

2005, S. 384), stattdessen soll ein möglichst umfassendes Set relevanter Handlungsmuster in einer sozialen Situation generiert werden. Die Auswahlprozedur
der Interviewteilnehmerinnen im Projekt kann als eine bewusste heterogene
Stichprobenauswahl beschrieben werden. Diese stellt sicher, dass durch eine
vorab festgelegte Definition relevanter Schichtungsmerkmale in der Stichprobe
Träger dieser Merkmale vertreten sind und eine möglichst breite Streuung aller
denkbaren, gewünschten Merkmale gegeben ist (KLUGE 2001, S. 46; LAMNEK
1995, S. 238 f.).

Für die Untersuchung der Ernährungsversorgung in Familien mit erwerbstäti-
gen Müttern ist es unumgänglich, verschiedene Haushaltstypen abzubilden. Die
Auswahl der Familienhaushalte für die qualitativen Interviews erfolgte anhand
der identifizierten Kriterien: Berufswelt der Mütter nach Umfang und Art der
Erwerbstätigkeit auf der einen, sowie das Alter der Kinder auf der anderen
Seite. Entgegen des häufig in quantitativen Untersuchungen eingesetzten Aus-
wahlkriteriums „sozialer Status des Haushaltsvorstands" – womit zumeist der
Mann als Haupteinkommensverdiener gemeint ist – wurde Umfang und Art der
Erwerbstätigkeit der Mutter in dieser Untersuchung als entscheidendes Kriterium gewählt, da auch davon auszugehen ist, dass Mütter den überwiegenden
Arbeitsanteil an der Gestaltung der Ernährungsversorgung inne haben. Nicht
erwerbstätige Mütter sind aus der Untersuchung ausgeschlossen worden, da im
vorliegenden Projekt die Auswirkungen der Erwerbstätigkeit auf die Zeitverwendung und insbesondere daraus entstehende Aushandlungsprozesse und
Strategien im Ernährungsversorgungsalltag von Familienhaushalten von Interesse sind.

Aus den genannten Faktoren ergibt sich eine Matrix, die drei Haushalte
pro „Feld" enthält. So entstand ein Studienkollektiv von n = 48 Familienhaushalten. Tabelle 3.1 verdeutlicht das Ergebnis der Stratifizierung.

Tabelle 3.1: Stratifizierung der Familienhaushalte für die qualitativen Interviews

Berufsgruppe	TZ <10 J[*]	TZ > 10 J[*]	VZ<10 J[*]	VZ>10 J[*]
Akademikerinnen in gehobenen Positionen	n=3	n=3	n=3	n=3
Selbstständige	n=3	n=3	n=3	n=3
Angestellte	n=3	n=3	n=3	n=3
Arbeiterinnen	n=3	n=3	n=3	n=3

Quelle: Eigene Darstellung

* TZ = Teilzeittätigkeit der Mütter, VZ = Vollzeittätigkeit der Mütter, <10 J = Kinder unter 10
Jahren, >10 J = Kinder über 10 Jahren.

Für die problemzentrierten Interviews wurde eine Familiengröße von zwei Kindern angestrebt, da vermutet wurde, dass der Versorgungsaufwand in Familien von Anzahl und Alter der Kinder abhängt. Darüber hinaus wurden überwiegend Haushalte mit zwei Kindern rekrutiert, deren Kinder entweder beide unter zehn Jahren oder beide zehn Jahre und älter waren. Damit ist über das Alter der Kinder eine konsistente Abbildung der Familienphase möglich. In einigen Familienhaushalten wurden junge Erwachsene im Alter von 18 Jahren und älter versorgt, die während ihrer Ausbildungszeit über keinen eigenen Haushalt verfügen[20].

Bedingt durch die unterschiedlichen Berufsgruppen der zu interviewenden Mütter waren zielgruppenspezifische Konzepte der Rekrutierung relevanter Familienhaushalte erforderlich. Als Anreiz zur Teilnahmebereitschaft erhielten die Mütter jeweils einen Warengutschein im Wert von 15 Euro. Mütter in den Berufsgruppen 1 (Akademikerinnen in gehobenen Positionen) und 3 (Angestellte) konnten zu einer großen Zahl über den zentralen Verteiler des Hochschulrechenzentrums aller Mitarbeiter einer hessischen Universität erreicht werden. Insgesamt meldeten sich auf diese Rundmail über 50 interessierte Mütter[21].

Die Ansprache der Berufsgruppe 2 (Selbstständige) erfolgte neben persönlichen Kontakten zu den Interviewten[22] durch Weiterempfehlungen von bereits interviewten Müttern. Zusätzlich wurden durch Kontaktdaten im Branchenbuch und auf Internetseiten von Netzwerken selbstständiger Frauen mögliche Interviewpartnerinnen angesprochen.

Mütter, deren berufliche Position in die Berufsgruppe 4 (Arbeiterinnen) einzuordnen ist, wurden gezielt über die Betriebsleitung bzw. den Betriebsrat verschiedener Unternehmen angesprochen. Allerdings erwies sich die Rekrutierung dieser Berufsgruppe aufgrund des geringen Interesses an der Interviewteilnahme schwieriger als in den übrigen drei Berufsgruppen. Die Schwierigkeiten der Rekrutierung dieser Berufsgruppe betrafen insbesondere die Arbeiterinnen, die einer Vollzeiterwerbstätigkeit nachgehen. Zur Gewinnung dieses schwer zu erreichenden und in der Alltagsrealität nicht stark vertretenen Teil-

---

20 Insgesamt lebten in elf Haushalten Kinder, die älter als 18 Jahre waren, davon sind sieben Haushalte der Berufsgruppe 4 (Arbeiterinnen) zuzuordnen.

21 Die hohe Resonanz auf die Rundmail zeigt bereits die herausragende Bedeutung, die Mütter der Ernährungsversorgung in ihrem Haushalt beimessen. Die eingehenden Antworten bekundeten das Interesse der jeweiligen Frauen an der Thematik, teilweise folgten bereits recht ausführliche Beschreibungen der jeweiligen häuslichen Situation der Mütter hinsichtlich der Kombination von Berufstätigkeit und Ernährungsversorgung.

22 In diesem Fall wurde das Interview von einer Projektmitarbeiterin geführt, die die entsprechende Person nicht kannte, um mögliche Beeinflussungen und Verzerrungen zu vermeiden.

samples mussten daher wiederholt Betriebsräte von Unternehmen kontaktiert werden.

Die Interviews fanden zwischen April 2005 und Januar 2006 in Familienhaushalten in den Städten bzw. Landkreisen Gießen, Marburg, Bad Homburg, Wetzlar und Vogelsberg statt.

Interviewdurchführung

Bei jedem Interview waren zwei Interviewerinnen anwesend. Eine Person führte hauptverantwortlich das Interview, die Beisitzerin ergänzte nicht angesprochene, aber relevante Themen und beobachtete vor allem die Interviewsituation (z.B. Gestik und Mimik der Befragten). Die Interviews wurden mehrheitlich[23] in den Wohnräumen der Befragten geführt – da für den Befragten die Interviewsituation ungewöhnlich ist, wirkt die gewohnte Umgebung kompensierend und bietet Sicherheit (LAMNEK 2005, S. 388). Gleichzeitig zur Datenerhebung erfolgte die Datenerfassung in Form einer Aufzeichnung mit digitalem Tonbandgerät[24]. Selbstverständlich wurde im Vorfeld das Einverständnis der Befragten zur Aufzeichnung eingeholt und die Anonymisierung der Daten zugesagt und eingehalten.

Zum Zwecke des Informationsgewinns wurde kurz nach der Durchführung der Interviews ein so genanntes *Postskriptum* angefertigt, das die im Interview selbst nicht zum Ausdruck kommenden, für die Interpretation aber vielleicht wichtigen Aspekte enthält, wie z.B.:

- eine kurze Beschreibung des Wohnumfelds und der Wohnlage;
- Atmosphäre der Wohnung;
- Charakterzüge, Reaktionen und äußere Kennzeichen der Gesprächspartnerin;
- Eindrücke über die Kommunikation;
- Besonderheiten der äußeren Situation, bspw. Störungen des Gesprächs, Anwesenheit Dritter etc.
- Reflexion des Interviewers über Gesprächsführung.

Es wurden auch Einzelheiten festgehalten, die von den Befragten erst nach Beendigung des „offiziellen" Gesprächs geäußert wurden. Dieses Vorgehen ist ein weiterer Vorteil qualitativer Interviews, denn die zusätzlichen Informationen können in die Interpretation einbezogen werden und wertvolle ergänzende, bestärkende oder relativierende Hinweise liefern, die direkt der Auswertung

---

23 Nur einige wenige Interviews wurden auf Wunsch der Befragten nicht in der eigenen Wohnung, sondern an ihrem Arbeitsplatz durchgeführt.

24 Für die Interviews des EVPRA-Projektes wurden digitale Aufnahmegeräte der Firma Olympus eingesetzt (Olympus DS 330 Digital Voice Recorder).

zugute kommen und den Interpretationen der einzelnen Interviews nach LAM-NEK manchmal erst ihre Gültigkeit verleihen. Solche Zusatzinformationen ermöglichen zusammen mit erhobenen sozialstatistischen Daten und dem eigentlichen Interview die realitätsgerechte und lebensweltlich angemessene Verortung des Befragten (vgl. LAMNEK 2005, S. 391 f.).

Im Anschluss an das Interview füllten die Interviewerinnen deshalb unabhängig voneinander, ohne die Anwesenheit der Befragten, das Postskriptum in Form eines Beobachtungsprotokolls aus. Dieses beinhaltet auch Informationen zur Kontaktaufnahme mit der Interviewten, die Beschreibung der Interviewatmosphäre (Situationsbeschreibung, Verhalten des Interviewten z.B. anhand nonverbaler Äußerungen in Form von Mimik oder Gestik sowie persönliche Empfindungen der Interviewerin) und eine Beschreibung des Erhebungsortes. Zusätzlich wurden soziodemographische Daten abgefragt. Die 48 Interviews dauerten jeweils zwischen ein und zwei Stunden.

Methodische Konzeption der Datenauswertung
Folgende Phasen der Auswertung – entsprechend der Empfehlungen für qualitative Interviews (LAMNEK 1989, S. 104 ff.) – können im Forschungsprojekt unterschieden werden:

In der Transkriptionsphase, in der die Übertragung des aufgezeichneten Interviewmaterials in Schriftform stattfand, wurden Regeln für die Behandlung nonverbaler Aspekte (längere Pausen, Lachen, Räuspern etc.) ausgearbeitet, die dann zur einheitlichen Übertragung der Interviews führten. Diese Äußerungen wurden in die Transkription aufgenommen, weil sie für die Interpretation von erheblicher Bedeutung sein können. Die Transkription des Materials wurde in der EVPRA-Studie von sieben studentischen Hilfskräften durchgeführt. Anschließend wurden die Transkripte durch die am Interview beteiligten Forscherinnen überprüft. Auch eine Anonymisierung der Informationen erfolgte bereits im Schritt der Transkription.

Als nächster Schritt erfolgte die Einzelanalyse der Interviews mit dem Verfahren der qualitativen Inhaltsanalyse. Diese geht auf MAYRING zurück und beschreibt ein systematisches, aber dennoch flexibles Auswertungsverfahren zur Klassifikation und Beschreibung von Textbedeutung (KNAPP 2005, S. 20). Nach MAYRING ist inhaltsanalytisches Vorgehen grundsätzlich dreistufig. In einer ersten Phase wurden demnach Begriffe und Kategorien entwickelt, als Zweites erfolgte die Anwendung des so entwickelten Instrumentariums und in einer dritten Phase erfolgte der Rückbezug der Ergebnisse auf die Fragestellung (MAYRING 2005, S. 51).

Kernstück einer strukturierenden qualitativen Inhaltsanalyse ist das Kategoriensystem (Mayring 2005, S. 11). Für die Bildung der Kategorien schlägt

MAYRING (2005, S. 76) unterschiedliche Vorgehensweisen vor: Zum einen
können diese induktiv aus dem zu untersuchenden Material heraus gebildet
werden, zum anderen aus vorhandenem Wissen, z.B. aus einer Theorie, abgeleitet werden (deduktives Vorgehen). Letztendlich besteht auch die Möglichkeit eines gemischt deduktiv-induktiven Verfahrens, das aus der Theorie abgeleitet und an das jeweilige Untersuchungsmaterial angepasst ist. Letztere Vorgehensweise wurde bei der Bildung der Kategorien im Projekt angewendet,
zumal sich diese Form der Kategorienbildung doch häufig im Kontext von
leitfadenorientierten Interviews findet, deren Fragen und Themen mehr oder
weniger direkt in thematische Auswertungskategorien übersetzt werden (KU-
CKARTZ 2004, S. 457). Das Kategoriensystem, das der Codierung zugrunde
gelegt wurde, basiert dementsprechend auf dem Leitfaden, der im Vorfeld der
Interviews entwickelt wurde. Im Rahmen des Auswertungsprozesses ist es
entsprechend eines qualitativen Forschungsvorgehens mehrfach überarbeitet
und angepasst worden.

Alle 48 Interviews wurden inhaltsanalytisch bearbeitet, d.h. den entsprechenden Textsequenzen wurden die jeweiligen Kategorien zugeordnet (Prozess
der Codierung). Durch die Zusammenfassung der wichtigsten Textstellen des
Transkriptes entstand ein neuer, konzentrierter Text. Dieses Ergebnis der Einzelfallanalyse stellt eine Charakteristik der Ernährungsversorgung der Familien
in Form von Fallstudien der einzelnen Haushalte dar. Mit diesen Fallstudien
soll das Ziel verfolgt werden, einen Überblick über die Ernährungsversorgung
der einzelnen Haushalte zu bekommen; durch eine analytisch – beschreibende
Darstellung wurde dabei das Interviewmaterial verdichtet. Ein fachlicher
Kommentar zum Abschluss enthält Bewertungen und Interpretationsansätze
aus der Sicht des Projektteams. Bei der Erstellung der Fallstudien wurden zudem die Beobachtungsprotokolle herangezogen.

Die Entwicklung der Einzelfallbeschreibungen erfolgte computergestützt.
Im Rahmen qualitativer Forschung sind in den letzten Jahren eine Reihe von
Computerprogrammen (sogenannte ‚QDA-Software') entwickelt worden, die
die qualitative Arbeit mit Texten unterstützen.[25] Im Projekt hat sich das Forscherinnenteam für das Programm MAXqda entschieden. Inhaltlich bedeutsamen Textpassagen wurden mit dem Programm Codes zugeordnet. In einem
folgenden Schritt ließen sich dann Textpassagen nach verschiedenen Kategorien oder Subkategorien zusammenstellen (KUCKARTZ 2004, S. 455 ff).

Nach der Inhaltsanalyse auf der Ebene von Einzelinterviews wurde in einem weiteren Schritt eine *generalisierende Analyse* vorgenommen. In dieser

---

25   Für eine ausführliche Beschreibung des Nutzens und möglicher Analyseprozeduren von
      computergestützten qualitativen Datenanalyseprogrammen siehe FLICK (2005, S. 361 ff.) und
      KUCKARTZ (2004).

Phase wird über das einzelne Interview hinausgeblickt, um zu allgemeinen Erkenntnissen zu gelangen. Es wird nach Gemeinsamkeiten gesucht, die in allen Interviews auftreten, da dies ein erster Schritt für eine typisierende Generalisierung sein kann; ebenso können inhaltliche Differenzen herausgearbeitet werden. Gemeinsamkeiten und Unterschiede ergeben bei weiterer Analyse Grundtendenzen, die für eine oder alle Befragten typisch erscheinen. Erhält man diese Typen, so werden sie unter Bezugnahme auf die konkreten Einzelfälle dargestellt und interpretiert (vgl. LAMNEK 2005, S. 404). Für diesen generalisierenden Schritt wurde in der EVPRA- Studie auf die Typenbildung nach KLUGE zurückgegriffen. Diese geht auf ein vierstufiges Modell zurück, das sich gegenüber anderen Verfahren durch ein systematisches, aber flexibles Vorgehen auszeichnet (KLUGE 2001, 1999).

Im Anschluss an die Interviews mit den Müttern erfolgte eine ergänzende schriftliche Befragung der Väter. Sie bestätigt aus der Perspektive der befragten Väter, dass die Mütter die Hauptverantwortlichen für die Ernährungsversorgung sind. Weiterhin konnten Erkenntnislücken aus den qualitativen Interviews der Mütter über die Versorgung der Väter am Arbeitsplatz hinreichend geschlossen werden.

4 Zeitverwendung für die Ernährung in Familienhaushalten: Ergebnisse der quantitativen Sekundäranalyse der Zeitbudgetdaten 2001/02

4.1 Einleitung

Die Vereinbarkeit von Familie und Beruf wird im Zusammenhang mit der Erwerbstätigkeit von Müttern vielfach diskutiert; eine umfassende Auseinandersetzung mit der Ernährungsversorgung in Familienhaushalten fehlt jedoch bislang. Insbesondere zu den Auswirkungen der mütterlichen Erwerbstätigkeit auf die Zeit, die zur Bewerkstelligung der Ernährungsversorgung als Teil der Alltagsarbeiten aufgewendet werden kann, fehlen detaillierte Untersuchungen in Deutschland. Dabei können Zeitbudgetdaten Hinweise auf die Verwendung der Ressource Zeit geben – die im Gegensatz zu finanziellen Mitteln allen Personen im gleichen Umfang, d.h. 24 Stunden am Tag, zur Verfügung steht. Während allerdings Zeitbudgetdaten zur deskriptiven Analyse der Zeitverwendung für die Ernährung bislang nur sporadisch genutzt wurden (ZANDER/MEIER-GRAEWE/MÖSER 2005; MESTDAG 2005; MEIER 2004), finden diese Daten zur Untersuchung der intrafamilialen Ressourcenallokation der Zeit für die Hausarbeit häufiger Anwendung: Forschungsschwerpunkte sind beispielsweise die Flexibilität der Hausarbeit (BONKE/DATTA GUPTA/SMITH 2005), Verhandlungsmodelle zur Aufteilung der Hausarbeit (DEDING/LAUSTEN 2006; ANXO/CARLIN 2004), komparative Vorteile am Arbeitsmarkt und deren Auswirkungen auf die Allokation der Hausarbeit (BONKE/MCINTOSH 2005) sowie die Vereinbarkeit von Familie und Beruf (ICHINO/SANZ DE GALDEANO 2005). NAYGA (2008) verknüpft erstmalig anthropometrische Informationen und Zeitbudgetdaten zur Analyse des Gesundheitsstatus von Familienmitgliedern.

Auf der Basis der Zeitbudgeterhebung 2001/2002 des Statistischen Bundesamtes wurde der zeitliche Aufwand für den Ablauf und die Struktur der Organisation der Ernährungsversorgung von Familienhaushalten untersucht, um die Nutzung von Zeitbudgetdaten für ernährungsrelevante Fragestellungen aufzuzeigen. Die Erkenntnisse der Sekundäranalyse der Zeitbudgetdaten sind für den zweiten Teil der Studie, die qualitative Befragung erwerbstätiger Mütter im beschriebenen Forschungsdesign der EVPRA-Studie, heranzuziehen. Nachfolgend wird die methodische Vorgehensweise von Zeitbudgeterhebungen und die Auswertung der Zeitbudgetdaten kurz erläutert, es folgt die soziodemografische Beschreibung der Stichprobe. Im Mittelpunkt des Kapitels steht die Zeitverwendung von Müttern für die Bewältigung der täglichen Ernährungsversorgung, ebenso wie die Darstellung der Zeitverwendung für die Tätigkeiten „Essen und Trinken", wobei die Mahlzeiteneinnahme zu Hause im privaten Raum dem Zeitaufwand für Mahlzeiten im öffentlichen Raum (Außer-Haus-Verzehr) gegenübergestellt wird.

4.2   Zeitbudgeterhebung 2001/02: methodisches Konzept und Auswertung

Die Zeitbudgeterhebung 2001/2002 des Statistischen Bundesamtes ist die zweite repräsentative Erhebung zur Zeitverwendung der Gesamtbevölkerung der Bundesrepublik Deutschland[26].

Methodisches Vorgehen bei der Auswertung der Zeitbudgetdaten
Mit Hilfe des Zeitbudgetdatensatzes 2001/2002 konnte der zeitliche Umfang für die Ernährungsversorgung von Familienhaushalten mit erwerbstätigen und nicht erwerbstätigen Müttern ausgewertet werden. Bei der aktuellen Erhebung 2001/02 wurde ein Methodenmix aus Haushalts- und Personenfragebögen sowie Zeittagebuch eingesetzt. Alle Haushaltsmitglieder haben dazu über drei Tage hinweg ein Tagebuch geführt, in dem sie chronologisch in 10-Minuten-Schritten ihre Tätigkeiten im eigenen Wortlaut eingetragen haben. Die so notierten Tätigkeiten wurden mit Hilfe einer aus über 230 Tätigkeiten bestehenden Aktivitätenliste signiert und vereinheitlicht (EHLING/HOLZ/KAHLE 2001, S. 430).

Die Sekundäranalyse der Zeitbudgetdaten wurde mit dem Statistikprogramm SPSS durchgeführt. Notwendig war dabei die Gewichtung der Originaldaten mittels der in den Datendateien vorhandenen Gewichtungsfaktoren zur Erzielung repräsentativer Aussagen. Verwendung fanden ein Gewichtungsfaktor für die Haushaltsstruktur, wenn Daten zur Haushaltszusammensetzung betrachtet wurden, sowie ein Gewichtungsfaktor für die Zeitverwendung, wenn

---

26   Einen ausführlichen Überblick über die Methodik und die Forschungsgebiete der Zeitbudget-forschung liefert BLASS (1980). Das methodische Konzept der ersten Zeitbudgeterhebung 1991/92 und die Möglichkeiten, mit diesen Daten das zeitliche Ernährungsverhalten zu untersuchen, werden ausführlich in MEIER/KÜSTER/ZANDER (2003) erläutert. Dieses Konzept und die Zielsetzungen wurden in der zweiten Erhebung 2001/02 beibehalten bzw. an europäische Standards angeglichen (EHLING/HOLZ/KAHLE 2001).

mit Zeitverwendungsdaten gearbeitet wurde. Die Vorgehensweise mit unterschiedlichen Gewichtungsfaktoren führte dazu, dass keine einheitlichen Angaben zur Anzahl n bzw. *n-Personentagen*[27] gemacht werden können, da in den einzelnen Datendateien zum Personen- und Haushaltsfragebogen sowie zum Zeittagebuch einzelne Personengruppen unterschiedlich bewertet wurden. In den Ergebnistabellen wurde folglich darauf verzichtet, die Anzahl n bzw. n-Personentage zu nennen. Tab. 4.1 verdeutlicht die Veränderungen, die sich durch die Gewichtung ergeben.

Tabelle 4.1: Veränderungen von n und n-Personentagen durch die Gewichtung am Beispiel von Müttern mit unterschiedlichem Umfang der Erwerbsbeteiligung

	Daten zur Haushaltsstruktur, Haushaltsausstattung und Zeiteinschätzung		Daten zur Zeitverwendung	
	Anzahl n		Anzahl n-Personentage	
	ungewichtet	*gewichtet*	*ungewichtet*	*gewichtet*
vollzeiterwerbstätige Mütter	354	305	1062	1025
teilzeiterwerbstätige Mütter	1096	551	3277	1533
nicht erwerbstätige Mütter	557	552	1665	1642
Gesamtzahl	2007	1408	6004	4199

Quelle: Eigene Darstellung

Die in den nachfolgenden Tabellen zur Zeitverwendung angegebenen Zeiten sind Mittelwerte für alle befragten Personen bzw. für alle Personen, die die jeweilige Tätigkeit ausgeübt haben. Bei der Interpretation der Ergebnisse ist es unumgänglich zu prüfen, ob die ausgewiesenen Zeitdifferenzen zwischen einzelnen Gruppen, z.B. zwischen Voll- und Teilzeit erwerbstätigen Müttern, signifikant sind. GWOZDZ et al. (2006) führen aus, dass Daten aus Zeitbudgeterhebungen von üblichen Annahmen, wie Normalverteilung und gleiche Varianzen, in allen Gruppen abweichen können und deshalb genau geprüft werden muss, welche Testverfahren zum Vergleich von Mittelwerten angemessen sind[28].

---

27 Da jede befragte Person möglichst über drei Tage hinweg ein Zeittagebuch geführt hat, ergibt sich die ungefähre Zahl der n-Personentage aus der Multiplikation von n mit der Zahl drei.

28 Exemplarisch wurde für die Bereiche „Essen und Trinken" und „Beköstigung" mit Hilfe des Levene-Tests untersucht, ob zwischen vollzeit-, teilzeit- und nicht erwerbstätigen Müttern die

Abbildung 4.1 verdeutlicht die in den nachfolgenden Auswertungen verwendeten Begriffe der Beköstigung und der Ernährungsversorgung. Die *Beköstigung* umfasst nach der Definition der Zeitbudgeterhebung 2001/02 die „Mahlzeitenzubereitung", „Backen", „Geschirrreinigung einschließlich Tisch decken und abräumen" sowie die „Vorratshaltung" (Haltbarmachen/Konservieren von Lebensmitteln). Die *Ernährungsversorgung* beinhaltet neben den genannten Beköstigungsaktivitäten „allgemeine Haushaltsplanung", „Einkauf", „Essen und Trinken" sowie „Wegezeiten im Zusammenhang mit haushälterischen Tätigkeiten, Einkäufen und Dienstleistungen".

Abbildung 4.1:   Abgrenzung von Beköstigung und Ernährungsversorgung

Tätigkeiten mit zugehöriger Codierung in der Zeitbudgeterhebung 2001/02								
Essen und Trinken (Code 02)	Allgemeine Haushaltsplanung (Code 371)	Mahlzeitenzubereitung (Code 311)	Backen (Code 312)	Geschirrreinigung / Tisch decken und abräumen (Code 313)	Vorratshaltung (Code 314)	Einkauf (Code 361)	Wegezeiten haushält. Tätigkeiten (Code 931)	Wegezeiten Einkauf und Dienstleistungen (Code 933)
		Beköstigung						
	Ernährungsversorgung							

Quelle: Eigene Darstellung

Zentrale Begriffe bei der Darstellung der Ergebnisse sind die Zeitverwendung nach befragten Personen, die Zeitverwendung nach ausübenden Personen und der Beteiligungsgrad. Ausübende Personen sind jeweils die Personen, die während der drei Anschreibungstage die zu untersuchende Aktivität tatsächlich ausgeführt haben. Ihr durchschnittliches Zeitbudget spiegelt also wider, wie viel Zeit eine Tätigkeit tatsächlich im Tagesverlauf in Anspruch nimmt. Die durchschnittliche Zeitverwendung der ausübenden Personen kann zum Teil

---

Gruppen gleiche Varianzen aufweisen und damit ein t-Test zum Vergleich der Mittelwerte angewendet werden kann. Bei der Hälfte der durchgeführten Tests muss die Nullhypothese gleicher Varianzen verworfen werden, so dass zur Überprüfung von Mittelwertunterschieden bei diesen Vergleichen nicht der parametrische t-Test, sondern der nicht-parametrische U-Test nach Mann und Whitney angewendet werden muss (BÜHL 2006, S. 299). Der Mann-Whitney-Test bestätigt aber in allen durchgeführten Fällen, dass sich die ermittelten Zeitdifferenzen signifikant voneinander unterscheiden. Da eine Überprüfung aller Auswertungen hinsichtlich der Gleichheit der Varianzen und einem anschließendem t-Test (bei gleichen Varianzen) oder Mann-Whitney-Test (bei ungleichen Varianzen) den Rahmen der Analysen überschreitet, wird davon ausgegangen, dass sich die Ergebnisse des schwächeren Mann-Whitney-Tests, der in allen Beispielrechnungen signifikante Zeitdifferenzen bestätigt hat, auf alle übrigen Auswertungen übertragen lassen.

beträchtlich vom Durchschnitt aller Personen abweichen, wenn bestimmte Tätigkeiten nur von einem geringen Prozentsatz aller Personen ausgeführt werden, wie z.B. Vorratshaltung. Bei der Tätigkeit Essen und Trinken dagegen ist kein großer Unterschied zwischen Zeitverwendung aller befragten Personen und Zeitverwendung ausübender Personen festzustellen, da mit Ausnahme von Krankheit oder Fasten jeder Mensch täglich Nahrung zu sich nimmt. Der Beteiligungsgrad beschreibt den Prozentsatz aller Personen, die im Untersuchungszeitraum eine Tätigkeit mindestens einmal oder aber auch mehrmals tatsächlich ausgeführt haben, d. h. bei denen sich im Tagebuch ein entsprechender Eintrag für die beschriebene Aktivität findet.[29]

Selektion relevanter Haushalte
Die Gestaltung der Ernährungsversorgung von Familienhaushalten wird durch verschiedene Einflussfaktoren bedingt. Dazu zählen die Berufstätigkeit der Mütter, der Umfang dieser Berufstätigkeit, das Haushaltseinkommen, das Bildungsniveau bzw. die soziale Schichtzugehörigkeit, das Alter und die Anzahl der zu versorgenden Kinder. Hauptkriterium der Stratifizierung in der Sekundäranalyse der quantitativen Zeitbudgetdaten war jedoch die Berufsgruppe der Mutter, die im vorliegenden Datenmaterial durch den sozialen Status repräsentiert wird[30]. Der soziale Status fungiert in diesem Fall als Repräsentant unterschiedlicher Berufsgruppen mit unterschiedlichem Einkommensniveau. Tabelle 4.2 verdeutlicht die Einteilung unterschiedlicher Berufsgruppen.

---

29 Zur ausführlichen Erläuterung der Methodik der Zeitbudgeterhebung siehe EHLING/HOLZ/KAHLE (2001).

30 In den nachfolgenden Ergebnistabellen und Textstellen wird die Unterteilung der Berufsgruppen der Mütter mit „Art der mütterlichen Erwerbstätigkeit" umschrieben. Darunter sind im Rahmen dieser Studie sowohl Kriterien des sozialen Status (z.B. Beamte) wie auch die Art und Weise der Berufstätigkeit (z.B. selbstständige Tätigkeit) subsummiert.

Tabelle 4.2: Einteilung der Berufsgruppen in der Zeitbudgeterhebung
2001/2002 und der eigene qualitativen Erhebung

Berufsgruppe	Quantitative Erhebung mit dem Kriterium „Sozialer Status"	Qualitative Erhebung
Berufsgruppe 1	Beamtinnen	Akademikerinnen in gehobenen Positionen (z.B. Managerinnen, Professorinnen, wissenschaftliche Mitarbeiterinnen, Lehrerinnen)
Berufsgruppe 2	Selbstständige	Selbstständige (z.B. Architektin, Kosmetikerin, Raumausstatterin)
Berufsgruppe 3	Angestellte	Angestellte (z.B. Sachbearbeiterinnen, Verwaltungsangestellte)
Berufsgruppe 4	Arbeiterinnen	Arbeiterinnen (z.B. Verkäuferinnen, Produktionshelferinnen, Reinigungskräfte)

Quelle: Eigene Darstellung

In den Auswertungen finden nur Mütter aus Paarhaushalten mit zwei Kindern
Berücksichtigung, um eine möglichst vergleichbare Zielgruppe zu den qualitativen Interviews zu erhalten. Auf die Einbindung allein erziehender Mütter
wird in Anlehnung an das Studienkollektiv des qualitativen Teils verzichtet.

4.3 Soziodemografische Beschreibung der Stichprobe

Das Sample der quantitativen Untersuchung umfasst insgesamt 1408 Mütter,
die aus allen Teilnehmerinnen der Zeitbudgetstudie 2001/2002 nach dem vorab
beschriebenen Filtermodus selektiert wurden. Um die Beteiligung und Unterstützung anderer Familienmitglieder an der familialen Ernährungsversorgung
zu analysieren, wurden ergänzend die in diesen Haushalten lebenden Väter
sowie Kinder ab zehn Jahren und älter aus der Zeitbudgeterhebung selektiert.
Tabelle 4.3 beschreibt das Untersuchungskollektiv der Mütter anhand ausgewählter soziodemografischer Merkmale.

Die Hälfte aller Mütter ist zwischen 35 und 45 Jahre alt. Rund zwei Drittel
der ausgewählten Mütter weisen als höchsten beruflichen Abschluss die Lehre
auf und ca. 17% der Mütter sind Akademikerinnen mit Fachhochschul- oder
Hochschulabschluss. Während jeweils ca. 39% der Mütter Teilzeit erwerbstätig

bzw. nicht erwerbstätig sind, gehen nur rund 22% der Mütter einer Vollzeitbeschäftigung nach[31].

Tabelle 4.3: Soziodemografische Beschreibung der ausgewählten Mütter
(Zeitbudgeterhebung 2001/02)

Ausgewählte soziodemografische Variablen	Anteil Mütter (%)
Alter von … bis unter … Jahren	
bis 30	8,0
30 – 35	15,1
35 – 40	29,4
40 – 45	20,7
45 – 50	15,7
50 und älter	11,3
Anzahl der Kinder im Haushalt (alle Altersgruppen)	
1 Kind	40,6
2 Kinder	42,2
3 und mehr Kinder	17,2
Höchster beruflicher Abschluss	
Lehre	68,6
Meister	2,2
Fachhochschule	8,3
Hochschule	8,9
Sonstiger Abschluss	6,4
Kein berufl. Abschluss	5,6
Erwerbsstatus	
Vollzeit	21,7
Teilzeit	39,1
Nicht erwerbstätig	39,2

Quelle: Eigene Berechnung auf der Basis der Zeitbudgeterhebung 2001/02

---

31 Ergänzend dazu wurden die Haushaltsausstattung und die Infrastruktur der ausgewählten
Familienhaushalte betrachtet. Die Haushaltsausstattung mit elektrischen Geräten, die für die
Ernährungsversorgung von Bedeutung sind, ist sehr gut. Ein Kühlschrank bzw. eine Gefrier-
kombination gehört ebenso wie ein Herd zur Standardausrüstung aller Haushalte. Geschirrspülmaschine und Mikrowelle sind ebenfalls in fast allen Familienhaushalten vorhanden, weniger als 10% der Familienhaushalte verfügen nicht über diese Geräte.
Einkaufsmöglichkeiten für den täglichen Bedarf können von rund 90% der Mütter zu Fuß in
ca. 10 Minuten erreicht werden, während Einkaufszentren für den Großeinkauf nur für knapp
die Hälfte aller Mütter zu Fuß erreichbar sind. Die Infrastruktur des häuslichen Umfeldes an
Gaststätten, Cafés und/oder Kneipen ist sehr gut, denn über 90% der Haushalte können diese
innerhalb von max. 10 Minuten Gehzeit erreichen.

4.4 Zeitverwendung für hauswirtschaftliche Arbeiten einschließlich Beköstigung

Die Anforderungen und Aufgaben des Alltags erfordern es, dass Menschen jeden Tag erneut ihre Zeit bewusst oder unbewusst einteilen und planen. Kennzeichen der Zeitverwendung von erwerbstätigen Müttern ist ein hoher Aufwand im Bereich der öffentlichen Zeit (Erwerbstätigkeit, Ehrenamt usw.) und der familialen Zeit (Fürsorge-, Pflege- und Versorgungsarbeit), der nur wenig Spielraum für die Gestaltung der persönlichen Zeit (Schlafen, Körperpflege, Essen und Trinken sowie Freizeit) lässt (BEBLO 2001). Tabelle 4.4 verdeutlicht den Stellenwert der Beköstigung innerhalb der hauswirtschaftlichen Arbeiten. Unabhängig davon, ob Mütter Voll- oder Teilzeit erwerbstätig sind, ist sowohl der Zeitaufwand als auch der Beteiligungsgrad an der Beköstigung deutlich höher im Vergleich zu anderen hauswirtschaftlichen Arbeiten, etwa der Wohnungsreinigung oder der Wäschepflege. Die Analyse der Zeitbudgetdaten weist darüber hinaus einen deutlichen Zusammenhang zwischen dem Umfang der Erwerbstätigkeit von Müttern und ihrem zeitlichen Einsatz für die Erledigung der täglich anfallenden Beköstigungsarbeiten aus. Während 85,7% aller vollzeiterwerbstätigen Mütter täglich durchschnittlich 1 h und 11 min für die Beköstigungsarbeiten benötigen, leisten 92,9% der teilzeiterwerbstätigen Mütter einen täglichen Zeiteinsatz von 1 h und 20 min für die Beköstigung. Im Vergleich dazu wenden nicht erwerbstätige Mütter mit 1 h und 41 min die meiste Zeit für die Beköstigung auf.

Tabelle 4.4: Durchschnittliche tägliche Zeitverwendung von Müttern für hauswirtschaftliche Tätigkeiten nach Umfang der Erwerbstätigkeit (Zeitbudgeterhebung 2001/02)

Zeitverwendung für ausgewählte Aktivitäten	Umfang der Erwerbstätigkeit								
	Vollzeit			Teilzeit			Nicht erwerbstätig		
	Durchschnitt je		Beteiligungsgrad[3]	Durchschnitt je		Beteiligungsgrad[3]	Durchschnitt je		Beteiligungsgrad[3]
	Befr. Person[1]	Ausüb. Person[2]		Befr. Person[1]	Ausüb. Person[2]		Befr. Person[1]	Ausüb. Person[2]	
	h : min		%	h : min		%	h : min		%
Beköstigung	01:01	01:11	85,7	01:14	01:20	92,9	01:36	01:41	94,9
Wohnungsreinigung	00:40	00:58	68,6	00:59	01:10	83,5	01:12	01:24	85,7
Wäschepflege	00:23	00:50	46,0	00:33	01:00	55,2	00:39	01:07	58,3

Quelle: Eigene Berechnung auf der Basis der Zeitbudgeterhebung 2001/02

[1] Personen mit Tagebuchanschreibungen
[2] Personen mit Angaben zu den Aktivitäten
[3] Anteil der ausübenden Personen an den befragten Personen

4.5 Zeitverwendung für die Ernährungsversorgung und Beköstigung

In diesem Abschnitt werden einzelne Tätigkeiten der Ernährungsversorgung unter Berücksichtigung der Beköstigung, differenziert nach Umfang der Erwerbstätigkeit der Mütter, der Art der mütterlichen Erwerbstätigkeit sowie dem Alter der Kinder betrachtet. Der Aktivität „Essen und Trinken" ist ein eigenes Unterkapitel gewidmet.

4.5.1 Zeitverwendung für die Ernährungsversorgung und Beköstigung nach dem Umfang der mütterlichen Erwerbstätigkeit

Der Umfang der Erwerbstätigkeit der Mütter übt einen entscheidenden Einfluss auf die Ernährungsversorgungsabläufe in Familienhaushalten aus (vgl. Tab. 4.5). Bei der Mahlzeitenzubereitung und der Geschirrreinigung ist ein Zusammenhang zwischen dem Zeitaufwand für diese Tätigkeiten und dem Umfang der Erwerbstätigkeit deutlich zu erkennen. Erwerbstätige Mütter in Vollzeitstellung geben zu 79,2% an, an der täglichen Mahlzeitenzubereitung beteiligt zu sein, Mütter in Teilzeitstellung sind es zu 87,2% und nicht erwerbstätige Mütter zu 91,9%.

Tabelle 4.5: Durchschnittliche tägliche Zeitverwendung von Müttern für Ernährungsversorgung nach Umfang der Erwerbstätigkeit (Zeitbudgeterhebung 2001/02)

Zeitverwendung für ausgewählte Aktivitäten	Umfang der Erwerbstätigkeit								
	Vollzeit			*Teilzeit*			*Nicht erwerbstätig*		
	Durchschnitt je		Beteiligungsgrad³	Durchschnitt je		Beteiligungsgrad³	Durchschnitt je		Beteiligungsgrad³
	Befr. Person[1]	Ausüb. Person[2]		Befr. Person[1]	Ausüb. Person[2]		Befr. Person[1]	Ausüb. Person[2]	
	h : min		%	h : min		%	h : min		%
Allgemeine Haushaltsplanung	00:06	00:33	17,9	00:07	00:33	20,0	00:06	00:30	21,0
Einkauf	00:26	00:59	44,4	00:30	00:59	51,3	00:5	01:11	50,1
Vorratshaltung	00:00	(00:32)	0,8	00:01	(00:40)	1,8	00:01	(00:46)	1,6
Mahlzeitenzubereitung	00:39	00:49	79,2	00:48	00:55	87,2	01:02	01:07	91,9
Backen	00:03	00:51	6,5	00:03	00:42	8,1	00:04	00:45	8,4
Essen und Trinken	01:37	01:38	99,6	01:45	01:46	99,5	01:55	01:55	99,5
Geschirrreinigung / Tisch decken, abräumen	00:18	00:32	57,6	00:22	00:33	66,4	00:30	00:41	73,0
Wegezeiten für haushält. Tätigkeiten	00:03	00:35	7,9	00:03	00:32	7,8	00:03	00:32	8,7
Wegezeiten für Einkauf und Dienstleistungen	00:14	00:35	40,1	00:18	00:38	46,6	00:19	00:41	46,2

Quelle: Eigene Berechnung auf der Basis der Zeitbudgeterhebung 2001/02

[1] Personen mit Tagebuchanschreibungen
[2] Personen mit Angaben zu den Aktivitäten
[3] Anteil der ausübenden Personen an den befragten Personen
(…): Stichprobenumfang <50

Ähnliche Tendenzen sind bei der Geschirrreinigung zu erkennen. So geben 57,6% aller vollzeiterwerbstätigen Mütter an, diese Tätigkeit täglich durchzuführen, während die Beteiligungsgrade bei den teilzeiterwerbstätigen Müttern deutlich höher sind (66,4% bzw. 73,0%). Bei Familien mit vollzeiterwerbstätigen Müttern nimmt die Zubereitung des Abendessens einen höheren Stellenwert ein als die für das Mittagessen (vgl. Tab. 4.6). Der Beteiligungsgrad für die Zubereitung des Abendessens (55,4%) liegt deutlich höher als der für die Zubereitung der Mittagsmahlzeit (36,4%)[32], bei teilzeiterwerbstätigen und nicht

---

32 Dieser trotz einer Vollzeiterwerbstätigkeit vergleichsweise hohe Beteiligungsgrad an der Beköstigung um die Mittagszeit lässt vermuten, dass zumindest einige der vollzeiterwerbstätigen Mütter in Schichtarbeit oder in selbstständigen Tätigkeiten mit freier Zeiteinteilung arbeiten, die es ihnen ermöglicht zwischen 11.00 und 14.00 Uhr ein Mittagessen zuzubereiten.

erwerbstätigen Müttern ist dieses Verhältnis umgekehrt. Zwischen 11 - 14 Uhr bereiten über die Hälfte der teilzeiterwerbstätigen und rund drei Viertel der nicht erwerbstätigen Mütter eine Mahlzeit zu, die Beteiligungsgrade an der Zubereitung des Abendessens fallen bei annähernd gleichem Zeitaufwand aber deutlich geringer (57,7% bzw. 67,3%) aus.

Tabelle 4.6: Durchschnittliche tägliche Zeitverwendung von Müttern für Beköstigung zu ausgewählten Uhrzeiten nach Umfang der Erwerbstätigkeit (Zeitbudgeterhebung 2001/02)

Zeitverwendung für ausgewählte Aktivitäten	Umfang der Erwerbstätigkeit								
	Vollzeit			Teilzeit			Nicht erwerbstätig		
	Durchschnitt je		Beteili-gungs-grad[3]	Durchschnitt je		Beteili-gungs-grad[3]	Durchschnitt je		Beteili-gungs-grad[3]
	Befr. Person[1]	Ausüb. Person[2]		Befr. Person[1]	Ausüb. Person[2]		Befr. Person[1]	Ausüb. Person[2]	
	h : min		%	h : min		%	h : min		%
Beköstigung insgesamt	01:01	01:11	85,7	01:14	01:20	92,9	01:36	01:41	94,9
darunter									
11 – 14 Uhr	00:17	00:47	36,4	00:25	00:42	58,3	00:36	00:48	75,3
17 – 20 Uhr	00:17	00:31	55,4	00:17	00:30	57,7	00:21	00:32	67,3

Quelle: Eigene Berechnung auf der Basis der Zeitbudgeterhebung 2001/02

[1] Personen mit Tagebuchanschreibungen
[2] Personen mit Angaben zu den Aktivitäten
[3] Anteil der ausübenden Personen an den befragten Personen

Um herauszuarbeiten, welche Tätigkeiten Mütter zeitgleich mit den Beköstigungsarbeiten durchführen, wurden verschiedene Nebentätigkeiten untersucht (vgl. Tab. 4.7). Es zeigt sich, dass Gespräche führen und Radio hören während der Vor-, Zu- bzw. Nachbereitung des Essens die wichtigsten Nebentätigkeiten darstellen. Unterschiede lassen sich hier bei den vollzeiterwerbstätigen Müttern gegenüber den teilzeiterwerbstätigen und nicht erwerbstätigen Müttern hinsichtlich der Beteiligungsgrade und der dafür aufgewendeten Zeit erkennen. Fernsehen spielt als Nebentätigkeit während des Kochens nach Selbstauskunft keine Rolle. Während der Zubereitung der Mahlzeiten sind vollzeiterwerbstätige Mütter – möglicherweise bedingt durch die knappen zeitlichen Ressourcen – deutlich weniger in Gespräche mit Kindern verwickelt als Mütter, die teilzeit- oder nicht erwerbstätig sind.

Tabelle 4.7:   Durchschnittliche tägliche Zeitverwendung von Müttern für die
Hauptaktivität Beköstigung und gleichzeitige Nebenaktivitäten
nach Umfang der Erwerbstätigkeit (Zeitbudgeterhebung 2001/02)

Zeitverwendung für ausgewählte Aktivitäten	Umfang der Erwerbstätigkeit								
	Vollzeit			Teilzeit			Nicht erwerbstätig		
	Durchschnitt je		Beteiligungsgrad[3]	Durchschnitt je		Beteiligungsgrad[3]	Durchschnitt je		Beteiligungsgrad[3]
	Befr. Person[1]	Ausüb. Person[2]		Befr. Person[1]	Ausüb. Person[2]		Befr. Person[1]	Ausüb. Person[2]	
	h : min		%	h : min		%	h : min		%
Lesen	00:00	(00:17)	0,9	00:00	(00:19)	1,5	00:00	(00:29)	0,8
- darunter: Zeitungen lesen	00:00	(00:18)	0,7	00:00	(00:18)	1,2	00:00	(00:24)	0,6
Radio / Musik hören	00:09	00:38	24,7	00:14	00:43	32,0	00:17	00:48	34,7
Fernsehen / Video	00:01	00:26	5,0	00:01	00:33	3,7	00:02	00:33	4,6
Gespräche aller Art	00:08	00:30	27,3	00:10	00:30	34,5	00:13	00:35	37,6
- darunter: Gespräche mit Kindern	00:02	00:22	7,9	00:03	00:25	13,3	00:05	00:28	18,4
allg. Haushaltsplanung	00:00	(00:17)	1,5	00:00	(00:18)	0,6	00:00	(00:29)	0,6
Kinderbetreuung	00:00	(00:16)	2,4	00:01	00:25	5,5	00:03	00:30	9,1
Essen	00:00	(00:18)	1,9	00:01	(00:26)	2,0	00:00	(00:19)	1,6
Telefonate	00:00	(00:15)	1,3	00:00	(00:16)	2,1	00:00	(00:19)	2,1

Quelle: Eigene Berechnung auf der Basis der Zeitbudgeterhebung 2001/02

[1] Personen mit Tagebuchanschreibungen
[2] Personen mit Angaben zu den Aktivitäten
[3] Anteil der ausübenden Personen an den befragten Personen
(…): Stichprobenumfang <50

4.5.2   Zeitverwendung für die Ernährungsversorgung und Beköstigung nach Art der mütterlichen Erwerbstätigkeit

Bei der Betrachtung der erwerbstätigen Mütter nach der Art der Erwerbstätigkeit zeigen selbstständige Mütter im Vergleich zu den anderen drei Berufsgruppen deutliche Unterschiede bei einzelnen Aktivitäten der Versorgungsarbeiten (vgl. Tab. 4.8).

Allgemeine Haushaltsplanung
Bei der allgemeinen Haushaltsplanung nehmen die selbstständigen Mütter eine Vorrangstellung ein. Diese sind zu 27,1% mit der Haushaltsplanung beschäftigt und wenden dafür im Durchschnitt 39 Minuten pro Tag auf, wobei im Ver-

gleich dazu die Arbeiterinnen dieser Aktivität nur zu 13,9% täglich nachgehen und dafür durchschnittlich 34 Minuten investieren.

Mahlzeitenzubereitung und Geschirrreinigung
Bei der Mahlzeitenzubereitung geben 86,7% der Selbstständigen an, diese täglich durchzuführen, bei den Angestellten sind es 84,6%, bei den Beamtinnen 83% und bei den Arbeiterinnen nur 81,4%. Auch wenn weniger Arbeiterinnen regelmäßig bzw. täglich Mahlzeiten vorbereiten als das bei den Selbstständigen oder Beamtinnen der Fall ist, so ist die dafür aufgewendete Zeit bei den Arbeiterinnen mit 58 Minuten am höchsten. Vergleicht man die Beteiligungsgrade für die Geschirrreinigung, so ist zu erkennen, dass hier bei den Arbeiterinnen die Beteiligungsgrade am höchsten ausfallen.

Tabelle 4.8: Durchschnittliche tägliche Zeitverwendung von Müttern für Ernährungsversorgung nach Art der Erwerbstätigkeit (Zeitbudgeterhebung 2001/02)

Zeitverwendung für ausgewählte Aktivitäten	Art der Erwerbstätigkeit											
	Beamtinnen			Selbstständige			Angestellte			Arbeiterinnen		
	Durchschnitt je		Beteiligungsgrad³	Durchschnitt je		Beteiligungsgrad³	Durchschnitt je		Beteiligungsgrad³	Durchschnitt je		Beteiligungsgrad³
	Befr. Person¹	Ausüb. Person²		Befr. Person¹	Ausüb. Person²		Befr. Person¹	Ausüb. Person²		Befr. Person¹	Ausüb. Person²	
	h : min		%	h : min		%	h : min		%	h : min		%
allgemeine Haushaltsplanung	00:07	(00:31)	22,5	00:11	00:39	27,1	00:06	00:32	19,6	00:05	00:34	13,9
Einkauf	00:29	01:02	47,4	00:26	00:56	46,2	00:28	00:58	48,7	00:31	01:04	49,1
Vorratshaltung	00:01	(01:24)	1,4	-	-	-	00:01	(00:38)	1,6	00:00	(00:28)	1,2
Mahlzeitenzubereitung	00:38	00:45	83,0	00:45	00:52	86,7	00:44	00:52	84,6	00:47	00:58	81,4
Backen	00:05	(00:46)	10,8	00:02	(00:37)	5,1	00:03	00:44	7,2	00:04	(00:49)	8,5
Essen und Trinken	01:33	01:34	98,7	01:47	01:48	99,1	01:41	01:41	99,5	01:46	01:46	99,8
Geschirrreinigung / Tisch decken, abräumen	00:17	00:31	53,0	00:20	00:32	61,9	00:20	00:32	63,1	00:22	00:34	64,8
Wegzeiten für haushälter. Tätigkeiten	00:03	(00:34)	8,3	00:02	(00:24)	9,3	00:03	00:36	7,8	00:02	(00:31)	7,1
Wegezeiten für Einkauf und Dienstleistungen	00:17	00:39	42,4	00:14	00:34	41,0	00:17	00:38	44,2	00:15	00:34	44,8

Quelle: Eigene Berechnung auf der Basis der Zeitbudgeterhebung 2001/02

[1] Personen mit Tagebuchanschreibungen
[2] Personen mit Angaben zu den Aktivitäten
[3] Anteil der ausübenden Personen an den befragten Personen
(…): Stichprobenumfang <50

Bei der Betrachtung der Beköstigung nach Uhrzeiten nehmen die selbstständigen Mütter ebenfalls eine Sonderstellung ein (vgl. Tab. 4.9). Zu erkennen ist dies an der Beteiligung zur Vorbereitung des Mittagessens zwischen 11 Uhr und 14 Uhr. Hier geben 61,5% der Mütter an, mit Beköstigungstätigkeiten beschäftigt zu sein, während die Beteiligungsgrade in den anderen Berufsgruppen deutlich geringer sind. Arbeiterinnen nehmen sich für die Zubereitung des

Mittagessens und der Abendmahlzeit deutlich mehr Zeit als Mütter in den anderen Berufsgruppen[33].

Tabelle 4.9: Durchschnittliche tägliche Zeitverwendung von Müttern für Beköstigung zu ausgewählten Uhrzeiten nach Art der Erwerbstätigkeit (Zeitbudgeterhebung 2001/02)

Zeitverwendung für ausgewählte Aktivitäten	Art der Erwerbstätigkeit											
	Beamtinnen			Selbstständige			Angestellte			Arbeiterinnen		
	Durchschnitt je		Beteiligungsgrad[3]	Durchschnitt je		Beteiligungsgrad[3]	Durchschnitt je		Beteiligungsgrad[3]	Durchschnitt je		Beteiligungsgrad[3]
	Befr. Person[1]	Ausüb. Person[2]		Befr. Person[1]	Ausüb. Person[2]		Befr. Person[1]	Ausüb. Person[2]		Befr. Person[1]	Ausüb. Person[2]	
	h : min		%	h : min		%	h : min		%	h : min		%
Beköstigung insgesamt	01:01	01:08	88,8	01:07	01:12	92,4	01:08	01:15	90,0	01:13	01:22	89,1
darunter												
11 – 14 Uhr	00:15	00:38	40,9	00:24	00:38	61,5	00:21	00:42	48,5	00:25	00:51	49,9
17 – 20 Uhr	00:19	00:33	55,6	00:15	00:27	57,8	00:17	00:30	57,5	00:17	00:32	54,2

Quelle: Eigene Berechnung auf der Basis der Zeitbudgeterhebung 2001/02

[1] Personen mit Tagebuchanschreibungen
[2] Personen mit Angaben zu den Aktivitäten
[3] Anteil der ausübenden Personen an den befragten Personen
(…): Stichprobenumfang <50

---

33 Vergleicht man die Beteiligungsgrade an Nebenaktivität „Gespräche mit Kindern" zur Haupttätigkeit Beköstigung, sind bei der Betrachtung nach Berufsgruppen nur geringe Unterschiede festzustellen. Die entsprechende Tabelle findet sich in den ergänzenden Unterlagen auf der Homepage des Verlages.

Tabelle 4.10: Durchschnittliche tägliche Zeitverwendung von Müttern für
Ernährungsversorgung nach dem Alter der Kinder
(Zeitbudgeterhebung 2001/02)

Zeitverwendung für ausgewählte Aktivitäten	Alter der Kinder					
	Kinder unter 10 Jahren			*Kinder 10 Jahre und älter*		
	Durchschnitt je		Beteiligungsgrad[3]	Durchschnitt je		Beteiligungsgrad[3]
	Befr. Person[1]	Ausüb. Person[2]		Befr. Person[1]	Ausüb. Person[2]	
	h : min		%	h : min		%
allgemeine Haushaltsplanung	00:07	00:32	20,9	00:06	00:31	18,9
Einkauf	00:30	01:02	49,1	00:32	01:06	49,1
Vorratshaltung	00:00	(00:47)	1,0	00:01	(00:39)	2,0
Mahlzeitenzubereitung	00:51	00:58	88,3	00:51	01:00	85,9
Backen	00:03	00:42	7,6	00:04	00:47	8,1
Essen und Trinken	01:46	01:47	99,3	01:48	01:48	99,7
Geschirrreinigung / Tisch decken, abräumen	00:23	00:34	68,0	00:25	00:38	65,7
Wegezeiten für haushält. Tätigkeiten	00:02	00:28	7,8	00:03	00:37	8,5
Wegezeiten für Einkauf und Dienstleistungen	00:18	00:39	45,1	00:17	00:38	44,6

Quelle: Eigene Berechnung auf der Basis der Zeitbudgeterhebung 2001/02

[1] Personen mit Tagebuchanschreibungen
[2] Personen mit Angaben zu den Aktivitäten
[3] Anteil der ausübenden Personen an den befragten Personen
(…): Stichprobenumfang <50

4.5.3 Zeitverwendung für die Ernährungsversorgung und Beköstigung nach dem Alter der zu versorgenden Kinder

Wird der Einfluss des Alters der Kinder auf die Zeitverwendung von Müttern
für die Ernährungsversorgung betrachtet, so lassen sich keine gravierenden
Unterschiede feststellen. Das Alter der zu versorgenden Kinder hat nach den
Daten der ZBE 2001/02 keinen Einfluss auf den Arbeitsaufwand für die Ernährungsversorgung (vgl. Tab. 4.10). Allein bei der Mahlzeitenzubereitung und
beim Tisch decken/abräumen lassen sich geringe Unterschiede erkennen. Mütter mit Kindern über zehn Jahren führen die genannten Arbeiten täglich weniger häufig aus als Mütter mit Kindern unter zehn Jahren. Ob ältere Kinder bei

diesen Tätigkeiten helfen und sich so die dafür aufgewendete Zeit bei den Müttern reduziert oder ob diese Tätigkeiten von den Müttern weniger umfangreich durchgeführt werden, lässt sich daraus aber nicht erkennen.

4.5.4 Unterstützung durch Partner und ältere Kinder bei der Ernährungsversorgung und Beköstigung

In Familienhaushalten sind neben der Mutter auch andere haushaltszugehörige Personen in unterschiedlichem Maße mit der Ernährungsversorgung befasst. Väter mit vollzeiterwerbstätigen Partnerinnen beteiligen sich am Einkauf, der Mahlzeitenzubereitung und an der Geschirrreinigung in stärkerem Maße als Väter von teilzeiterwerbstätigen und nicht erwerbstätigen Müttern. Gerade bei der Geschirrreinigung unterstützen sie ihre Partnerinnen zu 37,0%, teilzeiterwerbstätige Mütter erhalten dagegen nur von 28,1% und nicht erwerbstätige Mütter von 29,2% ihrer Partner Hilfe (vgl. Tab. 4.11).

Tabelle 4.11: Durchschnittliche tägliche Zeitverwendung der Väter für Tätigkeiten der Ernährungsversorgung nach Umfang der Erwerbstätigkeit der Partnerin (Zeitbudgeterhebung 2001/02)

Zeitverwendung der Väter	Umfang der Erwerbstätigkeit der Partnerin								
	Vollzeit			*Teilzeit*			*Nicht erwerbstätig*		
	Durchschnitt je		Beteili-gungs-grad[3]	Durchschnitt je		Beteili-gungs-grad[3]	Durchschnitt je		Beteili-gungs-grad[3]
	Befr. Person[1]	Ausüb. Person[2]		Befr. Person[1]	Ausüb. Person[2]		Befr. Person[1]	Ausüb. Person[2]	
	h : min		%	h : min		%	h : min		%
allgemeine Haus-haltsplanung	00:08	01:03	13,4	00:05	00:44	11,7	00:05	00:46	11,9
Einkauf	00:20	00:56	35,6	00:16	00:52	31,3	00:18	00:58	31,8
Vorratshaltung	00:00	(00:31)	0,6	00:00	(00:51)	0,4	00:00	(01:01)	0,8
Mahlzeitenzuberei-tung	00:18	00:39	46,7	00:13	00:30	43,1	00:12	00:29	42,2
Backen	00:01	(01:36)	0,5	00:00	(00:42)	0,6	00:00	(00:33)	0,5
Essen und Trinken	01:42	01:43	99,4	01:40	01:41	99,3	01:44	01:45	99,3
Geschirrreinigung / Tisch decken, abräumen	00:10	00:27	37,0	00:07	00:24	28,1	00:07	00:25	29,2
Wegezeiten für haushält. Tätigkeiten	00:03	00:37	9,0	00:03	00:33	8,0	00:03	00:39	7,7
Wegezeiten für Einkauf und Dienst-leistungen	00:13	00:42	31,1	00:12	00:39	32,1	00:11	00:39	29,1

Quelle: Eigene Berechnung auf der Basis der Zeitbudgeterhebung 2001/02

[1] Personen mit Tagebuchanschreibungen
[2] Personen mit Angaben zu den Aktivitäten
[3] Anteil der ausübenden Personen an den befragten Personen
(…): Stichprobenumfang <50

Die Beteiligungsgrade der Kinder im Alter von über zehn Jahren bei ausge-wählten Tätigkeiten der Ernährungsversorgung in Tabelle 4.12 zeigen, dass mit dem Umfang der Erwerbstätigkeit der Mütter die Mitarbeit der Kinder ansteigt. 27,5% der Kinder über zehn Jahren von vollzeiterwerbstätigen Müttern beteili-gen sich am Einkauf, Kinder von nicht erwerbstätigen Müttern beteiligen sich dagegen nur zu 19,7%. Inwieweit diese vergleichsweise hohen Beteiligungs-grade älterer Kinder am familialen Einkauf auch auf Kaufhandlungen der Kin-der für den eigenen Bedarf (Käufe am Schulkiosk etc.) zurückzuführen sind, ist anhand der Zeitbudget-Daten nicht abzugrenzen. Ähnliche Verhältnisse lassen sich auch bei der Mahlzeitenzubereitung und der Geschirreinigung erkennen. Beteiligen sich die Kinder von vollzeiterwerbstätigen Müttern zu 23,9% an der

Mahlzeitenzubereitung, so sind es bei teilzeiterwerbstätigen Müttern nur 21,0% der Kinder über zehn Jahren und bei nicht erwerbstätigen Müttern 18,4% der Kinder. Die durchschnittliche Zeitverwendung der Kinder für Beköstigung und Einkauf unterscheidet sich dagegen nach dem Umfang der Erwerbstätigkeit der Mutter nicht.

Tabelle 4.12: Durchschnittliche tägliche Zeitverwendung von Kindern über zehn Jahren für ausgewählte Tätigkeiten der Ernährungsversorgung nach Umfang der Erwerbstätigkeit der Mütter (Zeitbudgeterhebung 2001/02)

Zeitverwendung der Kinder	Umfang der Erwerbstätigkeit der Mütter								
	Vollzeit			Teilzeit			Nicht erwerbstätig		
	Durchschnitt je		Beteili-gungs-grad[3]	Durchschnitt je		Beteili-gungs-grad[3]	Durchschnitt je		Beteili-gungs-grad[3]
	Befr. Person[1]	Ausüb. Person[2]		Befr. Person[1]	Ausüb. Person[2]		Befr. Person[1]	Ausüb. Person[2]	
	h : min		%	h : min		%	h : min		%
Einkauf	00:14	00:51	27,5	00:14	00:59	23,2	00:14	01:12	19,7
Mahlzeitenzube-reitung	00:07	00:29	23,9	00:06	00:28	21,0	00:05	00:29	18,4
Geschirrreinigung / Tisch decken, abräumen	00:05	00:22	20,4	00:04	00:22	17,3	00:04	00:27	15,0

Quelle: Eigene Berechnung auf der Basis der Zeitbudgeterhebung 2001/02

[1] Personen mit Tagebuchanschreibungen
[2] Personen mit Angaben zu den Aktivitäten
[3] Anteil der ausübenden Personen an den befragten Personen

4.6 Zeitverwendung für Essen und Trinken

Relevante Einflussfaktoren auf die aufgewendete Zeit für Essen und Trinken sind Umfang und Art der mütterlichen Erwerbstätigkeit sowie das Alter der zu versorgenden Kinder.

4.6.1 Zeitverwendung für Essen und Trinken nach dem Umfang der mütterlichen Erwerbstätigkeit

Die durchschnittliche tägliche Zeitverwendung für Essen und Trinken von Müttern nach dem Umfang ihrer Berufstätigkeit fällt bei den vollzeiterwerbstätigen Müttern mit 1 h und 38 min deutlich geringer aus als bei den teilzeiter-

werbstätigen Müttern, die sich täglich 1 h und 46 min Zeit für die Nahrungsaufnahme nehmen (vgl. Tab. 4.13). Sie unterscheidet sich auch deutlich von
der Zeitverwendung der nicht erwerbstätigen Mütter, die mit 1 h und 55 min
durchschnittlich 17 Minuten mehr Zeit für Essen und Trinken aufwenden als
vollzeiterwerbstätige Mütter. Die Beteiligungsgrade sind allerdings bei allen
drei Gruppen gleich. Des Weiteren ist festzustellen, dass Essen und Trinken
zum größten Teil im privaten Raum stattfindet, wie die Beteiligungsgrade für
das Essen zu Hause eindrücklich belegen. Essen und Trinken im öffentlichen
Raum hat vor allem für vollzeiterwerbstätige Mütter eine hohe Relevanz, hier
liegt der Beteiligungsgrad am täglichen Essen außer Haus bei 30,1%, bei den
Teilzeit erwerbstätigen Müttern liegt er bei 21,2% und bei den nicht erwerbstätigen Müttern bei 14,6%.

Tabelle 4.13: Durchschnittliche tägliche Zeitverwendung von Müttern für
Essen und Trinken nach Umfang der Erwerbstätigkeit
(Zeitbudgeterhebung 2001/02)

Zeitverwendung für ausgewählte Aktivitäten	Umfang der Erwerbstätigkeit								
	Vollzeit			Teilzeit			Nicht erwerbstätig		
	Durchschnitt je		Beteili-gungs-grad[3]	Durchschnitt je		Beteili-gungs-grad[3]	Durchschnitt je		Beteili-gungs-grad[3]
	Befr. Person[1]	Ausüb. Person[2]		Befr. Person[1]	Ausüb. Person[2]		Befr. Person[1]	Ausüb. Person[2]	
	h : min		%	h : min		%	h : min		%
Essen insgesamt	01:37	01:38	99,6	01:45	01:46	99,5	01:55	01:55	99,5
Essen zu Hause	01:21	01:24	96,3	01:30	01:33	97,0	01:43	01:47	96,4
Essen außer Haus	00:17	00:55	30,1	00:15	01:10	21,2	00:12	01:19	14,6

Quelle: Eigene Berechnung auf der Basis der Zeitbudgeterhebung 2001/02

[1] Personen mit Tagebuchanschreibungen
[2] Personen mit Angaben zu den Aktivitäten
[3] Anteil der ausübenden Personen an den befragten Personen

Abbildung 4.2:   Beteiligungsgrad von Müttern an Essen und Trinken nach
Umfang der Erwerbstätigkeit im Tagesverlauf
(Zeitbudgeterhebung 2001/02)

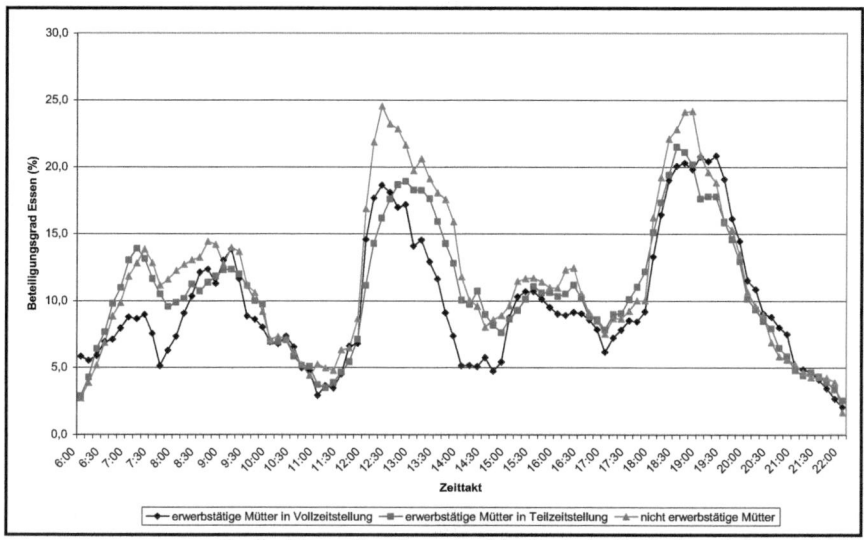

Quelle: Eigene Berechnung auf der Basis der Zeitbudgeterhebung 2001/02

Mit Hilfe von Zeitbudgetdaten kann neben dem Ort der Einnahme einer Mahlzeit auch das zeitliche Mahlzeitenmuster analysiert werden. Die analysierten
Beteiligungsgrade für das Essen und Trinken im Tagesverlauf (Abb. 4.2) verdeutlichen sehr anschaulich, dass das traditionelle Mahlzeitenmuster mit Frühstück, Mittagessen und Abendessen in Familienhaushalten weiterhin Bestand
hat. Zu den üblichen Essenszeiten steigen die Beteiligungsgrade deutlich an.
Dass die Beteiligungsgrade zwischen den Hauptmahlzeiten nie auf Null sinken,
kann durch den Verzehr gelegentlicher Snacks und Zwischenmahlzeiten erklärt
werden.

Werden die Beteiligungsgrade für das Essen und Trinken in privatem und öffentlichem Raum detailliert nach den üblichen Zeiten für Frühstück, Mittagessen und Abendessen betrachtet, so fällt auf, dass gerade bei vollzeiterwerbstätigen Müttern das Essen und Trinken vor allem zum Frühstück (55,5%) und
Abendessen (62,2%) im privaten Raum stattfindet (vgl. Tab. 4.14). Der Beteiligungsgrad am häuslichen Mittagessen liegt in dieser Gruppe bei 38,9%. Anders sieht es bei den Müttern in Teilzeitstellung aus: Hier ist der Beteiligungsgrad des Essens zu Hause beim Frühstück mit 65,6% am höchsten, beim Mit-

tagessen liegt er bei 56,6% und beim Abendessen bei 59,3%. Bei nicht erwerbstätigen Müttern liegt der Beteiligungsgrad beim Mittagessen mit 70,5% vor dem für das Frühstück mit 66,8%, das Abendessen hat in dieser Gruppe einen Beteiligungsgrad von 65,9%. Im Vergleich zur deutlich geringeren Beteiligung vollzeiterwerbstätiger Mütter am häuslichen Mittagessen weisen diese den höchsten Beteiligungsgrad am Mittagessen außer Haus auf (13,9% gegenüber 7,7% bei teilzeiterwerbstätigen und 5,8% bei nicht erwerbstätigen Müttern).

Tabelle 4.14: Durchschnittliche tägliche Zeitverwendung von Müttern für Essen und Trinken für ausgewählte Tageszeiten und Orte nach Umfang der Erwerbstätigkeit (Zeitbudgeterhebung 2001/02)

Zeitverwendung für ausgewählte Aktivitäten	Umfang der Erwerbstätigkeit								
	Vollzeit			Teilzeit			Nicht erwerbstätig		
	Durchschnitt je		Beteili-gungs-grad[3]	Durchschnitt je		Beteili-gungs-grad[3]	Durchschnitt je		Beteili-gungs-grad[3]
	Befr. Person[1]	Ausüb. Person[2]		Befr. Person[1]	Ausüb. Person[2]		Befr. Person[1]	Ausüb. Person[2]	
	h : min		%	h : min		%	h : min		%
Essen insgesamt									
6 - 9 Uhr	00:15	00:24	60,3	00:18	00:26	68,1	00:19	00:28	68,6
12 – 14 Uhr	00:17	00:33	52,6	00:19	00:30	64,0	00:24	00:32	76,2
18 – 20 Uhr	00:22	00:33	66,8	00:21	00:33	64,9	00:23	00:33	70,4
Essen zu Hause									
6 - 9 Uhr	00:13	00:24	55,5	00:17	00:26	65,6	00:18	00:28	66,8
12 – 14 Uhr	00:12	00:31	38,9	00:17	00:29	56,6	00:21	00:30	70,5
18 – 20 Uhr	00:20	00:32	62,2	00:18	00:31	59,3	00:21	00:32	65,9
Essen außer Haus									
6 - 9 Uhr	00:01	00:24	5,4	00:01	(00:32)	2,7	00:01	(00:33)	2,0
12 – 14 Uhr	00:05	00:37	13,9	00:03	00:37	7,7	00:03	00:48	5,8
18 – 20 Uhr	00:02	(00:43)	4,6	00:03	00:48	6,0	00:02	00:45	4,8

Quelle: Eigene Berechnung auf der Basis der Zeitbudgeterhebung 2001/02

[1] Personen mit Tagebuchanschreibungen
[2] Personen mit Angaben zu den Aktivitäten
[3] Anteil der ausübenden Personen an den befragten Personen, (…): Stichprobenumfang <50

Die sozialkommunikative Funktion der Mahlzeiteneinnahme für das Familienleben (BARLÖSIUS 1999) spiegelt sich auch in den vorliegenden Datenbefunden wider. Zum einen sind Mütter bestrebt, in Gemeinschaft zu essen, zum anderen sind Gespräche mit anderen Familienmitgliedern die häufigste Nebenaktivität während der Mahlzeit – weit vor Fernsehen und Radio hören. Tabelle 4.15 verdeutlicht, dass Mütter vergleichsweise selten allein zu Hause essen. Mehr als die Hälfte aller Mütter nimmt beispielsweise das Abendessen im Beisein anderer Familienangehöriger[34] ein, während nur rund 7% der Mütter abends allein zu Hause essen. Beim Frühstück und insbesondere beim Mittagessen weisen vollzeiterwerbstätige Mütter deutlich geringere Beteiligungsgrade an gemeinsamen Mahlzeiten auf als teilzeit- oder nicht erwerbstätige Mütter, beim Abendessen liegt deren Beteiligungsgrad aber mit 57,5% über dem der teilzeiterwerbstätigen Mütter (54,6%).

---

34 In der Zeitbudgeterhebung 2001/02 konnte von den befragten Personen angegeben werden, ob sie eine bestimmte Tätigkeit allein, mit Kindern unter 10 Jahren, dem Ehepartner, anderen Haushaltsangehörigen oder anderen bekannten Personen verbracht haben. Auswertungen ergeben, dass beim Essen zu Hause überwiegend Kinder und der Ehepartner anwesend sind, während beim Essen außer Haus überwiegend andere bekannte Personen, vermutlich ArbeitskollegInnen, zugegen sind.

Tabelle 4.15: Durchschnittliche tägliche Zeitverwendung von Müttern für Essen und Trinken für ausgewählte Tageszeiten, Orte und personelle Zusammensetzung nach Umfang der Erwerbstätigkeit (Zeitbudgeterhebung 2001/02)

Zeitverwendung für ausgewählte Aktivitäten	Umfang der Erwerbstätigkeit								
	Vollzeit			Teilzeit			Nicht erwerbstätig		
	Durchschnitt je		Beteiligungsgrad³	Durchschnitt je		Beteiligungsgrad³	Durchschnitt je		Beteiligungsgrad³
	Befr. Person¹	Ausüb. Person²		Befr. Person¹	Ausüb. Person²		Befr. Person¹	Ausüb. Person²	
	h : min		%	h : min		%	h : min		%
Essen mit anderen Personen zu Hause									
6 - 9 Uhr	00:09	00:23	40,2	00:12	00:25	49,6	00:14	00:26	55,7
12 – 14 Uhr	00:10	00:31	33,4	00:14	00:29	49,3	00:19	00:30	63,2
18 – 20 Uhr	00:18	00:32	57,5	00:17	00:31	54,6	00:19	00:32	61,5
Essen allein zu Hause									
6 - 9 Uhr	00:04	00:22	18,7	00:05	00:21	22,3	00:04	00:23	17,7
12 – 14 Uhr	00:02	00:23	7,8	00:02	00:24	10,2	00:02	00:24	10,2
18 – 20 Uhr	00:02	00:26	6,7	00:01	00:22	6,5	00:02	00:24	6,7
Essen mit anderen Personen außer Haus									
6 - 9 Uhr	00:01	(00:24)	4,1	00:01	(00:32)	2,3	00:01	(00:35)	1,7
12 – 14 Uhr	00:04	00:40	11,0	00:03	00:39	7,0	00:03	00:48	5,6
18 – 20 Uhr	00:02	(00:45)	4,2	00:03	00:49	5,7	00:02	00:45	4,7
Essen allein außer Haus									
6 - 9 Uhr	00:00	(00:24)	1,4	00:00	(00:32)	0,4	00:00	(00:19)	0,3
12 – 14 Uhr	00:01	(00:21)	3,4	00:00	(00:22)	0,8	00:00	(00:29)	0,3
18 – 20 Uhr	00:00	(00:17)	0,4	00:00	(00:36)	0,4	00:00	(00:44)	0,1

Quelle: Eigene Berechnung auf der Basis der Zeitbudgeterhebung 2001/02

[1] Personen mit Tagebuchanschreibungen
[2] Personen mit Angaben zu den Aktivitäten
[3] Anteil der ausübenden Personen an den befragten Personen
(…): Stichprobenumfang <50

Die sozialkommunikative Funktion von Mahlzeiten wird zudem sehr deutlich, wenn zusätzlich zur Hauptaktivität Essen und Trinken die Nebenaktivitäten untersucht werden (vgl. Tab. 4.16). Wichtigste Nebenaktivität beim Essen sind Gespräche mit anderen Personen. Während des Essens sind vollzeiterwerbstätige Mütter allerdings deutlich weniger in Gespräche mit Kindern verwickelt als Mütter, die in Teilzeit oder nicht erwerbstätig sind. Ca. 10% aller Mütter sehen während des Essens fern oder schauen Videos, ca. ¼ aller Mütter hört während der Mahlzeit Radio oder Musik

4.6.2 Zeitverwendung für Essen und Trinken nach Art der mütterlichen Erwerbstätigkeit

Die durchschnittliche tägliche Zeitverwendung für Essen und Trinken von Müttern unterscheidet sich auch nach der Art der Erwerbstätigkeit (vgl. Tab. 4.17).

Tabelle 4.16: Durchschnittliche tägliche Zeitverwendung von Müttern für die Hauptaktivität Essen und Trinken und gleichzeitigen Nebenaktivitäten nach Umfang der Erwerbstätigkeit (Zeitbudgeterhebung 2001/02)

Zeitverwendung für ausgewählte Aktivitäten	Umfang der Erwerbstätigkeit								
	Vollzeit			Teilzeit			Nicht erwerbstätig		
	Durchschnitt je		Beteiligungsgrad[3]	Durchschnitt je		Beteiligungsgrad[3]	Durchschnitt je		Beteiligungsgrad[3]
	Befr. Person[1]	Ausüb. Person[2]		Befr. Person[1]	Ausüb. Person[2]		Befr. Person[1]	Ausüb. Person[2]	
	h : min		%	h : min		%	h : min		%
Lesen	00:03	00:24	10,8	00:04	00:27	16,3	00:03	00:26	12,7
- darunter: Zeitungen lesen	00:02	00:23	9,8	00:04	00:26	14,4	00:03	00:25	11,2
Radio / Musik hören	00:07	00:31	23,2	00:08	00:32	24,1	00:08	00:33	24,3
Fernsehen / Video	00:04	00:34	12,6	00:03	00:36	9,3	00:05	00:39	13,9
Gespräche aller Art	00:35	00:58	59,5	00:44	01:04	67,9	00:46	01:08	67,7
- darunter: Gespräche mit Kindern	00:03	00:28	9,9	00:06	00:31	18,8	00:08	00:34	22,7
allg. Haushaltsplanung	00:00	(00:29)	1,2	00:00	(00:25)	1,4	00:00	(00:26)	1,2
Kinderbetreuung	00:00	(00:18)	1,5	00:01	(00:26)	2,8	00:02	00:28	7,0
Beköstigung	00:00	(00:15)	1,3	00:00	(00:19)	0,8	00:00	(00:13)	0,9
Mahlzeitenzubereitung	00:00	(00:03)	0,3	00:00	(00:19)	1,0	00:00	(00:15)	1,4
Telefonate	00:00	(00:18)	1,1	00:00	(00:13)	0,8	00:00	(00:16)	1,5

Quelle: Eigene Berechnung auf der Basis der Zeitbudgeterhebung 2001/02

[1] Personen mit Tagebuchanschreibungen
[2] Personen mit Angaben zu den Aktivitäten
[3] Anteil der ausübenden Personen an den befragten Personen
(…): Stichprobenumfang <50

Tabelle 4.17: Durchschnittliche tägliche Zeitverwendung von Müttern für
Essen und Trinken nach Art der Erwerbstätigkeit
(Zeitbudgeterhebung 2001/02)

Zeitver-wendung für ausge-wählte Aktivitäten	Art der Erwerbstätigkeit											
	Beamtinnen			*Selbstständige*			*Angestellte*			*Arbeiterinnen*		
	Durchschnitt je		Beteili-gungs-grad[3]	Durchschnitt je		Beteili-gungs-grad[3]	Durchschnitt je		Beteili-gungs-grad[3]	Durchschnitt je		Beteili-gungs-grad[3]
	Befr. Per-son[1]	Ausüb. Person[2]		Befr. Per-son[1]	Ausüb. Person[2]		Befr. Per-son[1]	Ausüb. Person[2]		Befr. Per-son[1]	Ausüb. Person[2]	
	h : min		%	h : min		%	h : min		%	h : min		%
Essen insgesamt	01:33	01:34	98,7	01:47	01:48	99,1	01:41	01:41	99,5	01:46	01:46	99,8
Essen zu Hause	01:18	01:21	95,9	01:29	01:34	94,7	01:26	01:28	97,0	01:30	01:32	96,9
Essen außer Haus	00:15	(00:56)	26,7	00:18	(01:20)	22,2	00:15	01:01	24,8	00:16	01:04	25,1

Quelle: Eigene Berechnung auf der Basis der Zeitbudgeterhebung 2001/02

[1] Personen mit Tagebuchanschreibungen
[2] Personen mit Angaben zu den Aktivitäten
[3] Anteil der ausübenden Personen an den befragten Personen
(…): Stichprobenumfang <50

Selbstständige Mütter nehmen sich mit 1 h 48 min deutlich mehr Zeit für das
Essen insgesamt als die Beamtinnen (1 h 21 min), Angestellte und Arbeiterinnen wenden für die Nahrungsaufnahme 1 h 28 min bzw. 1 h 32 min auf; außerdem weisen Selbstständige den niedrigsten Beteiligungsgrad am Essen außer
Haus auf (22,2%), während Beamtinnen mit 26,7% und Arbeiterinnen mit
25,1% etwas häufiger außer Haus essen. Werden die Beteiligungsgrade am
Essen und Trinken nach Ort, Zeit und Erwerbsstatus beleuchtet, fällt auf, dass
sich die Gruppe der selbstständigen Mütter deutlich von den anderen untersuchten Berufsgruppen abhebt (vgl. Tab. 4.18). Diese Berufsgruppe hat die
höchste Beteiligung bei den Mahlzeiten im privaten Raum. So geben 71,8%
der Selbstständigen an, ihr Frühstück zu Hause einzunehmen, in den anderen
drei Berufsgruppen sind es nur rund 60%. Und auch beim Mittagessen haben
sie trotz ihrer beruflichen Belastung die Möglichkeit, zu 60,5% zu Hause zu
essen. Lediglich beim Abendessen nähert sich der Beteiligungsgrad an den der
anderen Gruppen an.

Tabelle 4.18: Durchschnittliche tägliche Zeitverwendung von Müttern für Essen und Trinken für ausgewählte Tageszeiten und Orte nach Art der Erwerbstätigkeit (Zeitbudgeterhebung 2001/02)

Zeitverwendung für ausgewählte Aktivitäten	Erwerbsstatus											
	Beamtinnen			Selbstständige			Angestellte			Arbeiterinnen		
	Durchschnitt je		Beteiligungsgrad³	Durchschnitt je		Beteiligungsgrad³	Durchschnitt je		Beteiligungsgrad³	Durchschnitt je		Beteiligungsgrad³
	Befr. Person¹	Ausüb. Person²		Befr. Person¹	Ausüb. Person²		Befr. Person¹	Ausüb. Person²		Befr. Person¹	Ausüb. Person²	
	h : min		%	h : min		%	h : min		%	h : min		%
Essen insgesamt												
6 - 9 Uhr	00:16	00:26	62,9	00:19	00:25	74,9	00:16	00:25	63,8	00:17	00:27	64,9
12 – 14 Uhr	00:18	00:29	61,3	00:23	00:32	70,8	00:18	00:31	57,9	00:18	00:31	59,2
18 – 20 Uhr	00:21	00:33	65,1	00:21	00:32	66,6	00:21	00:32	66,3	00:22	00:34	63,4
Essen zu Hause												
6 - 9 Uhr	00:15	00:25	59,3	00:18	00:25	71,8	00:15	00:25	61,0	00:16	00:27	59,7
12 – 14 Uhr	00:13	00:28	44,1	00:19	00:31	60,5	00:14	00:30	48,3	00:15	00:30	49,9
18 – 20 Uhr	00:19	00:32	61,2	00:18	00:30	59,9	00:19	00:31	61,3	00:19	00:33	58,1
Essen außer Haus												
6 - 9 Uhr	00:01	(00:24)	5,8	00:01	(00:33)	3,0	00:01	00:27	3,1	00:02	(00:28)	5,5
12 – 14 Uhr	00:05	(00:30)	17,2	00:04	(00:37)	10,4	00:04	00:39	9,9	00:03	00:33	9,5
18 – 20 Uhr	00:02	(00:50)	3,9	00:03	(00:51)	6,8	00:02	00:47	5,2	00:03	(00:43)	6,1

Quelle: Eigene Berechnung auf der Basis der Zeitbudgeterhebung 2001/02

[1] Personen mit Tagebuchanschreibungen
[2] Personen mit Angaben zu den Aktivitäten
[3] Anteil der ausübenden Personen an den befragten Personen
(…): Stichprobenumfang <50

Selbstständige Mütter haben auch bei dem gemeinsamen Frühstück und Mittagessen mit anderen Familienmitgliedern deutlich höhere Beteiligungsgrade als Mütter in den anderen Berufsgruppen (vgl. Tab. 4.19). So nehmen knapp 60% der selbstständigen Mütter ihr Frühstück mit anderen Personen zu Hause ein, auch eine gemeinsame Mittagsmahlzeit kann die Hälfte aller Selbstständigen realisieren. Beamtinnen und Angestellte weisen dagegen beim Abendessen höhere Beteiligungsgrade an gemeinsamen Mahlzeiten zu Hause auf als selbstständige Mütter.

Tabelle 4.19: Durchschnittliche tägliche Zeitverwendung von Müttern für Essen und Trinken für ausgewählte Tageszeiten, Orte und personelle Zusammensetzung nach Art der Erwerbstätigkeit (Zeitbudgeterhebung 2001/02)

Zeitverwendung für ausgewählte Aktivitäten	Beamtinnen (n= 121)			Selbstständige (n=222)			Angestellte (n=1673)			Arbeiterinnen (n=542)		
	Durchschnitt je		Beteiligungsgrad[3]	Durchschnitt je		Beteiligungsgrad[3]	Durchschnitt je		Beteiligungsgrad[3]	Durchschnitt je		Beteiligungsgrad[3]
	Befr. Person[1]	Ausüb. Person[2]		Befr. Person[1]	Ausüb. Person[2]		Befr. Person[1]	Ausüb. Person[2]		Befr. Person[1]	Ausüb. Person[2]	
	h : min		%	h : min		%	h : min		%	h : min		%
Essen mit anderen Personen zu Hause												
6 - 9 Uhr	00:11	00:23	47,3	00:14	00:24	59,1	00:11	00:24	45,4	00:10	00:25	41,5
12 – 14 Uhr	00:11	(00:28)	39,8	00:15	00:31	49,9	00:13	00:29	43,2	00:12	00:29	40,2
18 – 20 Uhr	00:18	00:30	58,1	00:16	00:30	55,2	00:18	00:31	57,1	00:17	00:33	51,3
Essen allein zu Hause												
6 - 9 Uhr	00:04	(00:22)	17,4	00:03	(00:21)	15,9	00:04	00:21	20,4	00:06	00:22	24,9
12 – 14 Uhr	00:01	(00:24)	6,0	00:03	(00:23)	14,5	00:02	00:23	7,4	00:03	00:24	13,7
18 – 20 Uhr	00:02	(00:21)	7,8	00:01	(00:21)	6,2	00:01	00:23	6,0	00:02	(00:29)	7,9
Essen mit anderen Personen außer Haus												
6 - 9 Uhr	00:01	(00:25)	4,0	00:01	(00:33)	2,8	00:01	(00:25)	2,4	00:01	(00:29)	4,8
12 – 14 Uhr	00:04	(00:31)	12,7	00:04	(00:37)	9,7	00:04	00:42	8,4	00:03	(00:32)	8,0
18 – 20 Uhr	00:02	(00:52)	3,5	00:03	(00:51)	6,3	00:02	00:47	5,1	00:02	(00:47)	5,3
Essen allein außer Haus												
6 - 9 Uhr	00:00	(00:20)	1,8	00:00	(00:30)	0,2	00:00	(00:28)	0,9	00:00	(00:22)	0,7
12 – 14 Uhr	00:01	(00:26)	4,5	00:00	(00:20)	1,5	00:00	(00:19)	1,7	00:01	(00:25)	2,1
18 – 20 Uhr	00:00	(00:30)	0,4	00:00	(00:44)	0,6	00:00	(00:37)	0,2	00:00	(00:18)	0,9

Quelle: Eigene Berechnung auf der Basis der Zeitbudgeterhebung 2001/02

[1] Personen mit Tagebuchanschreibungen
[2] Personen mit Angaben zu den Aktivitäten
[3] Anteil der ausübenden Personen an den befragten Personen
(…): Stichprobenumfang <50

Tabelle 4.20 veranschaulicht, dass Gespräche mit anderen Personen die wichtigste Nebentätigkeit beim Essen sind. Einzelne Tätigkeiten weisen aber abhängig vom Berufsstatus deutliche Unterschiede auf. Während Beamtinnen während des Essens am häufigsten Zeitung lesen (22,1%), führen sie Gespräche mit ihren Kindern während des Essens vergleichsweise selten (7,4% gegenüber rund 15% in den anderen Berufsgruppen).

Tabelle 4.20: Durchschnittliche tägliche Zeitverwendung von Müttern für die Hauptaktivität Essen und Trinken und gleichzeitigen Nebenaktivitäten nach Art der Erwerbstätigkeit (Zeitbudgeterhebung 2001/02)

Zeitverwendung für ausgewählte Aktivitäten	Erwerbsstatus											
	Beamtinnen			Selbstständige			Angestellte			Arbeiterinnen		
	Durchschnitt je		Beteiligungsgrad[3]	Durchschnitt je		Beteiligungsgrad[3]	Durchschnitt je		Beteiligungsgrad[3]	Durchschnitt je		Beteiligungsgrad[3]
	Befr. Person[1]	Ausüb. Person[2]		Befr. Person[1]	Ausüb. Person[2]		Befr. Person[1]	Ausüb. Person[2]		Befr. Person[1]	Ausüb. Person[2]	
	h : min		%	h : min		%	h : min		%	h : min		%
Lesen	00:06	(00:24)	26,3	00:03	(00:25)	10,6	00:04	00:26	14,6	00:03	00:28	11,0
- darunter: Zeitungen lesen	00:05	(00:24)	22,1	00:02	(00:23)	9,0	00:03	00:25	13,5	00:03	(00:28)	9,1
Radio / Musik hören	00:05	(00:27)	17,1	00:06	(00:32)	19,7	00:08	00:31	24,7	00:08	00:33	23,8
Fernsehen / Video	00:02	(00:21)	9,8	00:04	(00:33)	12,5	00:03	00:32	9,6	00:06	00:47	13,2
Gespräche aller Art	00:37	00:57	65,9	00:38	01:03	60,2	00:41	01:03	65,4	00:38	00:59	63,2
- darunter: Gespräche mit Kindern	00:02	(00:24)	7,4	00:05	(00:29)	17,2	00:05	00:30	15,6	00:05	00:33	15,1
allg. Haushaltsplanung	00:00	(00:15)	1,2	00:00	(00:25)	1,6	00:00	(00:24)	1,2	00:01	(00:33)	1,8
Kinderbetreuung	00:01	(00:23)	4,6	00:01	(00:19)	4,0	00:01	(00:26)	2,3	00:00	(00:17)	1,2
Beköstigung	00:00	(00:10)	0,6	00:00	(00:10)	1,0	00:00	(00:16)	0,8	00:00	(00:20)	1,6
Mahlzeitenzubereitung	00:00	(00:16)	0,7	00:00	(00:11)	1,6	00:00	(00:19)	0,8	00:00	(00:30)	0,1
Telefonate	00:00	(00:17)	0,9	00:00	(00:10)	0,6	00:00	(00:16)	0,9	00:00	(00:15)	0,9

Quelle: Eigene Berechnung auf der Basis der Zeitbudgeterhebung 2001/02

[1] Personen mit Tagebuchanschreibungen
[2] Personen mit Angaben zu den Aktivitäten
[3] Anteil der ausübenden Personen an den befragten Personen
(…): Stichprobenumfang <50

4.6.3 Zeitverwendung für Essen und Trinken nach Alter der zu versorgenden Kinder

Bei der Betrachtung der Zeitverwendung von Müttern für Essen und Trinken nach dem Alter der Kinder fällt auf, dass Mütter älterer Kindern sich bei allen drei Hauptmahlzeiten seltener am Essen zu Hause beteiligen als Mütter mit Kindern unter zehn Jahren (vgl. Tab. 4.21). Mütter mit Kindern über zehn Jahren essen mittags eher außer Haus, nur bei der Abendmahlzeit liegt der Beteiligungsgrad am außerhäuslichen Essen von Müttern mit kleinen Kindern (5,5%) über dem der Mütter mit größeren Kindern (4,9%). Die aufgewendete Zeit für die Mahlzeiteneinnahme unterscheidet sich nach dem Alter der Kinder jedoch nicht.

Tabelle 4.21: Durchschnittliche tägliche Zeitverwendung von Müttern für Essen und Trinken nach dem Alter der Kinder (Zeitbudgeterhebung 2001/02)

Zeitverwendung für ausgewählte Aktivitäten	Alter der Kinder					
	Kinder unter 10 Jahren			*Kinder 10 Jahre und älter*		
	Durchschnitt je		Beteili-gungsgrad[3]	Durchschnitt je		Beteili-gungsgrad[3]
	Befr. Person[1]	Ausüb. Person[2]		Befr. Person[1]	Ausüb. Person[2]	
	h : min		%	h : min		%
Essen zu Hause						
6 – 9 Uhr	00:17	00:26	65,1	00:17	00:27	62,1
12 – 14 Uhr	00:19	00:30	62,3	00:16	00:30	53,0
18 – 20Uhr	00:20	00:31	64,9	00:19	00:32	60,2
Essen außer Haus						
6 – 9 Uhr	00:01	00:29	2,5	00:01	00:29	3,6
12 – 14 Uhr	00:03	00:41	7,0	00:01	00:39	10,1
18 – 20Uhr	00:02	00:44	5,5	00:02	00:48	4,9

Quelle: Eigene Berechnung auf der Basis der Zeitbudgeterhebung 2001/02

[1] Personen mit Tagebuchanschreibungen
[2] Personen mit Angaben zu den Aktivitäten
[3] Anteil der ausübenden Personen an den befragten Personen
(…): Stichprobenumfang <50

4.6.4 Zeitverwendung von Kindern über zehn Jahren für Essen und Trinken

Bei der Zeitverwendung von Kindern über zehn Jahren fällt auf, dass der Umfang der mütterlichen Erwerbstätigkeit die Beteiligung der Kinder am Außer-Haus-Verzehr nicht wesentlich beeinflusst (vgl. Tab. 4.22).

Tabelle 4.22: Durchschnittliche tägliche Zeitverwendung von Kindern über zehn Jahren für Essen und Trinken nach Umfang der Erwerbstätigkeit der Mütter (Zeitbudgeterhebung 2001/02)

Zeitverwendung für ausgewählte Aktivitäten	Umfang der Erwerbstätigkeit der Mütter								
	Vollzeit			Teilzeit			Nicht erwerbstätig		
	Durchschnitt je		Beteiligungsgrad[3]	Durchschnitt je		Beteiligungsgrad[3]	Durchschnitt je		Beteiligungsgrad[3]
	Befr. Person[1]	Ausüb. Person[2]		Befr. Person[1]	Ausüb. Person[2]		Befr. Person[1]	Ausüb. Person[2]	
	h : min		%	h : min		%	h : min		%
Essen insgesamt	01:22	01:25	97,1	01:20	01:22	98,2	01:25	01:26	98,7
Essen zu Hause	01:04	01:10	92,1	01:04	01:08	94,1	01:08	01:13	93,0
Essen außer Haus	00:18	01:01	29,0	00:16	01:03	25,8	00:17	01:00	27,7

Quelle: Eigene Berechnung auf der Basis der Zeitbudgeterhebung 2001/02

[1] Personen mit Tagebuchanschreibungen
[2] Personen mit Angaben zu den Aktivitäten
[3] Anteil der ausübenden Personen an den befragten Personen
(…): Stichprobenumfang <50

29% der Kinder mit vollzeiterwerbstätigen Müttern essen außer Haus, dieser Anteil liegt bei teilzeiterwerbstätigen und nicht erwerbstätigen Müttern bei 25,8% bzw. 27,7%. Die Beteiligung von Kindern am Außer-Haus-Verzehr ist überwiegend auf die Einnahme von Pausenmahlzeiten in der Schule zurückzuführen. Tabelle 4.23 verdeutlicht, dass kein Zusammenhang zwischen dem Umfang der mütterlichen Erwerbstätigkeit und der Beteiligung von Kindern an häuslichen Mittagsmahlzeiten besteht. Kinder von vollzeiterwerbstätigen Müttern essen zu 42% mittags zu Hause, bei teilzeiterwerbstätigen oder nicht erwerbstätigen Müttern liegt dieser Anteil bei 43% bzw. 43,2%. Auch die Beteiligungsgrade an einer Mittagsmahlzeit außer Haus unterscheiden sich zwischen vollzeiterwerbstätigen und nicht erwerbstätigen Mütter nicht wesentlich (13,4% bzw. 14,3%), nur Kinder von teilzeiterwerbstätigen Müttern essen etwas seltener mittags außer Haus (10,9%).

Tabelle 4.23: Durchschnittliche tägliche Zeitverwendung von Kindern über zehn Jahren für Essen und Trinken für ausgewählte Tageszeiten und Orte nach Umfang der Erwerbstätigkeit der Mütter (Zeitbudgeterhebung 2001/02)

Zeitverwendung für ausgewählte Aktivitäten	Umfang der Erwerbstätigkeit der Mütter								
	Vollzeit			*Teilzeit*			*Nicht erwerbstätig*		
	Durchschnitt je		Beteiligungsgrad[3]	Durchschnitt je		Beteiligungsgrad[3]	Durchschnitt je		Beteiligungsgrad[3]
	Befr. Person[1]	Ausüb. Person[2]		Befr. Person[1]	Ausüb. Person[2]		Befr. Person[1]	Ausüb. Person[2]	
	h : min		%	h : min		%	h : min		%
Essen insgesamt									
6 - 9 Uhr	00:09	00:21	44,4	00:10	00:21	46,9	00:11	00:22	48,8
12 – 14 Uhr	00:16	00:29	55,1	00:17	00:32	53,8	00:18	00:31	57,4
18 – 20 Uhr	00:19	00:32	59,0	00:18	00:32	54,7	00:19	00:32	58,7
Essen zu Hause									
6 - 9 Uhr	00:08	00:21	40,9	00:09	00:20	44,3	00:10	00:21	45,4
12 – 14 Uhr	00:12	00:28	42,0	00:13	00:30	43,0	00:12	00:28	43,2
18 – 20 Uhr	00:16	00:31	53,6	00:15	00:30	48,7	00:17	00:31	53,3
Essen außer Haus									
6 - 9 Uhr	00:01	(00:22)	4,4	00:01	00:26	3,1	00:01	(00:23)	3,7
12 – 14 Uhr	00:04	00:32	13,4	00:04	00:40	10,9	00:06	00:40	14,3
18 – 20 Uhr	00:03	00:44	6,2	00:03	00:48	6,4	00:02	00:35	5,5

Quelle: Eigene Berechnung auf der Basis der Zeitbudgeterhebung 2001/02

[1] Personen mit Tagebuchanschreibungen
[2] Personen mit Angaben zu den Aktivitäten
[3] Anteil der ausübenden Personen an den befragten Personen
(…): Stichprobenumfang <50

4.7 Zusammenfassung

Zeitbudgetdaten können zur Beschreibung haushaltsspezifischer Verhaltens-
weisen im Bereich der Ernährungsversorgung herangezogen werden, wie die
durchgeführten Analysen belegen. Die Daten geben darüber Auskunft, dass in
Familienhaushalten die Beköstigung im Spektrum aller hauswirtschaftlichen
Tätigkeiten einen hohen Stellenwert einnimmt und dass die Einnahme der
Mahlzeiten im privaten Raum überwiegt. Unterschiede im Zeitaufwand für die
Beköstigung und das Essen und Trinken gehen auf die Art, aber noch deutlicher auf den Umfang der mütterlichen Berufstätigkeit zurück. In Anlehnung an
die Theorie zur Ressourcenallokation der Zeit in Privathaushalten (BECKER
1965) bestätigen die Ergebnisse, dass Ernährungsversorgungtätigkeiten weiterhin weiblich konnotierte Arbeiten sind und nur in Haushalten mit vollzeiterwerbstätigen Müttern die Beteiligung der Väter nennenswert ansteigt. In
Tabelle 4.24 sind diese zentralen Ergebnisse und sich daraus ergebende Leitfragen für die qualitative Erhebung zusammengefasst.

Tabelle 4.24: Zentrale Ergebnisse der Sekundäranalyse der
Zeitbudgeterhebung 2001/02 und resultierende Leitfragen
für die qualitative Befragung

Zentrale Ergebnisse zur Ernährungsversorgung zwischen privatem und öffentlichem Raum		Resultierende Leitfragen für qualitative Befragung
Ergebnis 1: Im Vergleich aller untersuchten hauswirtschaftlichen Tätigkeiten stellt die Beköstigung den zeitintensivsten Arbeitsbereich dar.	Tab. 4.4.	Warum messen Mütter der Beköstigung einen solch hohen Stellenwert bei? Welche Leitbilder stehen hinter dem hohen Zeitaufwand für die Beköstigung? Welche Netzwerke werden zur Bewältigung der Beköstigungsarbeit herangezogen?
Ergebnis 2: Umfang und Art der Erwerbstätigkeit von Müttern sind die bestimmenden Einflussfaktoren für den Zeitumfang, der für die familiale Ernährungsver-sorgung eingesetzt wird.	Tab. 4.5 Tab. 4.8	Wie organisieren die Mütter die Ernährungs-versorgung vor dem Hintergrund ihrer Berufstätig-keit? Welche zeitsparenden Strategien wenden Mütter an? Inwieweit werden Mütter durch Netzwerke und ihren Partner unterstützt und können dadurch den Zeitaufwand für die Ernährungsversorgung deutlich reduzieren? Welche planerischen Anforderungen hinsichtlich der Ernährungsversorgung stellen sich an die Mütter?
Ergebnis 3: Berufliche Selbstständigkeit bietet wie keine andere Arbeitssituation die Möglichkeit, die Ernährungsversorgung flexibel zu gestalten und zu organisie-ren.	Tab. 4.8 Tab. 4.9	Welche Auswirkungen hat eine selbstständige Tätigkeit auf die Abläufe rund um die Ernährungs-versorgung? Welche Rahmenbedingungen ermöglichen Müttern die Vereinbarkeit von Ernährungsversorgung und Familie einerseits und Beruf andererseits?

Zentrale Ergebnisse zur Ernährungsversorgung zwischen privatem und öffentlichem Raum		Resultierende Leitfragen für qualitative Befragung
Ergebnis 4: Das Zeitverwendungsmuster für Ernährungsversorgungstätigkeiten von Müttern mit Kindern unter zehn Jahren gegenüber Müttern mit Kindern über zehn Jahren weist keine signifikanten Unterschiede auf.	Tab. 4.10	Sind die Abläufe rund um die Ernährungsversorgung tatsächlich unabhängig vom Alter der zu versorgenden Kinder? Gibt es Einflussfaktoren, die nicht über den zeitlichen Aufwand für die Ernährung abgebildet werden können? Welche Auswirkungen hat eine zunehmende Essautonomie älterer Kinder auf die Mahlzeitenmuster und personelle Zusammensetzung bei den Mahlzeiten? Welche Einrichtungen/Angebote nutzen insbesondere Vollzeit berufstätigen Müttern für die Mittagsversorgung ihrer Kinder?
Ergebnis 5: Die Verantwortung für die familiale Ernährungsversorgung liegt im Aufgabenbereich der Mütter. Väter beteiligen sich nur gering an der Ernährungsversorgung, jedoch erhalten die Mütter eine zunehmende Unterstützung, je größer der Umfang ihrer Berufstätigkeit oder je höher ihr Berufsstatus ist.	Tab. 4.11	Welche Aushandlungsprozesse rund um die Verantwortlichkeit für die Ernährungsversorgung laufen in Familienhaushalten mit berufstätigen Müttern ab? Warum sehen die Mütter die Ernährungsversorgung als ihr Aufgabengebiet an und unter welchen Bedingungen und für welche Teilbereiche treten sie die Zuständigkeit an haushaltsangehörige Personen und öffentliche Einrichtungen ab?
Ergebnis 6: Kinder beteiligen sich umso stärker an der familialen Ernährungsversorgung, je größer der Umfang der Berufstätigkeit der Mutter oder je höher ihr Berufsstatus ist.	Tab. 4.12	Welche Aufgaben übernehmen Kinder in Familienhaushalten im Zusammenhang mit der Ernährungsversorgung? Unter welchen Bedingungen sind Kinder stärker in die Ernährungsversorgung eingebunden? Gibt es geschlechtsspezifische Unterschiede hinsichtlich der Beteiligung von Kindern an der Ernährungsversorgung?
Ergebnis 7: Das traditionelle Mahlzeitenmuster mit Frühstück, Mittagessen und Abendessen hat in Familienhaushalten weiterhin Bestand. Ort, Zeitpunkt und personelle Zusammensetzung dieser Mahlzeiten, insbesondere des Mittagessens, werden durch berufliche Anforderungen bestimmt.	Abb. 4.2 Tab. 4.13 Tab. 4.14	Welche Bedeutung messen Mütter den einzelnen Hauptmahlzeiten zu? Unter welchen Bedingungen löst sich das traditionelle Mahlzeitenmuster auf?
Ergebnis 8: In Familienhaushalten sind Gespräche mit anderen Personen die häufigste Nebentätigkeit während der Mahlzeiten.	Tab. 4.16	Welche Bedeutung messen Mütter den Gesprächen während der Mahlzeit bei? Über welche Themen wird während des Essens gesprochen?
Ergebnis 9: Der Umfang der mütterlichen Erwerbstätigkeit beeinflusst nicht die Beteiligung von Kindern über zehn Jahren am Außer-Haus-Verzehr.	Tab. 4.22	Welche Versorgungsarrangements treffen insbesondere Vollzeit erwerbstätige Mütter für die Mittagsversorgung ihrer Kinder zu Hause? Warum ist die Beteiligung von Kindern an einer mittäglichen Verpflegung außer Haus so gering? Welche Anforderungen müssen institutionelle Einrichtungen erfüllen, damit Mütter diese für eine Mittagsversorgung ihrer Kinder in Anspruch nehmen?

Quelle: Eigene Darstellung

5 Der Essalltag von Familienhaushalten

Wie bereits dargelegt, ist die Thematik der familialen Ernährungsversorgung in Deutschland bis jetzt nur unzureichend erforscht. Die wenigen empirischen Untersuchungen zum Thema Mahlzeitenmuster und Esskultur von Privathaushalten in Deutschland konstatieren dabei zwei entgegen gesetzte Trends: Zum einen handelt es sich dabei um Befunde, die Thesen über eine Auflösung der typischen Mahlzeitenstruktur mit drei festen Hauptmahlzeiten zu Gunsten einer individualisierten und situativen Nahrungsaufnahme postulieren und bestätigen (SCHLEGEL-MATTHIES 2002; KÖNIG 1998, S. 51; ABT 1993); zum anderen liegen Studienergebnisse vor, die die kulturelle Persistenz fester Mahlzeitenrhythmen nachweisen und betonen (BROMBACH 2005, S. 205; MESTDAG 2005, S. 62; OLTERSDORF 2002, S. 3; HOLM 2001a, S. 203).

Für den Familienhaushaltstyp mit erwerbstätigen Eltern und zwei Kindern konnte im vorherigen Kapitel anhand der Zeitverwendung für das Essen und Trinken eindrucksvoll gezeigt werden, dass es in diesen Familienhaushalten nach wie vor feste Zeiten für die Nahrungsaufnahme gibt und dass gemeinschaftliche Mahlzeiten vor dem individualisierten Essen in der Regel Vorrang haben. Offen bleibt jedoch die Frage, welche Familienmitglieder an welchem Ort und zu welcher Uhrzeit, werktags und an den Wochenenden, in Familien miteinander essen und welche haushaltsexternen sowie haushaltsinternen Faktoren die Gestaltung der Mahlzeiten strukturieren. Des Weiteren unbeantwortet ist auch die Frage nach der Bedeutung, die den drei Hauptmahlzeiten Frühstück, Mittagessen und Abendessen im Familienalltag zukommen und die ihnen insbesondere von den Müttern beigemessen wird.

Antworten auf diese und weitere Fragen zur Ernährungsversorgung in Familienhaushalten liefert diese qualitative Befragung, deren Ergebnisse im Folgenden vorgestellt werden.

5.1 Die Mahlzeiten im Familienalltag: gemeinschaftliches Ritual oder individuelle Angelegenheit?

Hier geht es zunächst darum, welche Bedeutung und Funktion die drei Hauptmahlzeiten Frühstück, Mittagessen und Abendessen sowie außerhäusliche Mahlzeiten im Familienalltag – werktags wie am Wochenende – einnehmen und wo, wie und vor allem in welcher personellen Konstellation sie stattfinden. Darüber hinaus werden Besonderheiten der jeweiligen Mahlzeiten an sich, für die Familie insgesamt, sowie für die einzelnen Familienmitglieder in ihrem Alltag verdeutlicht.

5.1.1 Frühstück

Das Frühstück ist die Mahlzeit, deren ernährungsphysiologische Funktion der Mehrheit der befragten Mütter bewusst und wichtig ist, die aber für das soziale Mahlzeitengeschehen der Familien nur von geringer Bedeutung ist. So tragen die interviewten Mütter – von wenigen Ausnahmen abgesehen – dafür Sorge, dass ihre Kinder am Morgen bzw. am Vormittag mit einem Frühstück versorgt sind. Für die erwerbstätigen Mütter ist dies mit erheblichen Anstrengungen verbunden, wie die folgende Aussage einer Schichtarbeiterin zeigt: *„Und wenn ich daheim bin, stehe ich um sechs auf mit den beiden, weil der Kleine will am Morgen nichts essen. Da wird's Brote [für die Schule] vorbereitet, Brote geschmiert, Frühstück vorbereitet mit Obst, mit allem drum und dran."* (Haushalt 38:41)[35] Bemerkenswert ist, dass in den hier untersuchten Familien nur eine Minderheit der Kinder am Morgen das Haus verlässt, ohne zumindest eine Kleinigkeit gegessen oder getrunken zu haben. Die Familien, in denen das der Fall ist, gehören der Arbeiterschicht an oder sind Familien mit Kindergartenkindern, die im direkten Anschluss an den Kindergartenbeginn dort etwas zu essen erhalten. In nur acht der 48 interviewten Familien sind die morgendlichen Aktivitäten Aufstehen, Waschen, Anziehen und Essen zeitlich so geplant, dass für ein Frühstück mit allen Familienmitgliedern ausreichend Zeit bleibt; in allen anderen Familien ist aufgrund unterschiedlicher Anfangszeiten von Kindergarten, Schule und Beruf kein gemeinsames Frühstück der Familie einzu-

---

35 Insgesamt wurden 56 qualitative Interviews durchgeführt, von denen allerdings lediglich 48 ausgewertet wurden. Zur Wahrung der Anonymität der Teilnehmerinnen wurden alle Interviews nummeriert. In den angeführten Zitaten sind die Familiennamen durch Zahlen ersetzt worden (in diesem Fall Familienhaushalt Nr. 38). Die Zahl hinter dem Doppelpunkt zeigt an, in welchem Absatz des intern dokumentierten Interviewtranskripts die zitierte Textstelle nachzulesen ist (LEONHÄUSER ET AL. 2008).

richten. In vielen Familien verlassen die Väter vor allen anderen Familienmitgliedern das Haus, das Frühstück findet dann mit den Müttern und ihren Kindern statt. Auffallend ist, dass Mütter und Kinder in diesem Fall aber nicht zwingend gemeinsam am Tisch sitzen und essen. *„Genau. Also, mmmmh, Frühstück gibt's bei uns zwischen mir und meinen Kindern, nicht mit meinem Mann, [...], so von zwanzig vor sieben bis sieben, das muss also relativ schnell gehen. [...] Und dann trinken beide Kinder Milch, die Kleine glaub ich mit Kakaopulver. [...] Und ich trink dazu Kaffee und esse erst mal nichts. Mir ist das morgens zu anstrengend. [...] Ja, manchmal ess' ich auch noch ein Brot, je nachdem, wie viel Zeit ich noch so hab. Weil ich um, ich um sieben fahren muss. Wir fangen um halb acht an. Das muss ich auch wirklich machen."* (Haushalt 6:27 ff.) Das enge Zeitbudget am Morgen führt dazu, dass viele Mütter, unabhängig vom Umfang ihrer Erwerbstätigkeit, zur Frühstückszeit der Kinder zwar anwesend, aber mit anderen Tätigkeiten wie der Vorbereitung der Pausenverpflegung oder dem Aufräumen der Küche beschäftigt sind. Meistens sitzen Mütter gar nicht oder nur für wenige Minuten bei den Kindern, und das eigene Frühstück besteht aus einem kleinen Imbiss im Stehen. Im Vergleich zu Müttern mit schulpflichtigen Kindern frühstücken Mütter mit Kindern im Kleinkind- und/oder Kindergartenalter häufiger gemeinsam mit diesen. Auch hier dominieren im Allgemeinen Zeitnot, Hektik, Aufsicht, Kontrollen sowie Diskussionen zwischen Müttern und Kindern um die Menge und Art der zu verzehrenden Lebensmittel und Speisen. *„Also ich glaube, wir sagen eigentlich die ganze Zeit: ‚Bitte beeil dich mal ein bisschen!'[..] oder ‚Es gibt kein Nutella!' oder ‚Trink doch noch ein bisschen was!'. Also, immer so dieser Motz. Ja, ich glaube, das ist bei allen Kindern halt so. Die würden morgens eine Stunde frühstücken und das geht halt einfach nicht."* (Haushalt 52:371) Die typische Frühstückszeit liegt dabei zwischen 6.30 und 7.30 Uhr und dauert selten länger als 20 Minuten.

Für viele erwerbstätige Mütter ist das Frühstück am Arbeitsplatz die erste Hauptmahlzeit des Tages, ohne dass dafür immer eine feste Frühstückspause zur Verfügung steht. Während Väter sich sehr viel häufiger als ihre Partnerinnen auf dem Weg zur Arbeit ihre Frühstücksverpflegung einkaufen, versorgen sich Mütter am Arbeitsplatz meist mit Lebensmitteln und Getränken von zu Hause.

Die Zeit, die am werktäglichen Frühstückstisch für die Essenseinnahme, Gespräche und Gemeinsamkeit fehlt, wird am Wochenende durch das gemeinsame Frühstück nachgeholt. Der nachfolgende Interviewausschnitt zeigt exemplarisch, wie Familien das Frühstück am Wochenende für familial verbrachte Zeit nutzen. *„Ja da gehen wir erst mal auf jeden Fall zum Bäcker. Oder Andy [Ehemann] geht zum Bäcker, holt Brötchen mit den Kindern, ne. Und gibt's* *eigentlich regelmäßig 'n Ei. Gibt's in der Woche nie. Ja auf jeden Fall Wochenende ist halt schon immer Ei und groß gedeckter Tisch. Und da decken wir auch, da decken wir schon gemeinsam [...]. Und da machen wir auch manchmal – also ja jetzt in der Winterzeit – selbst gepressten Orangensaft. Dann pressen die Kinder den Orangensaft aus. Und ja, es gibt dann auch Wurst und Käse. Und das ist schon opulenter. Also da ist es schon echt so richtig Familie und ausgedehnt. Also da sitzen wir dann auch mal so bis um elf im Schlafanzug hier. Und machen's uns total gemütlich und erzählen."* (Haushalt 24:230 ff.)

Während die Funktion des Frühstücks in der Woche überwiegend darin besteht, die physiologischen Bedürfnisse zu befriedigen, steht am Wochenende also das soziale und kommunikative Miteinander der Familie im Mittelpunkt. Dann werden Absprachen über geplante Aktivitäten am Wochenende getroffen und Ereignisse der zurückliegenden Woche aufgearbeitet. Von Familien mit älteren und fast erwachsenen Kindern abgesehen, hat das Frühstück für die Mehrheit der Familien Ritualcharakter und symbolisiert am Samstag den Beginn des Wochenendes. Durch die Auswahl besonderer Speisen – frische Brötchen sind am Samstag und Sonntag das obligatorische „Frühstücksrequisit" – und den reichhaltig gedeckten Tisch betonen Familien zusätzlich die hohe Bedeutung, die sie dieser Mahlzeit beimessen. Dem Frühstück wird dementsprechend viel Zeit eingeräumt, es findet deutlich später als an den Werktagen statt und dauert zwischen einer halben Stunde und mehr als zwei Stunden.

5.1.2 Mittagessen

Beim Mittagessen zeigen sich im Vergleich zum Frühstück größere Unterschiede zwischen den untersuchten Familienhaushalten, denn wann, wo und mit wem Familien zu Mittag essen, ist davon abhängig, ob die Mütter teilzeit- oder vollzeiterwerbstätig sind, welchen Beruf sie ausüben und in welchem Alter ihre Kinder sind. Ein wesentlicher Befund der Interviewauswertung ist, dass in dem untersuchten Kollektiv, von wenigen Ausnahmen abgesehen, alle Kinder ein warmes Mittagessen erhalten.

Teilzeiterwerbstätige und selbstständige Mütter richten ihren Tagesablauf dabei so ein, dass sie gemeinsam mit ihren Kindern zu Hause zu Mittag essen. Die Koordination der Zubereitung des Essens zwischen dem eigenen Arbeitsende und dem Ende der täglichen Kindergarten- und/oder Schulzeit der Kinder gelingt diesen Frauen allerdings nur unter erheblichem Stress und Zeitnot. In jedem Fall erfordert sie eine gute Planung: *„Dann sieht bei mir der Tagesablauf so aus, dass ich eben um halb eins aus dem Büro komme, in der Regel um eins die Kinder abholen muss und einen relativ geringen Zeitraum zwischen-*

drin habe, um irgendwas vorzubereiten, [...]. Da mach ich es meistens so, dass ich 'nen Abend vorher vorkoche. Das heißt, dann gibt es irgendwelche Gerichte, die sich gut vorkochen lassen und wo ich dann nur noch Nudeln schnell zusammenschmeißen muss am Werktag selber, oder irgendwas 'nen Auflauf mache, den ich in den Ofen schieben kann und dann mach ich den Ofen halt an, bevor ich die Kinder abhole. So, dass ich also nicht direkt nach dem Büro den richtig vollen Kochstress habe." (Haushalt 13:67) Die Zubereitung einer frischen Mahlzeit nimmt selten mehr als 30 Minuten in Anspruch; häufig werden schnelle Standardspeisen wie Nudel- und Reisgerichte gekocht. Der Rückgriff auf fertige Speisen von außerhäuslichen Bringdienstangeboten stellt für die Mütter der Untersuchung keine Alternative zur selbst gekochten Mahlzeit dar. Als Struktur gebende Aktivität im Tagesverlauf, die den Beginn der zweiten Tageshälfte markiert, schätzen Mütter das gemeinsame Mittagessen, um ihre Kinder gut versorgt zu wissen und um mit ihnen über die Ereignisse des Vormittags sowie die Nachmittagsplanung zu sprechen.

Die Ausübung einer vollen Erwerbstätigkeit der Mutter bedeutet hingegen, dass in diesen Familien kein gemeinsames Mittagessen zu Hause statt findet. Während für ganztags berufstätige Mütter eine eigene warme Mittagsmahlzeit keine Bedeutung hat und sie ihren Hunger stattdessen mehrheitlich mit von zu Hause mitgebrachten Speisen am Arbeitsplatz stillen, haben sie, abhängig vom Alter ihrer Kinder, eine Vielzahl von unterschiedlichen Arrangements für deren warme Mittagessenversorgung gefunden. Während Mütter mit kleinen Kindern in der Regel überhaupt nur dann in der Lage sind, einer Vollzeiterwerbstätigkeit nachzugehen, wenn die Kinder ganztägig im Kindergarten oder von Tagesmüttern betreut und dort entsprechende mit einer Mittagsverpflegung versorgt werden, übernehmen in Familien mit Schulkindern Großmütter, befreundete Mütter, Haushaltshilfen, Kindermädchen oder ein Hort diese Aufgabe. Mit zunehmendem Alter der Kinder und wachsender Selbstständigkeit überlassen die Mütter mehr und mehr ihren Kindern die eigene Verpflegung. *„Und für meine Tochter – die ist ja 16, alt genug eigentlich – kauf' ich immer so halbfertige Sachen noch. [...] Es gibt immer noch 'nen Rest vom Tag davor. Aber wenn sie keine Lust da drauf hat, dann ist in der Tiefkühltruhe immer 'ne Pizza oder so 'n tiefgefrorenes Fertiggericht. Sind immer Gurken, Tomaten und so was da. Also die hat auch ein bisschen Auswahl. Das macht sie sich dann auch manchmal."* (Haushalt 18:56) Ältere Schulkinder mit Nachmittagsunterricht erhalten oftmals entweder eine ausreichende Pausenverpflegung oder kleinere Geldbeträge, um sich gemeinsam mit Freunden in der Schule oder in nahe gelegenen Läden und Imbissen etwas zu essen zu kaufen. Die Sicherstellung einer außerfamilialen Mittagsverpflegung, auch wenn diese z.T. nur als Notlösung angesehen wird, ist mit einem erheblichen Organisationsaufwand verbunden. *„[...] der [Sohn] hat freitags relativ lange Schule, da kann's sein, dass der mal sagt: „Ich hätt gern Geld mit, um mir was zu kaufen." Einerseits in der Schule, bei denen gibt's so'n Stück Pizza für drei Euro. Hab aber keine Ahnung, was das ist. [...] Hm, ob's heiße Würstchen mit so was gibt, das weiß ich gar nicht. Bin ich nicht immer so dafür, dass er sich da was käuft. [...] Ich habe ihm dann auch schon gesagt: ‚Ich kann auch mal 'ne Frikadelle vorbraten oder machen und dann kriegst du selber mal so'n Brot gemacht', gell. Das ist dann schon mal, also, dann ist schon mal okay. Kann ich auch mit leben, aber warm ist es natürlich nicht, ja"* (Haushalt 35:204 ff.)

Aufschlussreich sind die von den vollzeiterwerbstätigen Müttern genannten Gründe, warum sie selbst nur selten warm zu Mittag essen. Zum einen gibt es Frauen, die auf Grund individueller Verzehrspräferenzen mittags nichts Warmes essen wollen; zum anderen gibt es solche, die mit dem qualitativen und preislichen Speisenangebot der betrieblichen Verpflegung nicht zufrieden sind. Hinzu kommt, dass nur wenigen vollzeiterwerbstätigen Müttern die Möglichkeit einer warmen Mahlzeit offen steht: Betriebskantinen fehlen oder Mittagspausen sind zu kurz, häufig wird auch zugunsten einer effizienten Nutzung der Arbeitszeit auf eine Mittagspause verzichtet. *„Aber dann ess' ich oft einfach etwas, was ich mitgebracht habe. Einen Salat oft, Obst. Und dann am Schreibtisch vor dem Bildschirm. [..] Also wenn ich wollte, könnte ich das [Mittagspause] machen. Ja. Aber nee, ich, meistens arbeite ich einfach durch."* (Haushalt 54:49 f.) Gerade vollzeiterwerbstätige Mütter essen während der Bildschirmarbeit häufig zwischendurch. Stellvertretend für andere Frauen titulierte eine Mutter diese Form der Mahlzeiteneinnahme sehr treffend als *„PC-Picknick"* (Haushalt 29:70).

Die Art des Mittagessens der Väter des Samples ist abhängig von der Verfügbarkeit einer warmen Verpflegung am Arbeitsplatz. Fehlt eine Betriebskantine, verzehren die Väter ebenfalls mitgebrachte Speisen von zu Hause. Der Rückgriff auf nichtbetriebliche Gastronomieverpflegung (Restaurants, Imbisse, Fast-Food-Restaurants, Bäckereien etc.) ist bei ihnen eher die Ausnahme als der Regelfall.

Während an den Werktagen die Vorgaben der Erwerbsarbeitszeit der Mutter bestimmen wo, wann und was es am Mittag zu essen gibt, so sind es am Wochenende die individuellen Essgewohnheiten der Mütter und Väter sowie die geplante Freizeit- und Hausarbeitsgestaltung. *„Ja und dann fahr ich einkaufen und dann gibt's natürlich kein Mittagessen, weil wir so lange gefrühstückt haben. Das war ja dann (...) ein ausgedehntes Frühstück. Dann trinken wir das nächste Mal Kaffee um drei. Und bei uns hat sich's auch so eingebürgert, aber das war bei mir daheim schon so, da gibt's samstags abends Warm."* (Haushalt 41:207)

Ein warmes Mittagessen zwischen 12.00 und 14.00 Uhr am Wochenende scheint für Familien nicht mehr eine kulturelle Norm zu sein. Nur in etwas mehr als der Hälfte der 48 interviewten Haushalte gibt es am Wochenende ein warmes Mittagessen, welches besonders am Samstag oft ein schnelles und unkompliziertes Gericht ist, wie *„Eintopf oder Linsensuppen [...] bist du halt mit 'ner Dose irgendwie schneller fertig, auch wenn se natürlich nicht so vitaminreich ist wie das Selbstgekochte" (Haushalt 33:92)*. In der anderen Hälfte der Familien fällt das Mittagessen (als warme Mahlzeit) aus. Es wird entweder durch eine Kaffee- und Kuchenmahlzeit oder durch einen kalten Imbiss (restliche Brötchen vom Frühstück) im Laufe des frühen Nachmittages ersetzt. Ob dabei gemeinsam mit allen Familienmitgliedern am Tisch gegessen wird oder sich jedes Familienmitglied individuell nach Appetit oder Hunger bedient, wird in den Familien unterschiedlich gehandhabt. Allen Haushalten ist gemeinsam, dass die fehlende warme Mittagsmahlzeit zu einem späteren Zeitpunkt – am späten Nachmittag oder am Abend – nachgeholt wird. Der Hauptgrund für den Wegfall des warmen Mittagessens zwischen 12.00 und 14.00 Uhr ist das späte und ausgiebige Frühstück: *„[...] und wir gönnen es uns am Wochenende in der Regel auch jetzt so - als die Kinder klein waren nicht, weil dann wollten die pünktlich um 12 ihr Essen haben, weil sie's eben gewöhnt waren – dass wir jetzt aber nicht mehr kochen, sondern dass wir abends am Samstag meistens was Warmes kochen..." (Haushalt 25:145 ff.)*. Weiterhin verdeutlicht der Interviewausschnitt den Einfluss des Alters der Kinder auf die Mahlzeitenstruktur am Wochenende: Während Mütter kleinerer Kinder sehr viel häufiger nicht auf ein warmes Mittagessen verzichten wollen, so löst sich die Rücksichtnahme auf den Mahlzeitenrhythmus von Kindern mit zunehmendem Alter zu Gunsten einer flexibleren Freizeitgestaltung und daraus resultierend einem flexibleren Mahlzeitenmuster auf.

In den Familien, in denen ein Ehepartner am Samstag erwerbstätig ist, verläuft der Samstag ähnlich wie die Werktage (kein gemeinsames Frühstück und Mittagessen), so dass auf das gemeinsame Essen am Sonntag umso mehr Wert gelegt wird: *„Aber mein Mann bemüht sich auch, wenn ich nicht da bin, mit Kindern dann abends...[...] Ja ja, dass sie dann abends essen. [...] Aber nie so richtige..., jetzt ein ganzes Menü wie sonntags, ne. Sonntags gibt's bei uns richtig 'n geiles Essen dann, ne. Ja. Sonntags koch' ich dann total viel, ne. Und gut!" (Haushalt 37:298)*

5.1.3 Abendessen

Im hektischen Familienalltag ist das Abendessen aus Sicht vieler Mütter die wichtigste Mahlzeit des Tages. In 32 der 48 interviewten Familienhaushalte finden sich täglich bzw. mehrmals in der Woche alle Familienmitglieder zum Abendessen zusammen. Mit dem gemeinsamen Abendessen kompensieren besonders vollzeiterwerbstätige Eltern die fehlende Möglichkeit, gemeinsam mit den Kindern zu frühstücken oder Mittag zu essen. *„[...] das [Abendbrot] essen wir immer hier [zu Hause], weil dann auch mal alle vier da sind. Das gibt's immer zwischen, mmmh, sieben und halb acht. Da sind auch wirklich alle da, find ich auch ähm, wissen auch die Kinder, dass sie da sein müssen, egal was sie jetzt so haben."* *(Haushalt 6:110 ff.)* Selbst in Familien mit kleinen Kindern wird häufig die Rückkehr des Vaters von der Arbeit abgewartet, bevor mit dem Abendessen begonnen wird, da das Zusammensein und gemeinsame Gespräche übergeordnete Bedeutung haben: *„[...] und abends trifft man sich dann anschließend [zum Essen] und dann können sie auch erzählen, was sie so in der Schule erlebt haben [...]. Ja, weil das auch wichtig ist, das man auch mal zu viert was macht, jetzt auch in der Woche, ne? [...] Nicht nur jetzt um Daten auszutauschen, sondern auch um so zu gucken, wie's ihnen geht. Ne?"* *(Haushalt 6:168)* In Übereinstimmung mit den Ergebnissen der Zeitbudgeterhebung bekräftigen Mütter in den Interviews die soziale Funktion des Abendessens für die Familie: Das Abendessen ist mit 30 Minuten und länger die Mahlzeit des Tages, für die am meisten Zeit aufgewendet wird und die nur in wenigen Ausnahmefällen vor laufendem Fernseher stattfindet. Familien, in denen hingegen häufig vor dem Fernseher gegessen wird, gehören der Gruppe der Arbeiterinnen an. Der Zeitpunkt des Abendessens wird so gewählt, dass Eltern und ältere Kinder davor und danach die Möglichkeit haben, Freizeit- und/oder Erwerbsaktivitäten nachzugehen, nichtsdestotrotz erfordert die Koordination der Termine der Einzelnen am Abend flexible und jeweils tagesspezifische Regelungen. Die Mehrheit der Familien isst zwischen 18.00 und 20.00 Uhr, Familien mit jüngeren Kindern früher. Interessant ist die Organisation des Abendessens von einigen Eltern: Sie leisten ihren Kleinkindern lediglich Gesellschaft und nehmen nur eine Kleinigkeit zu sich, um später am Abend beim gemeinsamen Essen Zeit für die Partnerschaft zu schaffen: *„Also grundsätzlich machen Bernhard [mein Mann] und ich uns sowieso abends noch was, aber wir essen das eigentlich noch mal lieber in Ruhe, wenn wir einfach mal zur Ruhe kommen nach sieben, wenn die [Kinder] im Bett sind."* *(Haushalt 31:53)* Familien, in denen abends zu Gunsten der individuellen Freizeitgestaltung von Eltern und Kindern nicht gemeinsam gegessen wird bzw. ein gemeinschaftlicher Verzehr dem Zufall überlassen bleibt, haben meist ältere Kinder; hier bedient sich jedes Familienmitglied individuell und zu unterschiedlichen Zeiten mit Essen und Trinken. Während einige Mütter dies bedauern, können andere Mütter die Entscheidung, nicht gemeinsam zu essen, tatsächlich erst dann akzeptieren, wenn sie zum Ausgleich mit ihren Kindern zu Mittag essen. Die Väter sind in einigen Familien wegen zeitlich gebundener Erwerbsarbeitsverpflichtungen beim Abendessen nicht anwesend. Zudem gibt es Väter, die sich an den Werktagen aus beruflichen Gründen gar nicht am Wohnort der Familie aufhalten und somit auch nicht bei den Mahlzeiten anwesend sein können. Andere Väter wiederum kommen wegen Schichtdiensten oder extrem langer Erwerbsarbeitszeiten erst spät am Abend nach Hause, wenn die Kinder längst im Bett sind. Die gemeinsame Familienmahlzeit ist in diesen Fällen (während der Woche) also auch am Abend nicht einzurichten.

In der Mehrzahl (26) der Familien gibt es an den Werktagen traditionell kalte Speisen wie Brot, Wurst und Käse auf dem Abendbrottisch. Dagegen ist ein warmes Essen am Abend für die 14 Familien des Studienkollektivs wichtig, in denen beide Partner kein warmes Mittagessen haben. In allen anderen der 48 Haushalte wird die Entscheidung für kalte oder warme Speisen, abhängig vom Tagesverlauf und der Zeit und Lust, am Abend zu kochen, jeden Tag neu gefällt. Für ein warmes Abendessen aber haben die Mütter weitere Gründe aufgeführt: In Familien mit Migrationshintergrund gehört nach Aussagen der Mütter ein warmes Abendessen zum kulturellen Standard. Einige Mütter empfinden die institutionelle Mittagsverpflegung ihrer Kinder als qualitativ unzureichend und kompensieren diese mit einem frisch gekochten und ernährungsphysiologisch ausgewogenen warmen Essen am Abend. In den Familien aus der Arbeiterschicht wird abends häufig nur wegen des Partners und der erwachsenen Söhne gekocht, die unter Umständen zwar mittags bereits warm gegessen haben, aber im Sinne des „körperlich hart arbeitenden Mannes" auch am Abend gut versorgt sein sollen.

Andere Einflussgrößen auf die Mahlzeitenstruktur und somit auch auf die Gestaltung des Abendessens finden sich am Wochenende: dann richtet sich sowohl der Arbeits- und Zeitaufwand als auch der Zeitpunkt des Abendessens nach dem Verlauf des Frühstücks und der Mittagsmahlzeit: *„Und sonntags ist es auch nicht so, dass wir immer abends essen, weil wir dann manchmal auch später frühstücken und dann fällt auch das Mittagessen aus. Das ist also, variiert also. Mhm. Gibt's dann auch eher entweder am Nachmittag, so am späten Nachmittag oder am Abend dann was."* (Haushalt 17:229)

Die hohe soziale Bedeutung der abendlichen Mahlzeit zeigt sich des Weiteren darin, dass in vielen Familien, insbesondere in Familien mit jüngeren Kindern, soziales Leben mit Freunden und Bekannten im häuslichen Umfeld beim Abendessen stattfindet. Während die Eltern vor der Geburt der Kinder am

Wochenende häufiger im Restaurant gegessen haben, nutzen Familien das gemeinsame Abendessen mit Freunden zu Hause als eine Form der Sozialkontaktpflege: *„Und was halt auch so oft bei uns ist, also wir kriegen echt oft Besuch. So am Wochenende ist es echt so, dass wir oft volles Haus haben hier, ne. [...] Da, kochen wir auch immer für viele Leute."* (Haushalt 24:148) In Familien mit fast bzw. bereits erwachsenen Kindern (Kinder ab 17 Jahre und aufwärts) wird diesen ihre eigene Tagesplanung eingeräumt, was oft auf eine Nichtteilnahme an der Abendmahlzeit hinaus läuft. In den untersuchten Arbeiterinnenhaushalten mit älteren Kindern ist der Samstag meist der einzige Tag in der Woche, an dem nicht gekocht wird, abends dafür Bestelldienste in Anspruch genommen werden, in Fast-Food-Restaurants gegessen wird oder *„wenn's net warm [ist], dann Brot, Wurst, Hausmacherwurst und richtig mal leckere Sachen"* (Haushalt 38:258) auf den Tisch kommen. Ähnlich dem gemeinsamen Abendessen mit Freunden und Bekannten hat diese Form des Essens Eventcharakter, der dem Wochenende vorbehalten ist. Ein weiteres Merkmal der Abendmahlzeit von Arbeiterfamilien ist es, *„lieber im Wohnzimmer wie am Esstisch [zu essen], weil wir da noch Fernsehen gucken können"* *(Haushalt 38:256).*

Während nun unter der Woche mehrheitlich die Mütter kochen, wird das Abendessen an den Wochenenden hingegen gemeinsam mit den Kindern und/oder von den Partnern zubereitet: *„Ja doch, Wochenende. Wenn der frei hat, kocht der gerne. Also so sonntags."* (Haushalt 15:265) Sowohl hierfür als auch für die Einnahme des Essens nehmen sich die Familien ausreichend Zeit, und es werden gerne nichtalltägliche und aufwändige Gerichte zubereitet. Über diese Inszenierung des Abendessens wird dem Wochenende gegenüber den Werktagen ein besonderer Charakter verliehen; abendliche Restaurantbesuche am Wochenende sind in den interviewten Familien dagegen die Ausnahme und finden nur gelegentlich in Haushalten mit überdurchschnittlich hohem Haushaltseinkommen statt.

5.1.4 Außerhäusliche Mahlzeiten

Bereits die Analyse der Zeitverwendung für den Außer-Haus-Verzehr von erwerbstätigen Müttern belegt dessen untergeordnete Bedeutung gegenüber der häuslichen Mahlzeiteneinnahme. Über alle 48 interviewten Familienhaushalte hinweg zeigt sich, dass Restaurantbesuche selten stattfindende Ereignisse sind, die besonderen Anlässen, wie z.B. Geburtstagen und Feiertagen, vorbehalten sind. Wenig überraschend ist auch der Befund, dass in den meisten Familien, insbesondere in der Gruppe der Arbeiterinnen, ökonomische Gründe gegen häufigere Restaurantbesuche sprechen. *„Zu teuer. Wir gehen nicht als Familie essen. Nee. Ist 'ne Kostenfrage. Ganz klar."* *(Haushalt 21:159)* Lediglich in Familien, die über ein überdurchschnittliches Haushaltsnettoeinkommen (3500 und mehr Euro/Monat) verfügen, sind Restaurantbesuche mit den Kindern und/oder als Ehepaar ein fester, wenn auch nur gelegentlich praktizierter Bestandteil der Freizeitgestaltung an den Wochenenden. In Ausnahmefällen, d.h. an besonders anstrengenden und hektischen Werktagen, leisten sich diese ökonomisch gut gestellten Familien auch gerne ein kostenintensiveres Abendessen im Restaurant bzw. nehmen Bestelldienste in Anspruch, um sich vom allabendlichen Kochen zu entlasten. *„Oder wenn ich sehr viel gearbeitet habe, wenn ich die ganze Woche furchtbar krank und ich äh, dann überhaupt keine Lust hab, jetzt noch überhaupt was zu machen, dann [...] gehen wir Essen. Aber nicht oft."* *(Haushalt 6:635 f.)* Daneben gibt es andere Familien, die sich Restaurantbesuche zwar leisten können, deren Wochenalltag aber so arbeitsreich ist, dass sie das Wochenende bevorzugt zur aktiven Regeneration zu Hause nutzen. *„Mhm, wir gehen selten essen, weil irgendwie ist die Woche ja schon oft weg. Also ich hab' ja auch manchmal abends Termine. Mein Mann hat manchmal abends Termine. Dann essen wir schon nicht. Und dann finden wir das so irgendwie schade, wenn man dann noch irgendwie weg geht, um zu essen. Dann sind wir lieber zu Hause und essen zu Hause. Also wir essen wirklich ganz selten außer Haus."* *(Haushalt 12:88)*

Ob sich Familien den Besuch von Restaurants, der Genuss und Arbeitsentlastung impliziert, gönnen, hängt nicht nur von finanziellen Ressourcen, sondern ebenso sehr vom Alter der Kinder ab. Übereinstimmend berichten Mütter kleiner Kinder davon, dass das Essengehen mit Kindern als nervenaufreibend und stressig empfunden wird. Nach Einschätzung und Erfahrung der befragten Mütter gibt es wenige Restaurants, die auf die Bedürfnisse von Familien mit Kindern eingerichtet sind. Es mangelt nicht nur an Spielecken, sondern auch an familienfreundlichem Personal. *„Sonst sind wir auch früher mal Essen gegangen. Das genieß ich auch immer sehr. [...] Also ist nämlich auch nicht was Lästiges, sondern was, dass ich gerne mach, wo ich mich auch drauf freu'. Und deshalb war für mich auch Essen gehen immer so ein Stück, keine Ahnung, Lebensgefühl, Wohlbefinden, es geht einem gut oder irgendwie so. Das ist jetzt zurzeit halt durch den Kleinen, ist das ein bisschen schwierig. Weil der ist jetzt zwei Jahre alt. Der isst, steht auf und dann mischt der das alles auf, was drum rum ist. Und dann kann ich das Essen nicht genießen, krieg dann einen tierischen Hals, ja. Dann fängt der das Plärren an. Und dann ist es nur noch Stress und dann macht's mir keinen Spaß mehr. Und deshalb gehen wir jetzt eigentlich grad wenig Essen."* *(Haushalt 7:60)*

Eine weitere Möglichkeit des Außer-Haus-Verzehrs, nämlich am Abend
nur als Paar Essen zu gehen, scheitert zudem häufig an dem zusätzlichen ökonomischen und organisatorischen Aufwand, für die Kinder einen Babysitter zu
finden.

Aus den oben genannten Gründen spielt die öffentliche Gastronomie im
Ernährungsversorgungsarrangement von Familien mit kleinen Kindern so gut
wie keine Rolle.

Auch die institutionelle Außer-Haus-Verpflegung (in Schulen, Kindergärten und Betriebskantinen) ist, wie oben beschrieben, in den untersuchten Familienhaushalten – sei es wegen mangelnder Verfügbarkeit oder aber aufgrund
unzureichender Zufriedenheit mit deren Qualität – zumeist von untergeordneter
Bedeutung.

5.2   Die Beköstigung der Familie: die Mutter als Hauptverantwortliche oder partnerschaftliches Gemeinschaftswerk?

Forschungsergebnisse über partnerschaftliche Arbeitsteilungsmuster bestätigen
immer wieder, dass die Berufstätigkeit von Müttern keine durchgreifend neuen
Arbeitsteilungsmuster im privaten Lebenszusammenhang von Männern und
Frauen nach sich gezogen hat (vgl. z.B. LEITNER/OSTNER/SCHRATZENSTALLER
2003; KEMMER 1999). Eine international vergleichende Analyse hat die Einstellungsmuster von Vätern gegenüber der partnerschaftlichen Aufteilung der
Haus- und Familienarbeit rekonstruiert und anschließend der tatsächlichen
Beteiligung von Vätern gegenüber gestellt. Im Ergebnis schlägt sich die größere Akzeptanz partnerschaftlicher Arbeitsteilung noch immer nicht im Alltagshandeln nieder (HOFÄCKER 2007, S. 14). Vielmehr sind Frauen letztendlich in
ihrer alltäglichen Lebensführung mit einer Doppelbelastung konfrontiert, die
individuelle Lösungsstrategien erforderlich machen. Für das Ernährungsver-
sorgungshandeln haben auch die Berechnungen der Zeitbudgets von Frauen
und Männern eine starke Ungleichverteilung der Arbeitsbelastung, zu Ungunsten der Frauen nachgewiesen. Allerdings steigern Männer ihren Zeitaufwand
für Beköstigungstätigkeiten, je höher der Umfang der Erwerbstätigkeit ihrer
Partnerinnen ist.

Die im Rahmen der Befragung vorgefundenen Möglichkeiten der Arbeitsteilung, normativen Leitbilder der Mütter sowie deren Alltagskompetenzen in
Aufgabenbereichen der Ernährungsversorgung, die sich herauskristallisierten,
sind nun im Folgenden dargestellt.

5.2.1 Partnerschaftliche Arbeitsteilung in der Familie

Von einzelnen Ausnahmen abgesehen, beteiligen sich Väter im Allgemeinen nicht partnerschaftlich an der täglichen Haushalts- und Beköstigungsorganisation und fühlen sich für diese Arbeiten nicht verantwortlich. Über alle interviewten Familien hinweg betrachtet, dominiert daher das traditionelle geschlechtsspezifische Arbeitsteilungsmuster, und die Mütter leisten neben ihrer Erwerbstätigkeit die Haushalts- und Ernährungsarbeiten, von denen die Beköstigungsversorgung inklusive der Vor-, Zu- und Nachbereitung den größten Zeiteinsatz erfordert. Mehrheitlich tragen die Väter auch in diesem Sample für die Haupteinkommenserzielung, sowie vornehmlich für handwerkliche Tätigkeiten, Außenarbeiten und dergleichen mehr Verantwortung.

Den Erzählungen der Mütter ist zu entnehmen, dass die Persistenz geschlechtsspezifischer Arbeitsteilung in einem engen Zusammenhang steht mit ihrem verinnerlichten Empfinden, für die Ernährungsversorgung der Familie, insbesondere der Kinder, verantwortlich zu sein. Das ausgeprägte Verantwortungs- und Fürsorgedenken führt dazu, dass Mütter, meist mit der Geburt der Kinder beginnend, die Planung, Organisation und Ausführung der Ernährungsversorgung der Familie übernehmen[36]. Eine gleichberechtigte und regelmäßige Einbindung der Männer wird selten in Betracht gezogen, häufig entsprechen Frauen dem Rollenbild der Partnerin, ihrem Mann den Rücken von Reproduktionstätigkeiten frei zu halten. *„Ja, ich meine, der kann's ja auch nicht machen. Und, er geht auch nicht mit einkaufen, weil er die volle Woche eigentlich arbeitet, selten 'nen freien Tag hat, und dann bin ich diejenige, die das nun mal hauptverantwortlich macht, ne."* (Haushalt 4:49) Auch wenn alle Väter der Untersuchung schon einmal den Tisch gedeckt, eine Mahlzeit zubereitet haben oder Einkaufen waren, so handelt es sich dabei eher um übertragene Hilfstätigkeiten als um regelmäßige und verlässliche Unterstützung. Dennoch ist eine Differenzierung nach Art und Umfang der Beteiligung von Vätern an den Ernährungsversorgungstätigkeiten angebracht, da die Zementierung geschlechtsspezifischer Arbeitsteilung auf strukturellen Gegebenheiten beruht, die sich von Umfang und Art der Erwerbstätigkeit sowie vom Bildungsstand der Mütter abhängig zeigen. Es sind hierbei drei Arbeitsteilungsmuster zu unterscheiden:

In 26 Haushalten, die mehr als die Hälfte der interviewten Familien ausmachen, sind Väter überhaupt nicht oder nur sporadisch in die Beköstigung der Familie eingebunden. Lediglich der Aufforderung bzw. Bitten ihrer Partnerin-

---

36 An dieser Stelle können allerdings nicht die einzelnen gesellschaftlichen, kulturellen und biologischen Ursachen diskutiert werden, die dazu führen, dass die Fürsorge und Verpflegung der Kinder von Geburt an in den Händen der Mütter liegt und damit geschlechtsspezifische Arbeitsteilungsmuster zementieren.

nen folgend, erledigen sie den (Getränke-)Einkauf und helfen beim Auf- und Abdecken des Tisches. Die Planung und Zubereitung von Mahlzeiten liegt in diesen Familien fest in den Händen der Mütter. Wie das Beispiel einer Teilzeit erwerbstätigen Ärztin zeigt, findet diese klassische Arbeitsteilung schicht- und bildungsübergreifend statt. *„Aber an sich die Planung zu 70, 80 Prozent ja liegt an mir oder obliegt mir. Denk ich schon. Mein Mann ist da noch mehr herausgenommen [als die zwei Söhne]. Er arbeitet mit oder er geht bei der Metro einkaufen, wenn er von mir einen Zettel bekommt. [...] aber ich denke mhm, die Hauptrolle liegt tatsächlich an mir."* *(Haushalt 11:205)* Innerhalb dieser Gruppe gilt es noch einmal zu unterscheiden: einerseits zwischen den Teilzeit erwerbstätigen Frauen mit akademischem Bildungsabschluss, deren Männer in verantwortungsvollen Berufspositionen mit überdurchschnittlichen Arbeitszeiten tätig sind. Sie haben an den Werktagen keine Zeit und Möglichkeit, ihre Frauen bei der Beköstigung zu unterstützen, zeichnen sich auf der Einstellungsebene jedoch durch ein egalitäres Rollenkonzept aus: *„Dass sich das so „klassisch" gewandelt hat ist nicht, dass wir das beide so gewollt haben. Das ist eher leider so und er bedauert das manchmal auch ein bisschen"* *(Haushalt 8:119).* Andererseits gibt es Mütter, die sich zwar gelegentlich mehr partnerschaftliche Hilfe wünschen würden, aber dennoch die Beköstigung als ihren eigenen und typisch weiblichen Arbeitsbereich ansehen. Mehr Mithilfe des Partners wird aufgrund der jahrelang praktizierten traditionellen Arbeitsteilung nicht wirklich in Betracht gezogen: *„Dann war das halt einfach so, die Frau ist halt so für die Küche dann, gell? Und ich denk', das ist halt bei uns halt auch noch so. Mehr. Er macht zwar auch mal den Mülleimer raus tragen oder auch mal abwaschen, das ist schon alles, das macht er schon. Aber jetzt sag ich mal so richtige Arbeitsteilung ist das bei uns jetzt auch net."* *(Haushalt 44:324)*

Ein zweites Arbeitsteilungsmuster, das in 15 der befragten Haushalte aus dem akademischen Milieu die tägliche Ernährungsversorgungsarbeit strukturiert, zeichnet sich dadurch aus, dass Mütter ihren Anspruch auf Hilfe und Unterstützung gegenüber ihren Partnern stärker geltend machen, wodurch eine stärker partnerschaftlich ausgerichtete Aufgabenteilung praktiziert wird. Die Väter erledigen regelmäßig und verlässlich den Einkauf und beteiligen sich bei den Vor- und Nachbereitungen der Mahlzeiten. *„Wir haben meistens abends so 'nen Abkommen, dass ich halt, wenn ich abends die Kinder ins Bett bring, dass er sich um die Küche kümmert und das alles fertig macht. Also Spülmaschine einräumt oder Töpfe noch mal auswäscht etc. und wenn er halt die Kinder ins Bett bringt, dann mach ich das halt."* *(Haushalt 33:169)* An ausgehandelten Tagen bereiten die Väter das warme Abendessen zu, um ihre Partnerinnen zu entlasten. Viele dieser Väter kochen nach Angaben der Mütter sehr gut und übernehmen am Wochenende häufig die Bewirtung von Gästen und die Zubereitung von Speisen zu besonderen Anlässen. Der Großteil der Beköstigungsarbeit sowie die Gesamtplanung und auch -organisation bleibt indessen in der Verantwortung der Frauen. *„Äh, mit der Aufteilung von der Arbeitsbelastung bin ich zufrieden, wo ich manchmal nicht zufrieden bin, ist die Aufteilung der Verantwortung, das macht für mich immer noch einen Unterschied."* *(Haushalt 23:477)* Auch wenn die Väter bei der Ernährungsversorgung eine eher marginale Rolle ausüben, bedarf es fester Absprachen zwischen den Partnern, um zu klären, wann der Mann das Kochen übernimmt und was eingekauft werden muss.

In sieben Familien des Untersuchungssamples ist eine egalitäre Arbeitsteilung vorhanden. Männer und Frauen üben stark karriereorientierte Berufstätigkeiten aus und versuchen einander beruflich und familial bestmöglich zu unterstützen. Die Frauen haben hier die Unterstützung ihrer Männer von Anbeginn der Partnerschaft aktiv eingefordert: *„Nee, also als wir zusammengezogen sind, konnte mein Mann ganz schlecht kochen und dann musste er, weil er..., hab ich ihm gleich beigebracht, dass jeder abwechselnd dran ist und dann hat er sich aber sehr oft aus Büchern was rausgeschaut."* *(Haushalt 52:295)* Der Einkauf, die Vor-, Zu- und Nachbereitung, die Vorratshaltung als auch planerische und organisatorische Aufgaben werden von den Müttern und Vätern gemeinschaftlich abgesprochen, koordiniert und geleistet. In Ausnahmefällen führt das dazu, dass sich die geschlechtsspezifische Zuständigkeit für die Beköstigungsversorgung auch ins Gegenteil verkehrt: *„Das ist manchmal, dass ich mir so vorkomme wie so ein typischer Mann. Weil das ist nämlich immer so, dass man, wenn ich dann mal Lust hab', was zu kochen und denk': ‚Ach, jetzt könnt' ich ja mal meinen Mann entlasten.', mein Mann zu mir sagt, ganz gemein: ‚Bitte nicht'. Und dann denk' ich immer an die armen Männer, denen des auch so geht. [...] Und dass ich dann so auch im Laufe der Jahre so'n bisschen die Lust dran [am Kochen] verloren hab'. Ich das natürlich auch ganz dankbar annehme. Aber auch die Männer verstehe, dass sie sich nicht in der Küche engagieren. Weil ich denke, es ist oft die Schuld der Frauen. Also glaube, also ich bin der festen Ansicht, dass mein Mann mich aus der Küche rausgeekelt hat. Ich hab's dankbar angenommen. Aber genauso geht es, denk' ich, den meisten Männern."* *(Haushalt 1:99)*

Auch wenn Mütter es sich wünschen, ist es für Jugendliche keineswegs selbstverständlich, regelmäßig und verlässlich Beköstigungsarbeiten wie Teile des Einkaufs, das Ein- und Abdecken des Tisches oder das Ein- und Ausräumen der Geschirrspülmaschine für die Familie zu übernehmen. *„Also nicht auf einer regelmäßigen Basis, was wir versucht haben, aber nicht konsequent umgesetzt haben. Muss ich ganz ehrlich sagen."* *(Haushalt 13: 119)* Trotz Unzu-

friedenheit der Mütter mit dieser Situation werden dennoch häufig anstrengen-
de Diskussionen mit den Kindern um deren stärkere Mithilfe umgangen, indem
letzten Endes Mütter diese Tätigkeiten selbst ausführen. *„Ja, das ist auch so'n
ewiger Kampf. Also wenn man...In dem Moment, wo man nachlässt, hat man
immer die Mehrarbeit. Das ist mir schon aufgefallen. Also entweder man setzt
sich dauernd einem Streit irgendwie aus, um auch zu provozieren, dass die
Anderen mehr machen. Oder man übernimmt selbst wieder mehr davon, hat
dann entsprechend weniger Stress und Streit und Freizeit."* (Haushalt 56:332)

5.2.2 Normative Leitbilder von Müttern

Als normative Leitbilder sollen im Folgenden die Wertvorstellungen und die
selbst gestellten Ansprüche erwerbstätiger Mütter vorgestellt werden, die das
Alltagshandeln und die Bewältigung der familialen Beköstigungstätigkeiten
bestimmen. Dabei basieren die internalisierten Leitbilder auf sehr unterschiedlichen Normen, Vorstellungen und Prioritäten hinsichtlich dessen, was mit
Blick auf die tägliche Ernährungsversorgung als gut und richtig erachtet wird.
Nur in Ausnahmefällen sind dabei die persönlichen Wunsch- und Wertvorstellungen der Mütter mit den eigenen Alltagsbedingungen und denen ihrer Familien in Einklang zu bringen.

Zu den Vorstellungen über eine „gesunde Ernährung" ihrer Kinder zählt
für alle Mütter die Einnahme von täglich drei Mahlzeiten, wovon eine Mahlzeit
warm sein sollte. Während eine Gruppe von Müttern sich verantwortlich fühlt,
die Zubereitung des warmen Essens selbst zu leisten, sind andere Mütter bereit
die Verantwortung für die warme Mahlzeit ihrer Kinder an öffentliche Institutionen oder private Netzwerklösungen zu delegieren. Die Qualitätsansprüche
hinsichtlich des Gesundheitswerts, der Ausgewogenheit und der Auswahl
kindgerechter Lebensmittel fallen dabei sehr unterschiedlich aus: Im Allgemeinen sind es Frauen mit hohen Bildungsabschlüssen, die sich nicht nur mit einer
warmen und gut schmeckenden Verpflegung zufrieden geben, sondern sich
darüber hinaus ein gesundheitlich wertvolles und abwechslungsreiches Essen
für die Kinder wünschen. Sofern die Kinder außer Haus verpflegt werden,
bedeutet das für die Mütter allerdings häufig Kompromisse eingehen zu müssen. *„Die haben kein Bio-Essen dort [Kindergarten]. Also jedenfalls nicht ein
ausgewiesenes Bio-Essen. Die Erzieher gucken halt danach, dass die halt ...
[...] Also der Essensplan hängt ja auch immer aus. Dass es halt nicht dann
Montag, Dienstag, Mittwoch, Donnerstag, Freitag Nudeln sind. Sondern dass
es halt abwechselt. Und die bestellen halt auch immer weniger, gerade wenn's
nur Schnitzel und solche Sachen sind. Das ist halt dann für die Kinder nicht*

passend, so 'ne Portion .... Aber es ist kein ausgewiesenes Bio-Essen. Ja. Abstriche muss man hinnehmen." (Haushalt 3:44)

Über die Art der Nahrung hinaus haben Mütter von kleinen Kindern noch weitere Vorstellungen, die eine Abstimmung anderer alltäglicher Aktivitäten (z.B. Aufsteh- und Zubettgehzeiten der Kinder) mit den Essenszeiten der Familie notwendig machen: Die Kinder sollen zu festen Zeiten essen, ebenso wie möglichst die ganze Familie und ohne Zeitdruck am Abendbrottisch anwesend sein soll. Können diese Ansprüche nicht umgesetzt werden, beispielsweise wenn aufgrund von Überstunden am Arbeitsplatz die Zeit am Abend oder Mittag nicht ausreicht, um mit frischen Zutaten zu kochen oder pünktlich zu essen, dann werden zu anderen Gelegenheiten Kompensationsstrategien angewendet. Der Nahrungszubereitung und Mahlzeiteneinnahme wird dementsprechend am Wochenende mehr Zeit und Aufmerksamkeit gewidmet. Im Zusammenhang mit dem Älterwerden der Kinder und deren wachsender Selbstständigkeit fällt zudem auf, dass Mütter ihr hohes Verantwortungsgefühl im Allgemeinen reduzieren, indem sie einen Teil der Ernährungsversorgung ihren Kindern selbstverantwortlich überlassen.

Ein gemeinsames Ziel aller Mütter ist es, mindestens einmal am Tag mit allen Familienmitgliedern zu essen. In einigen Haushalten wird dafür das Frühstück genutzt, in der Regel ist aber das Abendessen die häufigste gemeinsame Familienmahlzeit an den Werktagen. Am Wochenende sind die Mahlzeitenstrukturen von der Wunschvorstellung dominiert, mindestens zwei Mahlzeiten mit Kindern und Vätern einzunehmen, um überhaupt gemeinsam Zeit zu verbringen und über das Essen familiale Identität und ein Zusammengehörigkeitsgefühl zu stärken. In Haushalten der Arbeiterschicht ist zu beobachten, dass darüber hinaus die Aspekte, reichlich zu essen und es sich beim Essen gut gehen zu lassen, weit verbreitet sind und hohe Wertschätzung erfahren: nicht zuletzt, um fehlende Möglichkeiten in anderen Lebensbereichen zu kompensieren. Die Prioritäten von Müttern höherer Bildungsschichten liegen auch am Wochenende auf einer gesundheitsförderlichen, abwechslungsreichen Ernährungsversorgung ihrer Kinder und Partner. *„Dadurch, dass ich halt so den Hintergrund habe, denke ich, versuche ich immer noch so, ja so'n bisschen vollwertig mich da zu orientieren. Also ich versuch halt darauf zu achten, dass die Kinder so jeden Tag so ihr Obst und Gemüse kriegen. Hab aber auch an meinen eigenen Kindern gemerkt, dass das halt gar nicht so leicht ist. [...] Also die sind da nicht so auf Abwechslung. Aber also, ich sag mal, ich hab's immer so im Kopf." (Haushalt 31:185)*

Interessant und alarmierend zugleich ist die Erkenntnis, dass zwischen dem, was Mütter für ihre Kinder als gut und gesund erachten und der eigenen Ernährungsweise zum Teil erhebliche Diskrepanzen bestehen. Viele berufstätige Mütter verzichten wegen anderen zu erledigenden Tätigkeiten (z.B. Zubereitung der Pausenbrote) nicht nur während des Frühstücks auf die Mahlzeiteneinnahme, auch am Arbeitsplatz wird wegen hohem Zeit- und Arbeitsdruck einer regelmäßigen Nahrungsaufnahme wenig Beachtung geschenkt. *„Ich hab' halt zurzeit auch wirklich so viel Stress. Und muss so viel arbeiten, dass ich, dass ich überhaupt nicht wirklich dazu komme, auch nicht eine Mittagspause zu machen. Ich hol' mir dann irgendwas drüben in der Caféte. Meistens halt einen Salat, weil ich die meisten anderen Sachen nicht essen kann. [...] Das ist im Moment kein wirklich schöner Zustand. Und das Problem ist auch häufig, dass halt abends, wenn ich zurück komme und dann mit den Kindern Abendbrot mache. Dann hatten die halt ein warmes Mittagessen. Und dann abends einfach noch mal zu kochen, finde ich auch wieder schlecht. Weil dann haben sie zwei warme Mahlzeiten am Tag. Und irgendwie wäre es mir schon wichtig, dass sie halt auch einmal richtig Brot zu Hause essen oder so."* (Haushalt 3:53 ff.) Während das Essen ihrer Kinder mit anderen Kindern im Kindergarten als förderlich für ein gesundes Essverhalten angesehen wird, verzichten die Mütter selber zu Gunsten einer effizienten Ausnutzung ihrer Arbeitszeit auf eine Mittagspause mit KollegInnen. Zahlreich in dem betrachteten Sample sind die vollzeiterwerbstätigen Mütter, die im Verlauf der gesamten Arbeitswoche durchgängig keine warme Mahlzeit zu sich nehmen. Nicht bei allen Müttern werden dennoch vorhandene Verhaltensdiskrepanzen so dezidiert reflektiert, wie es folgende Mutter tut: *„Gut, wir versuchen immer noch, denke ich, uns einigermaßen gesund zu ernähren. Was nicht gegen 'nen Snickereis abends um zehn spricht. Aber worauf ich Wert lege ist, dass Obst im Haus ist, dass Joghurt, Milchprodukte gegessen werden, also auch mal Müsli. Wir haben aber für uns [die Eltern] natürlich diese Erkenntnis gewonnen, dass es wichtig ist und wir setzten das auch um, selbstständig, ohne dass ich jetzt dem Stefan [Mann] dreimal sagen muss: ,Haste dies haste jenes, iss mal dies' oder wie auch immer, genau wie ich für mich selber. Bei den Kindern ist es was anderes, für die Kinder hab ich die Verantwortung da zu gucken, dass sie sich anständig ernähren."* (Haushalt 13:513) Die mütterliche Überzeugung und Einsicht, dass Kinder gegenüber Erwachsenen noch nicht selbstverantwortlich für ihre Ernährung sorgen können, weil ihnen dazu das Wissen und die Fertigkeiten fehlen, erklärt so auch das hohe Fürsorge- und Verantwortungsempfinden vieler Mütter.

5.2.3 Alltagskompetenzen von Müttern

Alltagskompetenzen umfassen das Wissen, die Fähigkeiten und Fertigkeiten, die es einer Person ermöglichen, die Anforderungen des Alltagslebens erfolgreich zu bewältigen und damit der Sicherung der Daseinsvorsorge zu dienen (PREUße/MEIER/SUNNUS 2003, S. 134). Auf die familiale Ernährungsversorgung übertragen, umfassen ernährungsbezogene Alltagskompetenzen die Fähigkeiten und Fertigkeiten der Mütter, im Rahmen ihres eigenen Zeitbudgets und des der Familienmitglieder und entsprechend der ökonomischen Ressourcen und eigenen Werthaltungen und bestehender Handlungsspielräume, eine zufrieden stellende Ernährungsversorgung zu gewährleisten. Bezogen auf die einzelnen Beköstigungsarbeiten drücken sich Alltagskompetenzen in der *Planung und Organisation des Speiseplans,* in den *Fertigkeiten der Nahrungsmittelzubereitung* und *Vorratshaltung* sowie in einem angemessenen *Umgang mit den verfügbaren Geld- und Zeitressourcen* aus.

Die bei den interviewten Frauen anzutreffenden ernährungsrelevanten Alltagskompetenzen stehen in einem engen Zusammenhang mit dem bereits erläuterten Verantwortungs- und Fürsorgebewusstsein der Mütter, für eine gute und gesunde Ernährung der Familie Sorge zu tragen. Im Zusammenhang mit der erfahrenen Ernährungssozialisation in der Herkunftsfamilie sind zwei Gruppen der Aneignung relevanter Alltagskompetenzen zu unterscheiden. So hat sich ein Teil der Mütter die notwendigen Fertigkeiten, Fähigkeiten und Wissensstände der Ernährungsversorgung nach Geburt ihrer Kinder sukzessive angeeignet, *„ich habe auch keinen [Koch]Kurs oder so was belegt. Also, ich hab mir, äh, das selber beigebracht, also, zwischendurch auch mal irgendwie in ein Rezept geguckt und dann macht man das öfters und dann kann man es auswendig und irgendwann kann man es nicht mehr sehen und guckt dann wieder wo rein. Aber ich glaub bei uns gibt's keine Gerichte, die von den Eltern übernommen sind."* *(Haushalt 52:301).* Eine zweite Gruppe von Frauen konnte für die Bewältigung der familialen Ernährungsversorgung bereits in der Familiengründungsphase stärker auf praktisch erworbene Kochfertigkeiten, Erfahrungen und vorhandenes Wissen aus der Herkunftsfamilie zurückgreifen.

Trotz der sehr unterschiedlichen Rahmenbedingungen (Ressourcenausstattung, Werthaltungen und Handlungsspielräume) der untersuchten Familienhaushalte kann, von wenigen Ausnahmen abgesehen, für die Mehrheit der Mütter eine solide Grundausstattung an Alltagskompetenzen zur Bereitstellung der familialen Ernährungsversorgung konstatiert werden. Ob bei der Planung und Organisation des Einkaufs, der Mahlzeitenzubereitung oder des Speiseplans: übergeordnetes Anliegen der Mütter ist es immer, die Beköstigungsarbeiten unter der Aufrechterhaltung eigener Qualitätsansprüche mit möglichst geringem Zeitaufwand zu erledigen. Dazu haben Mütter sich unterschiedlichste Strategien angeeignet, von denen besonders eindrucksvolle Beispiele im Folgenden vorgestellt werden.

Planung und Organisation des Speiseplans

Die täglich neu zu treffende Entscheidung darüber, was gekocht werden soll, wird von vielen Müttern als die unangenehmste und aufwendigste Planungsleistung beschrieben, da es hierbei mehrere Anforderungen zu berücksichtigen gilt. Es müssen und sollen die Geschmacks- und Verzehrspräferenzen aller Familienmitglieder, insbesondere der Kinder, ebenso wie unterschiedliche physiologische Bedarfslagen (z.B. Allergien) Einzelner berücksichtigt werden. Dies ist den Müttern in doppelter Hinsicht wichtig: Zum einen, um sicher zu gehen, dass insbesondere jüngere Kinder überhaupt ausreichend Nahrung zu sich nehmen und zum anderen, um Ablehnung und Diskussionen am Esstisch und damit auch zusätzlichen, unnötigen Arbeitsaufwand zu vermeiden. Weiterhin soll das Essen gesund und ausgewogen sein, ebenso wie die Vor- und Zubereitung innerhalb des vorhandenen Zeitbudgets zu leisten sein muss. Um nicht die alleinige Verantwortung für die Speiseplanung zu haben, beziehen viele Mütter ihre Kinder und Partner mit ein. In einigen Familien beispielsweise kann und soll jedes Familienmitglied seine Wünsche äußern: *„Ich sag dann also, wenn ihr Vorschläge habt, dann sagt mir das. Dann sagen die: ‚Ach, ich würd' mal wieder gerne das und das essen!', und dann hab ich da meinen Zettel oder mein Wandbord, dann schreib ich das eben auf und, äh, dann muss ich mir auch net den Kopf zerbrechen. Das ist ganz praktisch, kann ich immer reingucken, okay, was war so an Wünschen und dann kommt jeder mal so zu seinem Recht irgendwie."* (Haushalt 23:151) Andere Mütter wiederum fragen regelmäßig nach den Essenswünschen der Kinder. In einer Familie fordert eine Mutter ihren Sohn und ihre Tochter auf, den Wochenspeiseplan der Familie zu entwerfen, um den Wünschen beider Kinder gerecht zu werden: *„Also, es war so eine Situation entstanden, die nicht mehr haltbar war und dann hab ich meinen Kindern gesagt: ‚Okay, ihr setzt euch beide an einen Tisch und jeder schreibt fünf Mal Vorspeisen, also fünf Beispiele von Vorspeisen, fünf Beispiele von Hauptmahlzeiten auf. Erste Stufe. Und dann die zweite Stufe: Ihr unterhaltet euch unter euch und ihr erstellt einen Plan für die Woche.' Und das haben wir gemacht und das war wirklich die Rettung für alle."* (Haushalt 22:95) Am Samstag wird das Familienfrühstück als Forum genutzt, die Essensplanung des Wochenendes gemeinschaftlich zu verabschieden.

Neben Geschmack und Wohlgefallen ist auch der Qualitätsanspruch an den gesundheitlichen Wert der Ernährungsversorgung ein relevanter Faktor der Speisenplanung. Da den Müttern die Vor- und Abneigungen ihrer Kinder bekannt sind, wird regelmäßig auf ein umfangreiches und erprobtes Repertoire an Standardgerichten zurückgegriffen. Gleichzeitig versuchen Mütter durch neue Rezepte beliebte Gemüsesorten der Kinder in abwechslungsreicher Form zu präsentieren und auch den Verzehr von neuen Speisen anzuregen. Dazu werden nicht nur Kochbücher und Zeitschriften, sondern auch Rezeptdatenbanken im Internet genutzt. *„Und außerdem haben die halt jetzt so 'ne Website im Internet so. [...] Und dann kann man das Gemüse anklicken. Und dann kriegt man so 'ne Übersicht mit 10, 20 Rezepten mit leckeren Sachen."* *(Haushalt 3:142)* Im Gegensatz zu Akademikerinnen richten Arbeiterinnen den Ernährungsplan stärker entlang der Präferenzen ihrer Ehemänner aus und versuchen häufig, Fleischgerichte durch Gemüse- und Salatbeilagen gesundheitlich aufzuwerten. Im Allgemeinen hat sich aber gezeigt, dass in der Mehrheit der Familien die Väter selten auf besondere Vorlieben bestehen und sich vielmehr mit den aufgetischten Speisen zufrieden geben, wie eine Interviewpartnerin feststellt: *„Also Achim isst normalerweise alles ..."* *(Haushalt 18:426)*. Mütter, denen die Einhaltung eines wöchentlich oder täglich festgelegten Speiseplans aufgrund wechselnder Arbeitsbedingungen und Alltagsabläufe nicht möglich ist bzw. die dies zu Gunsten spontaner Entscheidungen ablehnen, organisieren die familiale Speiseplanung auf der Basis einer umfangreich angelegten Vorratshaltung.

Zusammenfassend ist der Bereich der Planung und Organisation trotz der hohen Kompetenzen der Mütter ein Arbeitsbereich mit hoher Belastung, auch weil es sich hierbei um nicht sichtbare und ständig wiederkehrende Arbeit handelt. *„Also was ich als Belastung empfinde, ist diese permanente Verantwortung dafür, dass mittags ein warmes Essen auf dem Tisch steht; sei's in Form der Planung dafür zu sorgen, dass die Sachen da sind oder Stefan [mein Mann] fragt mich: ‚Was soll ich denn morgen kochen?' Oder das Au-pair, wenn sie dann mal kocht, fragt mich: ‚Was soll ich denn kochen?', also einfach diesen Verantwortungsbereich dafür, dass mittags was Warmes auf dem Tisch steht. Dadurch, dass es Standardrezepte sind, ist es keine große Belastung, die zusammenzuschmeißen, das sind handwerkliche Tätigkeiten. Was ich viel schlimmer find, ist dieser Verantwortungsbereich dafür."* *(Haushalt 13:236)*

Vor- und Zubereitung
Einen nachhaltigen Eindruck hinterließen bereits in der Datenerhebungsphase die zahlreichen Schilderungen der interviewten Mütter von ihren Koch-, Back- und Rezeptkenntnissen. Darüber hinaus haben Mütter verschiedene Vor- und Zubereitungstechniken entwickelt, um sich die tägliche Beköstigungsarbeit zu erleichtern. Die Mütter berichteten über ein umfangreiches Standardrepertoire typischer Familiengerichte, die insbesondere an den Wochentagen immer wie-

der zubereitet werden. *„Also mein Standard ist jetzt vielleicht 30, 40..., also, das beschränkt sich jetzt auch nicht auf zehn verschiedene Gerichte."* *(Haushalt 23:260)* In der Regel erfolgt die Zubereitung aus dem Kopf und nur wenn neue Gerichte ausprobiert werden oder Mütter nach neuen Anregungen suchen, wie dies häufig am Wochenende der Fall ist, wird auf Rezepte zurückgegriffen. *„Also ich mach das heut noch oft, also mit Rezepten kochen so ist gar nicht so mein Ding, ich hol mir da mal Anregungen oder Ideen, aber ich mach das einfach so nach meinem Gefühl, ich denk mir, was [...], auch an Gewürzen, was da jetzt passt und ich mach mir meine Komposition sozusagen im Kopf und stell mir das vor, wie ich's gern hätte und so mach ich's dann."* *(Haushalt 23:266)*

Die gute Kenntnis unterschiedlicher Gerichte und der dafür notwendigen Zubereitungszeit ermöglicht es den Frauen, mit einem geringen Zeitumfang die Nahrungszubereitung zu bewerkstelligen. Der maximale Zeitaufwand, der von den Berufstätigen immer wieder angeführt wird, beträgt 30 bis 40 Minuten. *„Unter der Woche guck ich, dass ich es schaffe, Gerichte zu machen, mit denen ich nach 30 bis 40 Minuten fertig bin."* *(Haushalt 52:311)* Noch schneller, sehr beliebt und weit verbreitet sind Nudelgerichte mit Tomaten- und anderen Gemüsesoßen. Zu weiteren Strategien, den Zeitaufwand des Kochvorganges alltagsangepasst zu minimieren, gehört auch die Integration von Vorbereitungsarbeiten in parallele Arbeitsabläufe; Speisebestandteile für das Mittagessen wie beispielsweise Gemüse, Salat etc. werden bereits während des Frühstücks vorbereitet, Zeitschaltuhren am Ofen eingestellt, um mittags den am Abend vorher zubereiteten Auflauf pünktlich bei der Heimkehr von der Arbeit aus dem Ofen zu holen. Auch andere Beköstigungstätigkeiten, wie das Decken des Frühstückstisches, werden am Abend vorher erledigt, *„weil das morgens einfach wahnsinnig Zeit spart [...]. Das ist einfach noch eine Viertelstunde, die man einspart"* *(Haushalt 52:127)*. Vergleichsweise selten stellen Fertiggerichte und Convenience-Produkte für die interviewten Mütter eine Alternative zur Eigenherstellung dar. Als Arbeits- und Planungserleichterung wird von den Müttern lediglich Tiefkühlgemüse übergreifend akzeptiert und genutzt. Mit hoher Wissenskompetenz werden dabei Geschmacks- und Zusatzstoffe der Produkte unterschiedlicher Anbieter verglichen. *„Weil das ist eigentlich das, was ich an den Fertiggerichten nicht mag, dass die immer diese komischen Aromastoffe alle drin haben. Und Frosta,(...), die nehmen Bio-Gemüse und so was und würzen eben nur mit natürlichen Gewürzen. Also keine Aromazusätze anderer Art oder Aromaverstärker."* *(Haushalt 18:184)*

Trotz zeitsparender Kochpraktiken erstaunt, dass sich insgesamt 14 der 48 voll- und teilzeiterwerbstätigen Mütter durch das Selbstbacken von Brot für die Familie einen zusätzlichen Arbeitsaufwand an den Werktagen bereiten, ebenso wie die Mehrheit der Mütter am Wochenende regelmäßig Kuchen backt. Zum einen belegen diese Praktiken eindrucksvoll, mit welch ausdifferenzierten Fertigkeiten Mütter in der Ernährungsversorgung agieren, zum anderen spiegeln sich darin auch die hohen Qualitätsansprüche gegenüber der familialen Ernährungsversorgung wider.

Einkauf
Den Einkauf organisieren Mütter über alle Berufsgruppen hinweg auf sehr ähnliche Art und Weise, Ort und Zeitpunkt des Einkaufs sind dabei fest in den jeweiligen Tages- und Wochenablauf integriert. In den meisten Familien gibt es einen wöchentlichen, gut geplanten Haupteinkauf der Grundnahrungsmittel und Vorräte am Freitagnachmittag nach der Arbeit oder am arbeitsfreien Samstagvormittag. Um unnötige Wegezeiten zu vermeiden, wird ein einziger Lebensmittelmarkt ausgewählt, indem alle benötigten Produkte erhältlich sind. *„Also der Stundenaufwand um einkaufen zu gehen ist halt so, wenn wir in den Aldi gehen... mit hinfahren, zurückfahren, alles einpacken: 'ne Dreiviertelstunde und wenn man in so einen großen Markt geht – weil man sich nicht auskennt und es da so viel Auswahl gibt – das dauert dann halt 'ne ganze Stunde, anderthalb Stunde und dann steht man noch an der Kasse, ne. Und das wird dann immer reiflich überlegt."* (Haushalt 56:269) Einkäufe von Lebensmitteln des täglichen Bedarfs wie Brot, Milch, Obst und Gemüse werden mehrmals in der Woche und dann in Form von vernetzten Wegeketten erledigt. Das ist auch der Grund, warum das Einkaufen an den Werktagen für die erwerbstätigen Frauen eine unbeliebte, belastende und fast immer mit Eile und Stress verbundene Tätigkeit ist. Eingekauft wird auf dem Heimweg von der Arbeit, in der Mittagspause oder während anfallender Wartezeiten in Verbindung mit Fahrdiensten für die Kinder zu Sport- und Freizeitaktivitäten. *„Und was auch unterwegs ist, also wenn ich Termine habe unter der Woche z.B. vormittags und wenn es sich zeitlich noch einrichten lässt oder es ist zu früh, um zum Kindergarten zu fahren, dann mach ich eben 'n Schlenker und kaufe halt ein."* (Haushalt 20:275). Unter der Abwägung des Kosten- und Zeitaufwandes werden deshalb auch selten Umwege in Kauf genommen, um besonders günstige Einkaufsstätten anzufahren. Wichtiger als der Preis ist den Müttern die individuell empfundene Qualität, d.h. die Frische und der Geschmack angebotener Lebensmittel. Um unnötige Einkäufe zu vermeiden, schreibt die Mehrheit der Mütter einen Einkaufszettel, einige Mütter fordern auch ihre Kinder und Partner dazu auf, fehlende Lebensmittel oder Wünsche auf dem Einkaufszettel der Familie zu notieren. Meistens soll die Einkaufsliste dazu dienen, erstens nicht mehr Lebensmittel als notwendig zu kaufen und zweitens als Gedankenstütze helfen, nichts zu vergessen. Allerdings ist es nach Aussa-

gen der Mütter in der Praxis häufig so, dass die Mütter einen guten Überblick über den Lebensmittelbedarf der Familie haben und die immer wiederkehrenden Überlegungen dessen, was benötigt und eingekauft werden muss, im Kopf stattfinden. Um den Gedankenaufwand der Einkaufsplanung zu minimieren, wird in den meisten Familien deshalb ein relativ festes Standardsortiment an Lebensmitteln und Getränken eingekauft.

Die Nutzung von entlastenden Dienstleistungen, wie die Lieferung von Lebensmitteln nach Hause (z.B. Ökokisten mit Obst, Gemüse und Milchprodukten), ist wenig verbreitet und nur in Haushalten mit überdurchschnittlichem Einkommen anzutreffen. In Familien, in denen Mütter und Väter überdurchschnittlich lange Arbeitszeiten haben, werden stattdessen verlängerte Ladenöffnungszeiten für die Erledigung des Einkaufs am Abend dankbar angenommen. *„Ähm, ab und zu geht auch mein Mann einkaufen mit mir zusammen abends zur Metro, weil wir einen Metroausweis haben und da kann man ja bis neun Uhr einkaufen. Das ist für uns eine Erleichterung, dass ein Geschäft bis 21.00 Uhr offen hat."* *(Haushalt 11:115)*

Vorratshaltung
In punkto Vorratshaltung nehmen Tiefkühlprodukte eine Sonderstellung für die Bewältigung der Ernährungsversorgung ein: Sie bieten Müttern bei der Gestaltung der täglichen Mahlzeiten Flexibilität und Spontaneität und reduzieren die Zahl notwendiger Einkäufe sowie auch die Zubereitungszeit. Eine weit verbreitete Praxis alltagsangepasster Vorratshaltung ist die des Vorkochens. Dabei bereiten Mütter an erwerbsarbeitsfreien Tagen (Wochenende, Urlaub, Haushaltstage) bestimmte Speisebestandteile wie Gemüse und Fleisch vor, die eingefroren werden und im Bedarfsfall zur schnellen Zubereitung einer Mahlzeit zur Verfügung stehen. *„In der Regel (räuspert sich) ist es aber so, dass ich also 'n Anhänger bin von Fisch, Putenbrust und – gut, unsere Kinder essen gerne Hackfleisch – dass ich so Sachen, also die Putenbrust und das Hackfleisch im Naturzustand kaufe, brate und dann in Portionen abfülle und mir dann bei Bedarf das raushole und mach 'ne Gemüsepfanne davon, also ganz verschiedene Gerichte halt dann mit diesem bereits Vorbereitetem."* *(Haushalt 35:66)* Darüber hinaus nutzen viele Familien die Tiefkühltruhe zum Haltbarmachen von Gemüse, Brot, Kuchen und frischem Fleisch, das z.T. in großen Mengen gekauft wird. *„Wir kaufen ganze Tiere. Und Reh vor allem, ganz viel Reh. [...] Und ich hab dann die Aufgabe einzutüten und tiefzufrieren und zu kochen."* *(Haushalt 9:22)*

Auch mit Grundnahrungsmitteln wie Nudeln, Reis, Kartoffeln, Gewürzen etc. gefüllte Speisekammern und Vorratsschränke sind für die Mütter mehrheitlich selbstverständlich, um bei der Mahlzeitenzubereitung nicht täglich planen und einkaufen zu müssen, sondern spontan auf eine Auswahl vorhandener Lebensmittel zurückgreifen zu können. Während vielen Müttern die Zeit und Gelegenheit fehlt, einen eigenen Garten zu bewirtschaften, ist dieser für einige andere Mütter ein essentieller Bestandteil der Vorratshaltung, bietet dieser doch die Möglichkeit, sich spontan mit frischem Gemüse oder Salat zu versorgen. Auch das Einfrieren oder Einkochen von Obst und Gemüse wird dabei von vielen Müttern nach wie vor praktiziert.

5.3 Die Ernährungssozialisation in der Familie: zwischen elterlichen Ansprüchen und außerhäuslichen Einflüssen

Neben allen organisatorisch-koordinativen Aufgaben der Ernährungsversorgung in Familienhaushalten, ist auch die Ernährungssozialisation als bedeutender Taktgeber in der Strukturierung des familialen Ernährungsalltags zu nennen.

Die Herkunftsfamilie übt als primäre Sozialisationsinstanz bei der Vermittlung von ernährungsbezogenen Kenntnissen, Einstellungen sowie Verhaltensweisen an Kinder und Jugendliche eine herausragende Rolle aus (MEIER-GRÄWE 2006; MEYERS 2001; WESTENHÖFER 2001; TULVISTE 2000). Im Verlauf dieses primären Sozialisationsprozesses werden Grundstrukturen für das Ernährungsverhalten im Erwachsenenalter herausgebildet. Dies geschieht zum einen durch die erzieherischen Bemühungen und Strategien der Eltern, auf die Ess- und Trinkgewohnheiten ihrer Kinder Einfluss zu nehmen, zum anderen in Folge einer intensiven Übernahme elterlicher Verhaltensweisen und Normen durch die Kinder mittels Imitation und Beobachtung. Mit zunehmendem Alter steigt der Einfluss weiterer Sozialisationsinstanzen (Kindergarten/Schule, Peers und Medien) auf das Ernährungsverhalten von Kindern und Jugendlichen. Im besten Fall ergänzen, unterstützen und fördern Kindergarten und Schule die Ernährungserziehungsbemühungen von Eltern. Ebenso können sich jedoch Einflüsse durch Gleichaltrige und Medien kontraproduktiv auf die gewohnten häuslichen Ernährungspraktiken auswirken. Die aktuelle Diskussion konstatiert einen zunehmenden Wissens- und Kompetenzverlust von Kindern und Jugendlichen im Umgang mit Lebensmitteln und gesundem Ernährungsverhalten, auch aufgrund unzureichender Erfüllung der Erziehungsleistung in Familienhaushalten[37].

---

37 Für den propagierten Verlust von Kulturtechniken in Privathaushalten werden zahlreiche potentielle Ursachen angeführt. Soziale Veränderungen (steigende Erwerbsquoten von Frauen, Zunahme von Ganztagsschulen, berufliche Mobilität und Flexibilität etc.), die Zunahme an außerhäuslichen Verpflegungsmöglichkeiten, das umfangreiche Angebot an Lebensmit-

Im diesem Zusammenhang wurden die Interviewdaten auch daraufhin analysiert, ob und inwiefern Eltern die Aufgabe der Ernährungssozialisation ihrer Kindern leisten. Die folgenden Befunde sind aus den geschilderten Vorstellungen und aktiven Bemühungen der Mütter (und Väter[38]), das Ernährungsverhalten ihrer Kinder zu lenken, abgeleitet. Indem Mütter bei ihren Schilderungen der Ernährungsversorgung der Familie häufig auf ihre eigenen Erfahrungen in der Herkunftsfamilie zu sprechen kamen, erschlossen sich den Forscherinnen auch zum Thema ernährungsrelevanter Sozialisationserfahrungen der Eltern interessante Erkenntnisse[39]. Die unten dargestellten Befunde sind untergliedert nach drei Aspekten der Ernährungssozialisation in Familienhaushalten, nämlich der eben erwähnten Ernährungssozialisation der Eltern, den Zielen der Ernährungserziehung sowie dem Einfluss anderer Sozialisationsinstanzen.

5.3.1 Ernährungssozialisation der Eltern

Auf die Frage, wie und wo sich Mütter ihre jetzigen Kochkenntnisse und Zubereitungsfertigkeiten angeeignet haben, wurde am häufigsten die eigene Mutter genannt. Weiterhin berichteten die interviewten Mütter davon, viel von ihren Großmüttern gelernt zu haben. Eine differenzierte Analyse der Antworten von Müttern aus den zwei Berufsgruppen der Akademikerinnen und Arbeiterinnen legt Unterschiede in der primären Ernährungssozialisation offen. Für die Frauen der Arbeiterschicht war das Erlernen der Nahrungszubereitung bereits von einem sehr jungen Alter an eine Notwendigkeit, der sie sich nicht entziehen konnten, durch die sie aber sehr früh im Lebenslauf Selbstständigkeit und wichtige Lebensführungskompetenzen entwickelten, wie die folgenden zwei

---

telprodukten (Fertig- und Halbfertigprodukte, Convenience-Gerichte etc.) als auch fehlendes Wissen und Fertigkeiten der Eltern werden als Gründe dafür genannt, dass in Privathaushalten weniger häufig als in der Vergangenheit Tätigkeiten der Nahrungsmittelvor- und -zubereitung ausgeübt werden und diese Fertigkeiten somit nicht an die Folgegenerationen weiter gegeben werden können (vgl. z.B. WESTENHÖFER 2001, S. 126; DIEDRICHSEN 1995, S.170; FURTMEYER-SCHUH 1993, S. 41).

38   Während in einigen Interviews die Mütter auf Ernährungserziehungsfragen in der „Wir-Form" antworteten und damit den elterlichen Konsens zu Grundprinzipien der elterlichen Ernährungserziehung zum Ausdruck bringen wollten, haben in zwei Fällen (Haushalt 13, 54) auch die Väter am Interview aktiv teilgenommen und dabei die Schilderungen ihrer Partnerinnen durch eigene Antworten bekräftigt. Im Allgemeinen kann aber davon ausgegangen werden, dass die Mütter als die Hauptakteurinnen der Ernährungsversorgung auch die überwiegende Verantwortung für bewusste Ernährungserziehungsmaßnahmen der Kinder übernehmen.

39   Die Ernährungssozialisation der befragten Mütter stand allerdings nicht im Mittelpunkt des Erkenntnisinteresses der Untersuchung.

Schilderungen veranschaulichen: *„Mit 10 Jahren hab' ich schon gekocht. Selbstständig. Musste ich. Meine Mutter hatte Boutique und sie war ganzen Tag weg. Und ich und mein Bruder, wir haben Haushalt geführt, ne. Und ich finde, das hat mir nicht geschadet"* (Haushalt 37:80) oder *„Also meine Mutter, die war auch früher, wie ich noch jünger war, ging die auch arbeiten stundenweise. Die hat mir dann immer einen großen Zettel geschrieben, was ich abarbeiten musste. Putzen, Kochen, Kuchen backen – mit elf. Da hab ich das alles schon gemacht. Und da hab ich halt auch Kochen gelernt. [...] und da hab ich meinen Vater und meinen Bruder verpflegt. Und mich. Das war halt so."* (Haushalt 45:334)

Gegenüber diesem aktiven Erlernen assoziieren Akademikerinnen die Anwesenheit in der Küche und das Beobachten der Mutter während der Nahrungsmittelzubereitung stärker als die tatsächliche Einbindung in diese Tätigkeiten mit dem Erlernen des Kochens. *„Ich kann mich nicht bewusst erinnern. Ich hab' als Jugendliche gekocht. [...] Aber es..., kann mich nicht entsinnen, es bewusst gelernt zu haben. Dann eher so nachgemacht."* (Haushalt 1:200) Erst mit dem Auszug aus dem Elternhaus, dem Einzug in eine Wohngemeinschaft, dem Zusammenzug mit dem ersten Partner oder durch die Gründung einer eigenen Familie und die Geburt der Kinder haben diese Frauen, verglichen mit den interviewten Arbeiterinnen deutlich später im Lebensverlauf Grundtechniken der Lebensmittelzubereitung erlernt. *„Also, zu Hause nicht. Das ging irgendwie nicht mit meiner Mutter. (lacht) Das fing an, als ich mit 19 oder 20 meine erste Wohnung und dann, ja, hab ich angefangen zu kochen."* (Haushalt 23:264)

Neben dem Prinzip des „Learning by Doing" haben allerdings alle Mütter ihre Fertigkeiten auf zahlreichen Wegen im Laufe der Zeit erweitert und spezialisiert. Dazu zählt in einigen Fällen auch das Lernen vom Partner, häufiger aber geschieht dies durch den Austausch von Rezepten und Erfahrungen mit Freunden, Bekannten und Kolleginnen. *„Ja aber dann so durch Freunde halt. Also ich hab'..., mein erster Freund, der hat toll gekocht, von dem hab ich ganz viel gelernt. Und dann waren wir irgendwann mal so 'ne Clique und haben immer neue Sachen ausprobiert. Und dann gab's irgendwann noch 'nen Kochkurs. Und dann aber auch so Kochbücher mal einfach geguckt, mal Sachen ausprobiert."* (Haushalt 18:464) In Kochsendungen, Zeitschriften, Kochbüchern, Internetforen als auch durch Restaurantbesuche holen sich Mütter heute immer wieder neue Anregungen, um das im Laufe der Jahre entstandene Standardrepertoire an typischen und häufig zubereiten Gerichten zu erweitern.

Die Frage nach den Kochfertigkeiten ihrer Partner und wo diese erlernt wurden, ergab ein uneinheitliches Bild. Auch wenn nur sehr wenige Männer in den hier untersuchten Familien im Alltag regelmäßig das Kochen übernehmen, so berichteten deutlich mehr als die Hälfte aller Mütter, dass ihre Partner kochen können und das zum Teil ausgesprochen gut. *„Das ist von zu Hause aus und sein jüngster Bruder hat auch Koch gelernt. Das ist also da aus der Familie der Hang, ja!? Ja. Und ich hab immer gesagt, wenn er nicht kochen könnt, wären wir schon längstens verhungert. [...] Der [mein Mann] kocht wirklich sehr gerne und wird dann immer gelobt von seinen Gästen, ja!? Der macht's, der macht das wirklich sehr gerne."(Haushalt 5:258)* Der Interviewauszug verdeutlicht auch nochmals, wie prägend die Erfahrungen in der Herkunftsfamilie für die späteren Ernährungsversorgungspraktiken sind. Nicht nur für Frauen, sondern auch für Männer gilt, dass Kinder und Jugendliche, die bereits zu einem sehr frühen Zeitpunkt der Kindheit aktiv in die familiale Mahlzeitenzubereitung einbezogen wurden und/oder kochende Väter und Mütter als Vorbilder haben, diese Tätigkeiten auch im Erwachsenenalter ausüben. Dieser Zusammenhang kommt allerdings auch im negativen Fall zum Tragen, wie folgende Mutter beklagt: *„Der [mein Mann] kann Wasser kochen und Rühreier. (lacht) Ja. Achim hat so 'ne ganz traditionelle Kindheit. Also seine Mutter hat ihn da immer aus der Küche geschmissen und hat gesagt: ‚Du kannst das nicht!' Und Armin ist fest davon überzeugt, dass er das auch nicht kann. Das ist eine mentale Sperre."* (Haushalt 18: 196 ff.)

Während einige Väter bereits sehr früh das Kochen im elterlichen Haushalt von ihren Großmüttern, Müttern oder Vätern gelernt haben, ist die eigene Mutter neben Ehefrau/Partnerin, Rezepten und Kochbüchern auch beim Erlernen und Ausbau dieser Fähigkeiten in späteren Lebensphasen die wichtigste Informationsquelle. Häufig greifen Väter auch heute noch auf das Wissen ihrer Mütter zurück, indem sie diese telefonisch konsultieren, wenn es darum geht, das Mittagessen der Familie zuzubereiten. *„Ja. Nee, also als wir zusammengezogen sind, konnte mein Mann ganz schlecht kochen und dann musste er, weil er..., hab ich ihm gleich beigebracht, dass jeder abwechselnd dran ist und dann hat er sich aber sehr oft aus Büchern was rausgeschaut. [...] Oder, mir hört der ja nicht zu. Wenn mein Mann was nicht weiß, ruft er seine Mutter an und fragt nach dem Rezept. Das macht er dann halt."* (Haushalt 52:295)

Vergleicht man die gegenwärtigen familialen Mahlzeitenmuster, die Art des Essens sowie Kochpraktiken und Tischsitten mit den Schilderungen der Ernährungsversorgung in den Herkunftsfamilien der interviewten Mütter, gibt es Übereinstimmungen und Unterschiede. Im Allgemeinen führen negative Erinnerungen und Erlebnisse dazu, dass Mütter gelernte Traditionen und Verhaltensweisen aus dem Elternhaus bis zum heutigen Zeitpunkt ablehnen und alternative Ernährungsversorgungspraktiken entwickelt haben. So liegt die Ursache für die fehlenden gemeinsamen Mahlzeiten im folgenden Familienhaushalt nicht primär in den zeitlich schwer zu koordinierenden Tagesplänen

der Einzelnen, sondern an den schlechten Erfahrungen der Mutter: *„Ich hab'*
das früher schon gehasst als Kind, wenn ich dann in der Familie, wenn ich
dann zu 'ner bestimmten Zeit Abend essen sollte. Und dann hab' ich immer
gesagt: ‚Ich möchte einfach dann gern essen, wenn ich Hunger hab.'" (Haushalt 29:94)

Demgegenüber werden gute Erinnerungen wie Lieblingsgerichte aus der
Kindheit, traditionelle Familiengerichte, besondere Rituale wie das Essen des
Frühstücksbrötchens am Wochenende oder die gemeinsame Mahlzeit der Familie am Morgen und Abend in die Ernährungsversorgung der eigenen Familie
übernommen. Darüber hinaus werden Ernährungsgewohnheiten aus der Kindheit unbewusst und unreflektiert in der eigenen Familie fortgeführt. *„Fisch*
gibt's bei uns meistens Freitag. Ist einfach so. Das war bei meinen Eltern
schon so, da ist halt bei uns auch noch so." (Haushalt 14:247) Hierin liegt
auch ein Erklärungsansatz, warum in den Familien der Arbeiterinnen deutlich
seltener gemeinsame Familienmahlzeiten stattfinden als in anderen Familienhaushalten des Samples. Auch in den Herkunftsfamilien wurde hier nur selten
gemeinsam gegessen. *„Jeder hat gegessen, wann er wollte. Sag ich mal so,*
weil meine Schwester ist fünf Jahre älter wie ich. (...) Abends vielleicht mal
schon, dass wir alle zusammen gesessen haben, (...) Aber mit der Mutter nur,
weil mein Vater, der war er immer fort." (Haushalt 38:169)

Die deutlichsten Veränderungen gegenüber der eigenen Kindheits- und
Jugendphase sind andere Techniken der Nahrungsmittelzubereitung und neue
Prioritäten bei der Lebensmittelauswahl. Fast einhellig stimmen die Mütter
darin überein, dass sie heute weniger gehaltvoll, fettreich, fleischhaltig und
traditionell, dafür experimentierfreudiger, internationaler, frischer und schneller kochen als ihre Mütter. Hier sind Anpassungen an das umfangreichere Lebensmittelangebot und neue Copingstrategien erwerbstätiger Mütter im Umgang mit der knappen Ressource Zeit für die Nahrungszubereitung zu erkennen. Allerdings werden diese Veränderungen nicht immer begrüßt: *„Also, ich*
komm aus einer Familie, wo Essen immer eine große Bedeutung gehabt hat.
Meine Großmutter war klassischerweise Hausfrau und hat gekocht von vorne
bis hinten. Bis in ihr hohes Alter bestand das Mittagessen immer aus drei Gän-
gen. Vorspeise, Hauptspeise, Nachspeise. Da wir als Kinder immer viel auch
bei unseren Großeltern waren, war das ein Stück weit das, was ich als Kind
kennen gelernt habe. (...) Meine Mutter, die in dieser Tradition auch aufge-
wachsen ist, ist dadurch auch geprägt worden, das heißt bei meinen Eltern gibt
es heute noch Minimum Hauptspeise, Nachspeise. [...] Das hat sie auch ver-
sucht während ihres Berufslebens weiterzuführen, wobei sie nicht in der Ge-
schäftsführerrolle war wie ich, Punkt eins und Punkt zwei weniger als fünf
Stunden gearbeitet hat als wir klein waren. Insofern hat bei uns in der Familie

*das Essen generell und vor allem auch das Mittagessen immer ne große Rolle
gespielt. Ich weiß, ich falle oder unser Tagesablauf fällt in dieser Tradition
zurück, also bei uns gibt's keine Vorspeise, keine Nachspeise, wie auch immer.
Es gibt eine Hauptspeise und in der Regel 'nen Salat oder Gemüse und wenn's
das halt nicht gibt, gibt's 'nen Nachtisch in Form von Joghurt.*" (Haushalt
13:265 f.)

Es ist darauf hinzuweisen, dass die betonten Veränderungen gegenüber
der Herkunftsfamilie zwar die Wünsche und Einstellungen der Mütter reflektieren, nicht aber immer mit dem tatsächlichen Alltagshandeln übereinstimmen.
So berichtet eine Mutter aus der Gruppe der Arbeiterinnen, die Leberkäse,
Bratwurst, Schnitzeltopf, Kasslerbraten, Gyros und ähnliche Fleischgerichte zu
ihren Standardgerichten zählt, sie würde heute grundlegend anders als ihre
eigene Mutter kochen: *„Meine Eltern kommen aus Ungarn. (...) Die haben mit
Fett gekocht und dies und jenes. Und das hab' ich mir abgewöhnt.*" (Haushalt
48:435) Zusammenfassend spiegeln die Befunde die starke Prägewirkung und
Tradierung von Ernährungspraktiken der Herkunftsfamilie wider und das sowohl auf der bewussten als auch unbewussten Wahrnehmungsebene.

5.3.2 Ernährungserziehung der Kinder

Die Ernährungserziehung ihrer Kinder ist für die interviewten Mütter von hoher Wertigkeit. Sie sind bemüht, ihre zahlreich vorhandenen Ernährungsstan-
dards den Kindern zu vermitteln, mit dem Wunsch, sie auf diesem Weg auf
eine selbstständige und gesunde Lebensführung vorzubereiten. Das Verantwortungsbewusstsein gegenüber einer gesunden Ernährungsweise, das sich nach
Aussagen vieler Mütter erst mit Geburt der Kinder umfassend entwickelt hat,
ist mit dem Bewusstsein verknüpft, dass im Kindes- und Jugendalter die
Grundstrukturen späterer Ernährungsgewohnheiten gelegt werden. Der folgende Interviewausschnitt zeigt, dass die wichtigsten Erziehungsziele ein gesundes
Ernährungsverhalten, Benimm- und Tischsitten sowie Fertigkeiten der Vor-,
Zu- und Nachbereitung von Lebensmitteln sind. *„Also ich denke die sollen
schon mitkriegen, dass sie kochen können. Schon mal die Grundsachen. Backen auch und dass sie halt auch sich teilweise gesund ernähren und – ja, was
sollen sie noch mitkriegen? – ja, dass sie halt einfach alleine auch mal zurecht-
kommen. Mit Essen und das halt net nur dieses McDonalds-Essen da so mal
schnell-schnell. Das halt wirklich noch so richtiges Essen, wie es ich halt auch
gelernt hab. Das sollen sie halt auch von mir, wenn es geht, mitkriegen. Ja.*"
(Haushalt 45:412) Viele Mütter sind sich dabei ihrer Vorbildrolle bewusst und
erkennen, dass ihre aktiven erzieherischen Maßnahmen nur dann erfolgreich

sind, wenn diese mit dem eigenen Alltagshandeln kongruent sind. In Abhängigkeit vom Bildungsgrad zeigen sich allerdings auch erhebliche Unterschiede in der Aus- und Nichtausübung bzw. im Erfolg und Misserfolg dieser Erziehungsleistungen, die in einem engen Zusammenhang mit unterschiedlich ausgerichteten Werthaltungen, internalisierten Leitbildern und Wissensbeständen über Ernährung stehen.

5.3.2.1 Gesundes Ernährungsverhalten

Eine gesunde Ernährung der Kinder ist zunächst allen Müttern ein wichtiges Anliegen. Abhängig vom eigenen Wissen darüber, was eine gesunde Ernährungsweise ausmacht und welche Bedeutung ein ausgewogenes Ernährungsverhalten für das Wohlergehen der Kinder hat, fallen die täglichen Bemühungen der Mütter sehr unterschiedlich aus. Im Vergleich zu Müttern aus bildungsfernen Familienhaushalten versuchen Akademikerinnen mit mehr Konsequenz den Nahrungsmittelverzehr ihre Kinder zu lenken. Sie kaufen häufiger gesunde und qualitativ hochwertige Lebensmittel ein, bieten immer wieder kindgerechte Gerichte an und versuchen so oft es möglich ist, gemeinsam mit den Kindern zu essen. Der Inbegriff von gesunder Ernährung wird mit einem hohen Obst- und Gemüseverzehr bei gleichzeitig eingeschränktem Genuss von Süßigkeiten und Fast-Food assoziiert. *„Ich versuche zu regeln, dass sie genug, also faserreiches Essen bekommen. So Vollkornprodukte und Gemüse. Lucie, es scheint mir, dass sie nicht genug trinkt. Wir versuchen, das zu fördern. Also mein Sohn hat, [...] Ich versuche, dass er mehr Obst isst. Ich glaube, er isst nicht genug Obst. Und also wir versuchen, ja, bei jeder Mahlzeit so eine Mischung von verschiedenen Essensgruppen zu erreichen."* (Haushalt 54:142)

Die Strategien von Müttern in gehobenen Berufsgruppen, ihre Kinder an eine gesunde Ernährungsweise zu gewöhnen und sich gleichzeitig nicht dem Diktat ihrer Kinder unterzuordnen, fallen außerordentlich vielseitig aus. Sie sind zudem eng mit den Bedürfnissen der Kinder und den täglichen Zeitressourcen der Mütter verknüpft. So berücksichtigen Mütter beispielsweise bei der Essensplanung die Wünsche und Vorlieben ihrer Kinder; es werden bekannte und bewährte Speisen aufgetischt und diese aber immer wieder mit weniger beliebten und neuen Lebensmitteln (z.B. gewisse Gemüsesorten) kombiniert. Damit wird versucht, ausgewogene Kompromisslösungen zwischen den Wünschen der Eltern und denen der Kinder zu finden. Durch die Einhaltung von klaren Regeln über den Verzehr am Tisch sollen Kinder gleichzeitig lernen und erfahren, dass das Lebensmittelangebot grundsätzlich von den Eltern gesteuert wird. *„Na ja, und dann ist halt, der Deal ist bei uns halt, es gibt nichts extra.*

Also sie muss es dann halt probieren. " (Haushalt 3:146) oder wie bei dieser Familie: *„Wir versuchen abends schon aufzupassen, auch etwas zu kochen, was die gerne essen. Ja. [...] Und meistens, also die, unsere Kinder probieren zumindest das Essen. Wir zwingen sie nicht zu essen, wenn sie das nicht mögen. (...) Wir sagen: ‚Okay, also du musst es zumindest probieren. Wenn es dir nicht gefällt, musst du es nicht essen, aber du musst es probieren.' Das ist so eine Regel. " (Haushalt 54:211 ff.)*

Die alte Regel „Es wird gegessen, was auf den Tisch kommt" hat zwar in den meisten Familien Bestand. Durch die vorherige Beachtung der Essenswünsche aller Familienmitglieder werden mögliche Probleme und Diskussionen jedoch im Vorfeld vermieden. Seinen Teller muss kein Kind mehr leer essen. Von der bestehenden Regel, von allen Speisen wenigstens zu probieren, erhoffen sich Eltern zudem, ihre Kinder frühzeitig an eine umfangreiche Palette an Lebensmittel zu gewöhnen und dass sie so eine Art „Geschmacksbildung" erfahren.

Dass sich Akademikerinnen ihrer Vorbildrolle bewusst sind, wird besonders beim Umgang mit Süßigkeiten deutlich. In manchen Haushalten sind Süßigkeiten nur begrenzt vorrätig, denn *„weil ich gedacht hab', meine Güte, was du denen jetzt gar nicht erst beibringst, das brauchen sie sich nachher auch nicht mehr abgewöhnen" (Haushalt 15:82).* Um die Logik dieser z.T. sehr restriktiven Regelungen aufrecht zu erhalten, verzichten viele Eltern im Beisein ihrer Kinder auf den Konsum von Süßigkeiten und greifen erst am Abend, nachdem die Kinder im Bett sind, dazu. Ansonsten reichen die Erziehungsmaßnahmen zum maßvollen Umgang mit Süßigkeiten von der Regel, dass ein Keks oder ein Stück Schokolade nur nach dem Mittagessen erlaubt ist, bis zu der Variante, dass Süßigkeiten nur im Gegenzug für den Verzehr von einem Stück Obst erlaubt sind oder nur in Ruhe am Esstisch gegessen werden sollen.

Es zeigt sich aber auch deutlich, dass sich die hohen Ansprüche der Erziehenden nicht immer adäquat im Alltag umsetzen lassen. Diskussionen mit Kindern um den Verzehr von unbeliebten, aber gesunden ebenso von beliebten, aber ungesunden Speisen stehen deshalb auf der Tagesordnung: *„ ... also dass wir sagen: ‚Okay Nutella, aber nicht das erste Brot. ', oder ‚Wir teilen das Brot und die erste Hälfte isst du vielleicht mit Honig oder Marmelade und die zweite Hälfte mit Nutella. '" (Haushalt 52:383)* „Knackpunkte" im Alltag sind bestimmte Stresssituationen wie z.B. das Abendessen nach einem anstrengenden Arbeitstag, zu denen Mütter von den sonst üblichen Regeln ablassen und beispielsweise mit den Kindern vor dem Fernseher zu Abend essen.

Mütter mit geringerem Bildungsgrad, hier repräsentiert durch die Arbeiterinnen, verwenden gegenüber anderen Berufsgruppen weniger Aufmerksamkeit darauf, was die Kinder essen. Für sie ist es viel mehr wichtig, dass die Kinder ausreichend mit Nahrung versorgt sind; insgesamt wurden dabei Gesundheit und Ernährungserziehung von den Arbeiterinnen sehr viel seltener thematisiert. Sie reflektieren weniger über die eigene Vorbildrolle, verharren stärker in tradierten Verhaltens- und Essmustern und haben ein geringeres Ernährungswissen. Folge ist, dass in diesen Haushalten Lebensmittel mit geringerem gesundheitlichen Wert angeboten werden, weniger Regelungen über den Verzehr von Süßigkeiten aufgestellt werden und seltener gemeinsam gegessen wird. Vorhandene erzieherische Maßnahmen fallen z.T. sehr widersprüchlich aus, wie folgender Fall beispielhaft zeigt: Wegen des Übergewichts ihres Sohnes hat die Mutter entschieden, *„jetzt gibt's bei mir keine Süßigkeiten mehr und wenn dann nur im Schlafzimmer und an gewissem Ort, wo er [Sohn] net ran kann, weil er noch ein bisschen zu kurz geraten ist"* (Haushalt 38:192), gleichzeitig stehen fortwährend Süßigkeiten und Snacks beim allabendlichen Fernsehkonsum ohne Einschränkung auf dem Wohnzimmertisch der Familie: *„Sag ich mal (...) das was auf dem Tisch im Wohnzimmer steht, dürfen sie [Kinder] ran. (...) haben sie gegessen. Gehen wir ins Bett, wird's eingepackt, ab ins Zimmer."* (Haushalt 38:371)

Unabhängig vom Berufs- und Bildungsstatus der Eltern treten bei der Ernährungserziehung von Kindern in jeder Altersstufe spezifische Probleme auf. Mit steigendem Alter der Kinder und deren wachsenden Autonomiebestrebungen reduzieren Mütter ihr Verantwortungsbewusstsein und damit auch die erzieherischen Bemühungen um gesunde Ernährungspraktiken deutlich. Besonders der Beginn der Pubertät wird als problematisch empfunden, wenn dann das häusliche Frühstück plötzlich abgelehnt wird, die eigenständige Freizeitgestaltung am Nachmittag und Abend die Organisation eines gemeinsamen familialen Abendessens erschwert und/oder verhindert und allgemein weniger häusliche Kontrolle über den Lebensmittelverzehr der Jugendlichen ausgeübt werden kann. Unabhängig davon, ob Mütter mit dem Ernährungsverhalten ihrer Kinder zufrieden sind oder nicht, sehen sie im fortgeschritten Teenageralter ihre Verantwortung und Aufgabe als Mutter vielfach als erfüllt an: *„Ich meine, mittlerweile kann ich das so ein bisschen abgeben, weil meine Kinder einfach so groß sind. Also was sie jetzt nicht gelernt haben, das lernen sie von mir jetzt nicht mehr. Also die müssen jetzt einfach selber sehen, wie sie ihre Ernährung gestalten. Aber ich denke, ich habe ihnen schon die wichtigen Dinge mitgegeben. Dass die wissen, wie man sich gut ernährt. Und wenn sie's dann nicht machen, dann, tut mir leid, ist es dann nicht mehr meine Schuld."* (Haushalt 28:203)

5.3.2.2   Weitergabe und Vermittlung von Kochkenntnissen und -techniken

Ein anderer Bereich der Ernährungserziehung ist berufsgruppenübergreifend die Vermittlung und Weitergabe von Praktiken und Techniken der Vor-, Zu- und Nachbereitung von Lebensmitteln. Aus den Berechnungen der Zeitbudget-erhebungen 1991/92 und 2001/02 ist ein deutlicher Rückgang des Zeitbudgets von Kindern und Jugendlichen ab 12 Jahren für die Ausübung von Beköstigungstätigkeiten zu verzeichnen (MEIER 2004, S. 88 f.). Dieses Ergebnis untermauert die häufig geäußerte Vermutung, dass die häusliche Vermittlung von ernährungsbezogenen Kulturtechniken im Vergleich zu vorherigen Generationen nur noch unzureichend geleistet wird.

Den Schilderungen der Mütter zu Folge zeigen Mädchen und Jungen, bis etwa zum Beginn des 10. Lebensjahres ein gleichermaßen großes Interesse an den Abläufen der Vor-, Zu- und Nachbereitung in der Küche. *„Der Tobi konnt' grad' im Hochstuhl sitzen und war der Meinung, er würde da helfen müssen (lachend). Und der Max auch. [...] Oder wir haben immer unterm Herd so 'ne kleine Leiter und die ziehen sie sich raus. Also der Tobi konnt' grad' richtig stehen und dann fing der an, wollte dann auch mitmachen. Aber die kennen das halt auch so. Die müssen, müssen in Anführungszeichen, hier schon immer helfen. Und das finden die gut. "* (Haushalt 15:107)

Viele Mütter sind bemüht, das Interesse und die Neugier am Kochen und Backen ihrer Kinder zu unterstützen, indem sie diese aktiv in die Beköstigungstätigkeiten einbeziehen, wie auch die folgende Mutter einer vierjährigen Tochter und eines neun Jahre alten Sohnes schildert: *„Ja, die machen alles mit. (...) Also gestern Abend hab' ich ja Gemüse gekocht und dann hat die Sarah den Salat dazu gemacht. Und das sieht dann so aus: die sitzt dann am Tisch. Und hat dann einen Topf, da schmeißt sie den Joghurt rein, ne. Dann die Zitrone. Und dann die Tomaten. Und die Gurke will sie dann selber schneiden. (...) Und natürlich sieht es nachher ganz chaotisch aus und der Tisch ist voll. Aber sie hat dann den Salat gemacht und ist ganz stolz. Also es ist schon, sie machen dann schon auch aktiv mit. "* (Haushalt 1:236) Die Mütter betonen allerdings, dass das Kochen mit Kindern mehr Zeit und Aufsicht in Anspruch nimmt, mehr Unordnung und Arbeit in der Küche verursacht und eine Gefahrenquelle für Unfälle bedeutet und dementsprechend regelmäßig gerne auf freie Zeit am Wochenende verschoben wird. An den Werktagen sind es die Erwerbsarbeitszeiten der Mütter und die Kindergarten- und Schulzeiten der Kinder, die der Teilnahme und Hilfe der Kinder bei der Mahlzeitzubereitung Grenzen setzen. Teilzeiterwerbstätige Mütter bereiten das Mittagessen vor der Heimkehr der Kinder zu, ebenso wie vollzeiterwerbstätige Mütter, die am Abend kochen, nach einem Arbeitstag häufig nicht mehr die nötige Gelassenheit und Aufmerksamkeit aufbringen, die noch jungen Kinder bei Hilfstätigkeiten in der Küche zu beaufsichtigen.

Während die Mütter übereinstimmend der Überzeugung sind, dass ihre Söhne und Töchter Grundtechniken der Nahrungszubereitung erlernen sollen, treten mit steigendem Alter der Kinder und dem Beginn der Pubertät allerdings deutliche geschlechtsspezifische Veränderungen auf. Mit zunehmendem Alter beginnen Kinder auch erste Versuche, eigenständig Gerichte zuzubereiten. Viele Mütter unterstützen ihre Kinder dabei aktiv, um die damit verbundenen Erfolgserlebnisse und wachsende Selbstständigkeit zu fördern. *„In manchen Sachen wie gesagt, schaffen sie es so langsam wirklich selbstständig hinzukriegen, wie gesagt, man darf dann halt nicht die Kriterien der Perfektion anlegen, wie wenn man's selber machen würde. (...) Aber dafür haben sie ein Erfolgserlebnis zu wissen: Ich mache es selber. Wo sie zum ersten Mal Eier gekocht haben, da war das ganz doll so."* (Haushalt 13:150)

Auch wenn es vereinzelte Ausnahmen von älteren Jungen gibt, die ihre Familie mit kleinen Gerichten wie Pfannkuchen, Nudeln etc. bekochen, nimmt das Interesse der Jungen an den Tätigkeiten der Ernährungsversorgung im Allgemeinen ab, während Kochen und insbesondere das Backen für Mädchen zunehmend interessanter wird. *„Die nimmt sich auch mal 'n Kochbuch, die Fünfzehnjährige und guckt mal nach und backt, kocht dann auch was nach. Also, die hat da mehr Interesse als der Kleine, also da ... [...] Der kann nur sehr gut die Spaghettisauce machen. (lacht auf) Die kriegt der auch immer in Auftrag und dann macht der die auch."* (Haushalt 17:104 f.) Letzteres Zitat einer selbstständigen Mutter verdeutlicht, wie wichtig es in diesem kritischen Alter ist, Söhnen auch bei nachlassendem Interesse Aufgaben der Beköstigung zu übertragen, um Grundtechniken der Nahrungsmittelzubereitung einzuüben und weiter zu fördern. Das größere Interesse am Kochen und Backen ihrer Töchter sehen Mütter in Verbindung mit Partys und Treffen ihrer Töchter im Freundeskreis, wofür die weiblichen Teenager dann gerne Kuchen backen und Speisen zubereiten. Die beiden folgenden Interviewausschnitte illustrieren, wie schichtspezifische Unterschiede und Prägungen aus dem Elternhaus sich bereits im Jugendalter manifestieren. Während die Tochter einer selbstständig tätigen Pharmazeutin Wert auf ein gesundes Mittagessen mit frischem Gemüse legt:*„Wenn sie [Tochter] kocht, dann muss alles frisch sein, gute Qualität haben. [...] Meine Eltern kaufen, oder haben immer im Reformhaus oder so im Bioladen eingekauft. Und das tun wir eigentlich auch, soweit das möglich ist. Und Lisa [Tochter] findet das halt schön, wenn das alles so knackig, frisch... und gut riecht und so was. Das... Da hat sie so 'ne Antenne für. Das ist einfach so."* (Haushalt 18:100 ff.), bereitet sich die Tochter einer Arbeiterin bevorzugt Süßspeisen zu: *„Also sie macht eben auch vieles sich nachmittags selbst. Also*

*da kommt man nach Hause und dann sieht man da das Waffeleisen. Hat sie
sich Waffel gebacken mit ihrer Freundin. Oder so hat sich mittags irgendeinen
Milchshake oder sonstige Sachen, das macht sie sich schon auch. Also sie
versorgt sich schon auch sehr gut alleine."* *(Haushalt 48:650)*
Entsprechend der geringer ausgeprägten Kochfertigkeiten der Ehemänner
und Partner in den Arbeiterfamilien und dem stetigen Verharren dieser Eltern
in traditionellen Rollenbildern sind insgesamt auch das Desinteresse und das
fehlende Können bei Söhnen der Arbeiterschicht weiter verbreitet. *„Äh, Spie-
gelei, Nudeln, Tortellinis aus dem Beutel, das könnten sie [zwei volljährige
Söhne] schon machen, aber bei Saucen hört's dann auf, ne. Grad der Patrick,
da ist dann Schicht im Schacht, sag ich mal."* *(Haushalt 40:219)*

5.3.2.3   Benimm- und Tischsitten

Ebenso wie es der Mehrzahl der Mütter wichtig ist, ihren Kindern den Umgang
mit Lebensmitteln zu vermitteln, legen sie auch am Tisch auf kulturell gängige
Benimm- und Tischsitten Wert. Dies zeigt sich insbesondere, wenn sie noch
jüngere Kinder haben. *„Also ich denk, normal ist..., normale Tischmanieren
sind bei uns halt auch angesagt."* *(Haushalt 17:128)*. Häufig schätzen Mütter
die Tischmanieren der eigenen Kindheit jedoch strenger ein als heute: *„Also,
bei uns darf gelacht, gesprochen und alles Mögliche werden, aber ich bin also
jetzt nicht so 'ne extrem strenge Mutter."* *(Haushalt 20: 120)* Die größten Unterschiede in der alltäglichen Handlungspraxis sind auch in diesem Punkt zwischen Müttern mit Hochschulabschluss und den Arbeiterinnen zu finden. Letztere haben sich zu diesem Thema nicht oder nur selten artikuliert. Zu den als
üblich angesehenen Tischmanieren zählen, dass gemeinsam mit dem Essen
begonnen wird, keine anderen Tätigkeiten stattfinden und mit Messer und
Gabel gegessen wird. Während kleine Kinder bereits dann aufstehen dürfen,
wenn sie mit dem Essen fertig sind, sollen ältere Kinder lernen, so lange am
Tisch zu verweilen, bis alle Familienmitglieder das Essen beendet haben. Weiterhin achten Eltern auf eine aufrechte Körperhaltung ihrer Kinder am Tisch
und darauf, *„dass die irgendwie ordentlich essen. [...] und nicht schmatzen."*
(Haushalt 24:248). Auch wenn dem guten Benehmen eine hohe Priorität zugeordnet wird, so gestehen erwerbstätige Mütter ein, dass die Einhaltung dieser
Regeln wegen Stress und Zeitnot von ihnen nicht immer konsequent beachtet
und umgesetzt wird.

5.3.3 Einflüsse anderer Sozialisationsinstanzen

Während das Elternhaus die wichtigste und prägende Sozialisationsinstanz in der frühen Kindheit ist, wird das Ernährungs- und Essverhalten von Kindern und Jugendlichen mit steigendem Alter zunehmend von Kindergarten, Schule, Peers und den Medien beeinflusst.

Am einflussreichsten empfinden Mütter die Mahlzeitengepflogenheiten im Kindergarten, die Ernährungsgewohnheiten von Freunden und Freundinnen in Kindergarten, Schule und Freizeit. Diese wirken sich nicht nur auf die Ess- und Trinkgewohnheiten ihrer Kinder, sondern auch auf die Ernährungsversorgung des gesamten Familienhaushalts aus. Als weniger relevant für die Essenswünsche der Kinder schätzen Mütter die mediale Beeinflussung aus der Fernsehwerbung ein.

Positive Einflüsse
Das Verpflegungsangebot in Kindertagesstätten oder im Schulhort ist für Mütter zunächst eine Entlastung, insofern als dass sie diese Mahlzeiten nicht planen und auch keine Arbeit und Zeit in deren Zubereitung investieren müssen. Übereinstimmend werden darüber hinaus die positiven Auswirkungen der Teilnahme an Mahlzeiten in Kinderbetreuungseinrichtungen auf die häuslichen Ess- und Trinkgewohnheiten der Kinder gelobt: Durch den gemeinschaftlichen Verzehr mit Freunden und Freundinnen im Kindergarten lernen Kinder neue Speisen kennen, werden animiert, Gemüsesorten und Gerichte zu probieren, die zu Hause abgelehnt werden und zeigen sich insgesamt weniger wählerisch und problematisch beim Essen als im elterlichen Haushalt. *„Aber das ist halt durch das Kindergarten-Essen, ist dieser Stress halt von mir weg, weil da probieren sie anscheinend alles im Kindergarten. [...] wo sie rumgemäkelt hat, dass es dann nicht gegessen wurde. Ist besser geworden durch den Kindergarten. Das haben mir viele gesagt, dass die Kinder, auch die schlecht essen, dass die davon profitieren, wenn die mit mehreren Kindern auch zusammen essen."* (Haushalt 31:231 und 259)

Für die häuslichen Mahlzeiten bedeutet dies, dass Mütter das Spektrum angebotener Speisen erweitern können und weniger Diskussionen, besonders um den Verzehr von Obst und Gemüse, am häuslichen Esstisch mit den Kindern austragen müssen. Abhängig von der jeweiligen Einrichtung lernen Kinder im Kindergarten aber auch, das Eindecken des Tisches zu übernehmen, mit dem Beginn des Essens auf alle Kinder zu warten und andere Benimmregeln, die im elterlichen Haushalt fortgeführt werden können. *„Ja, also das haben wir sehr schön vom Kinderhaus auch übernommen. Das muss man jetzt einfach mal sagen, daher kommt es. Wahrscheinlich wäre ich nämlich einfach gar*

nicht auf die Idee gekommen, so schnell das von ihnen zu verlangen. Aber das
ist so, wenn ich sie großartig frage, dann nicht. Nee, wollen sie nicht. Aber
wenn ich sag', ‚So, deck' schon mal den Tisch', und dann ist das einfach was,
was im Kinderhaus scheinbar auch Gang und Gebe ist. Und dann wird der
Tisch gedeckt. Dort werden ja auch Ämter verteilt, das wechselt. Wir haben
jetzt hier keine festgelegten Ämter, aber ich denke, wir werden dass jetzt dem-
nächst einführen. " (Haushalt 21:126)

Besonders lobend wird von Müttern hervorgehoben, dass das Ernährungswissen und die Fähigkeiten im Umgang mit Lebensmitteln ihrer Kinder
durch regelmäßig stattfindende Aktionen im Kindergarten wie gesunde Früh-
stücke, gemeinschaftliche Mahlzeitenzubereitungen und auch Besuche von
Bauernhöfen und anderen Lebensmittelproduktionsstätten geschult wird. Auch
Schulkinder tragen in der Schule erworbenes Wissen zurück ins Elternhaus,
wie folgendes Beispiel am Mittagstisch einer Familie schildert: *„Meine Toch-*
ter konnte auswählen: Fisch oder Hackfleisch. Und dann hat se gesagt: ‚Nee,
ich will lieber den Fisch, weil da ist Jod drin'. Sag ich: ‚Wie kommst 'n da jetzt
drauf?' ‚Ei, das haben wir jetzt gerade in der Schule gehabt.' Sag ich: ‚Ach
gut, prima.' Hab ich gedacht: Ist ja was hängen geblieben." (Haushalt 35:82
ff.)

Nicht nur das Speisenangebot im Kindergarten, sondern auch das Ge-
meinschaftserlebnis mit anderen Kindern und die Regeln bei der Mahlzeiteneinnahme leistet in vielen Fällen also eine gute und ergänzende Unterstützung
der elterlichen Ernährungserziehung.

Negative Einflüsse
Neben diesen Vorteilen des Einflusses anderer Sozialisationsinstanzen, wie
eben beispielsweise des Kindergartens, weisen Mütter von Schulkindern aber
auch auf eine Reihe von Problemen im Zusammenhang mit dem Älterwerden
ihrer Kinder hin. Mit Beginn der Schule orientieren sich Kinder und Jugendliche zunehmend stärker an ihrer gleichaltrigen Gruppe bei gleichzeitigem Ab-
grenzungsbestreben von den Eltern. Eine große Veränderung im Alltag besteht
darin, dass ein Großteil ihrer Freizeit nun mit Freunden und Freundinnen verbracht wird und auch häufiger außer Haus gegessen wird, entweder in anderen
Familien und/oder in Gastronomieeinrichtungen. Probleme für die häusliche
Ernährung tauchen immer dann auf, wenn Kinder ihre Mütter damit konfron-
tieren, dass es in anderen Familien besser schmeckt, es andere Getränke und
Speisen gibt und diese Dinge schließlich auch von ihren Müttern einfordern,
wie auch im folgenden Fall: *„Also, wir haben eigentlich in der Regel immer*
nur Wasser und Apfelsaft zu Hause und Milch natürlich. Und da gibt's ja im-
mer diese Modegetränke, was weiß ich, Fanta irgendwas und Punika, wie diese

Sorten alle heißen, ich weiß es gar net oder Eistee in verschiedenen Sorten. Das sehen die dann schon auch, bei Freunden und so und wollen das dann auch schon gerne haben. " *(Haushalt 35:255)* Besonders brisant sind in dieser Altersphase Diskussionen über Süßigkeiten. Mehrheitlich kritisieren Mütter den maßlosen Umgang mit dem beliebten Naschwerk sowie andere ungünstige Ernährungsweisen in den Elternhäusern von Freunden ihrer Kinder. *„ [...] die Hälfte der Kinder hat Cola oder Fanta oder Sprite als Getränk mit. Die Hälfte der Kinder bringt jeden Tag was Süßes vom Bäcker mit. Das war im Kindergarten schon das Problem und das hat uns jetzt in der Schule auch wieder. Also dieses ,wir haben ein belegtes Brot mit Obst' oder sonst irgendwas, scheint relativ stark die Ausnahme zu sein. Und unsere Kinder hinterfragen das natürlich. [...] Aber der Druck ist da, ganz klar. Und der ist nicht zu unterschätzen. Und es ist schwer dagegen anzugehen. (Haushalt 13:519 f.)* Die zunehmende Bedeutung der Peers im Umfeld von Schule und Freizeit der Kinder, birgt also neue Probleme in Organisation und Praktizierung des bis dato gewohnten Ernährungsalltags der Familien.

Auch wenn Mütter auf sehr unterschiedliche Weise auf die Wünsche und Forderungen ihres Nachwuchses nach Lebensmitteln, Getränken und Süßigkeiten reagieren, bedeutet es in allen Fällen konfliktbehaftete Auseinandersetzungen, um die familialen Ernährungsgewohnheiten und die damit verbundenen Erziehungsregeln gegenüber den Kindern aufrecht zu erhalten. In Anbetracht dieser Entwicklungen werden von Müttern folgende drei Lösungsstrategien angewendet: Die erste Gruppe von Müttern versucht, aufreibende Diskussionen zu umgehen und schnelle Kompromisslösungen zu suchen, wie folgende Mutter, die auf das Drängen ihrer Kinder hin nun gelegentlich auch Süßigkeiten einkauft: *„Meine Kinder haben auch oft bemängelt, dass wir nur ab und zu mal so'n bisschen was Süßes haben und bei anderen Leuten, da ist der Kühlschrank einfach ganz voll und dann kann sich jeder bedienen. Und das ist genau das, was ich nicht will, weil ich denke man isst dann vielleicht nur Schokolade mittags. Also da sind sie schon ziemlich unzufrieden mit mir und ich versuche so kleine Kompromisse." (Haushalt 29:197)* In anderen Familien wird versucht, Kinder über den erzieherischen Weg über die Vor- und Nachteile von verschiedenen Kostformen aufzuklären. Es wird gemeinsam diskutiert, um zu einer gemeinsamen Lösung zu kommen, wie es z.B. eine Mutter handhabt, die sich mit ihren Töchtern darauf geeinigt hat, dass ihre Freundinnen Süßigkeiten zum Spielen mitbringen dürfen, diese aber gemeinsam, in Maßen am Tisch und nicht während des Spielens verzehrt werden. Eine dritte Gruppe von Müttern reagiert mit einem restriktiven Verhalten, indem sie sich beim Einkauf und der Auswahl der Lebensmittel und Getränke für den häuslichen Verzehr nicht von ihren Kindern beeinflussen lässt.

Weniger Diskussionen und Probleme zwischen Müttern und Kindern ruft die häufige Freizeitbeschäftigung von Kindern im Teenageralter hervor, sich nach der Schule oder am Nachmittag mit Freunden zu treffen, um außer Haus zu essen. So lange Kinder weiterhin regelmäßig zu Hause essen, überlassen es die Mütter ihren älter werdenden Kindern zu entscheiden, wofür sie ihr Taschengeld ausgeben. Dies tun sie unter anderem auch, weil gelegentliche Verabredungen zum Essen außer Haus mit den Freunden und Freundinnen als wichtige Sozialkontaktpflege angesehen werden, die den Kindern nicht vorenthalten werden soll. *„Zum Beispiel so Sachen, dass sie [Tochter mit Freundinnen] sich nachmittags in der Stadt treffen. Dann nimmt sie den Hund mit. Und dann holen die sich ein Stück Pizza. So Sachen machen die öfter. Das finden sie wohl ganz gut. [...] Also an der Würstchenbude gehen sie auch eher vorbei, glaub' ich. Ja, jetzt nur so Pizza und so was."* (Haushalt 56:297)

Eine Beeinflussung der Werbung auf den Lebensmittelverzehr ihrer Kinder können Mütter nicht oder kaum erkennen. So veranlassen Kinder zwar häufig den Kauf von beworbenen Produkten beim gemeinsamen Einkauf mit den Müttern, allerdings reagieren viele Mütter darauf gelassen. Sie haben die Erfahrung gemacht, dass der Großteil der ausprobierten Produkte den Kindern nicht schmeckt und nicht mehr nachgefragt wird. *„Doch es kommt auch mal vor, dass sie was gesehen haben, dass sie dann mal irgendwo stehen und sagen: ‚oh, das ist das und das'. Oder irgendwie auch zu was irgend so einen Spruch können. [...] Und ich hab' nicht das Gefühl, dass dadurch ihre Vorlieben oder Ernährungsgewohnheiten bestimmt werden. Sondern mehr so, dass sie mal da 'ne Idee bekommen und dann probieren sie das und gut ist."* (Haushalt 1:248) Die deutlich geringere Prägewirkung der Werbung auf das Ernährungsverhalten ihrer Kinder gegenüber den Essgewohnheiten der Freunde und Freundinnen ist dafür verantwortlich, dass die Mütter dem Thema Werbung in der Ernährungserziehung insgesamt eine untergeordnete Bedeutung zu messen.

5.4 Zusammenfassung

Entgegen der These von der zunehmenden Auflösung fester Mahlzeitenstrukturen in Familienhaushalten hält der untersuchte Familientyp mit zwei erwerbstätigen Eltern und zwei Kindern an einem festen Mahlzeitenmuster fest. In Abhängigkeit von der beruflichen Situation der Mütter wird die Mehrzahl der Mahlzeiten zu Hause eingenommen. Gegenüber Familien mit teilzeiterwerbstätigen Müttern, für die das gemeinsame Mittagessen mit den Kindern die Hauptmahlzeit des Tages ist, nutzen vollzeiterwerbstätige Mütter unter hohem organisatorischen und arbeitsintensiven Aufwand das Abendessen, um die

Familie mindestens einmal am Tag am Tisch zu versammeln. Im Allgemeinen genießen Familienmahlzeiten eine hohe Wertschätzung, weil sie einen Rahmen für gemeinschaftlich verbrachte Zeit bieten. Daher werden Mahlzeiten, wann immer es möglich ist, auch zusammen eingenommen. Werktags wie am Wochenende werden bei den Mahlzeiten Absprachen getroffen, insbesondere das Abendessen dient dazu, den Tag der einzelnen Familienmitglieder Revue passieren zu lassen. Festzuhalten ist, dass es im Alltagsablauf von Familien mit berufstätigen Eltern feste Mahlzeiten gibt, deren Ort, Zeitpunkt und Zusammensetzung an den zeitlichen Rahmenbedingungen und Verpflichtungen der einzelnen Familienmitglieder ausgerichtet werden. Am Wochenende zeichnet sich eine Entrhythmisierung der bürgerlichen Mahlzeitenstruktur ab, indem einzelne Mahlzeiten immer häufiger zu Gunsten der Freizeitgestaltung entfallen oder zeitlich verschoben werden. Auch wenn in Familien mit zwei Erwerbstätigen nicht alle Mahlzeiten gemeinsam als Familie eingenommen werden können, so tragen Mütter schichtübergreifend dafür Sorge, dass ihre Kinder dennoch drei Mahlzeiten am Tag erhalten.

Besonders für vollzeiterwerbstätige Mütter stellt die Verpflegung ihrer Kinder in Kindergarten und Schule eine große Entlastung im Alltag dar, die zwar vielerorts sowohl qualitativ als auch quantitativ als unzureichend wahrgenommen, aber dennoch in Anspruch genommen wird – nicht zuletzt wegen der zahlreichen positiven Auswirkungen auf das Ernährungsverhalten der Kinder. Betriebskantine und Verpflegungsangebote öffentlicher Gastronomieeinrichtungen sind dagegen kaum in das private Versorgungsmanagement von Familien eingebunden und spielen im Sinne des Einkaufs von Dienstleistungen zur Arbeitsentlastung eine untergeordnete Rolle.

Ernährungsversorgung ist eine überwiegend privat und in der Hauptsache von den Müttern erbrachte Arbeit, die es täglich wiederkehrend, 365 Tage im Jahr, zu leisten gilt. Die Verteilung von Ernährungsarbeit und Kinderbetreuung folgt noch immer deutlich traditionellen Mustern, wobei die durch Erwerbsarbeit gebundene Zeit und die spezifischen Geschlechterrollenvorstellungen zentrale Einflussfaktoren auf die Ausgestaltung der Arbeitsteilung zwischen Partnern sind. Zu den wenigen „Männern im Aufbruch" (ZULEHNER/VOLZ 1999) gehören teilzeiterwerbstätige oder selbstständig tätige Partner, die sich die Verantwortung und Arbeit der familialen Ernährungsversorgung mit ihren vollzeiterwerbstätigen Frauen teilen. Mit Hilfe zahlreicher Alltagskompetenzen leisten Mütter die familiale Ernährungsversorgung mit einer vielfältigen, flexiblen und intensiven Logistik, die der individuellen Bedarfs- und Ressourcenlage der Haushalte Rechnung trägt. Leitmotiv für den hohen Arbeits- und Zeitaufwand der familialen Ernährungsversorgung ist das starke Verantwortungs- und Fürsorgeempfinden der Mütter, ihre Kinder und Familien gut ernähren zu wollen. Demgegenüber werden die Ansprüche an die Qualität der eigenen Ernährung – besonders in Situationen hoher Belastung – zu Gunsten der Berufstätigkeit oft heruntergeschraubt und als nachrangig angesehen.

Die Mahlzeiten selber sowie vor allem auch die Beteiligung von Kindern an den Ernährungsversorgungstätigkeiten sind wichtige Lernorte für die intergenerationelle Weitergabe von Ernährungsweisen und Tischmanieren, für die Bildung und Stärkung von individueller und familialer Identität sowie für die Übernahme vorgelebten Rollenverhaltens der Eltern durch die Kinder. Die positive Rückwirkung von erlernten und gewohnten Ernährungsverhaltensweisen im Kindergarten auf die Abläufe im Elternhaus zeigt weiterhin, dass in einer stärker vernetzten Zusammenarbeit von Elternhäusern, Kindergärten und Schulen ein großes Potential für erfolgreiche Ernährungserziehung liegt. In den interviewten Familienhaushalten sind Kinder und Jugendliche, wenn auch nicht täglich, so doch regelmäßig aus erzieherischen Motiven an der Mahlzeitenzubereitung beteiligt. Während kleine Kinder ihren motorischen und kognitiven Fähigkeiten entsprechend in die Tätigkeiten der Beköstigung einbezogen werden, liegt Müttern bei ihren älteren Kinder viel daran, ihnen Grundtechniken der Lebensmittelzubereitung zu vermitteln. Mit Beginn der Pubertät nimmt bei Jungen, vielleicht auch wegen fehlender Vorbildrollen kochender Väter, deutlich stärker als bei Mädchen das Interesse an Tätigkeiten rund um die Beköstigung ab und wird von den Müttern nicht weiter gefördert. Der zunehmende Einfluss anderer Sozialisationsinstanzen auf die heranwachsenden Kinder stellt insbesondere die Mütter vor neue Herausforderungen im familialen Ernährungsalltag und verlangt es, Spannungen zwischen den familialen Ernährungsgepflogenheiten, Ernährungserziehungszielen einerseits und neuen Vorstellungen und Interessen ihrer Kinder andererseits auszutarieren.

5.5 Gegenüberstellung quantitativer Zeitbudgetdaten und qualitativer Interviewbefunde im Kontext aktueller Forschung

Nach der Auswertung sowohl der quantitativen Daten der Zeitbudgeterhebung 2001/2002 als auch der Interviews der qualitativen Befragung ist es nun sinnvoll, die vorliegenden Ergebnisse auch in vergleichendem Blick auf die aktuelle Forschung darzustellen. Dies wird im Folgenden anhand der zwei Aspekte familialer Ernährungsversorgung geschehen, die auch Schwerpunktthemen dieses Forschungsprojektes waren: den Mahlzeitenmustern auf der einen und den Bereich der Beköstigungstätigkeiten und Arbeitsteilung auf der anderen Seite.

5.5.1 Mahlzeitenmuster

In der Zusammenschau der quantitativen und qualitativen Befunde ist zunächst festzuhalten, dass die generalisierende These von der fortschreitenden Auflösung familialer Mahlzeiten für die hier untersuchten Familienhaushalte mit zwei erwerbstätigen Elternteilen und zwei Kindern nicht zutrifft. Erstens haben die Zeitbudgetdaten 2001/02 des statistischen Bundesamtes für das Ess- und Trinkverhalten gezeigt, dass das traditionelle Mahlzeitenmuster mit Frühstück, Mittagessen und Abendessen in Familienhaushalten weiterhin Bestand hat. Zweitens werden der Ort, Zeitpunkt und die personelle Zusammensetzung der täglichen Mahlzeiten sodann durch den Umfang der Erwerbstätigkeit, insbesondere der Mütter, bestimmt.

In der qualitativen Befragung galt es der Frage nachzugehen, welche Funktionen Mütter den einzelnen Hauptmahlzeiten im Familienalltag beimessen und ob sich unter bestimmten Erwerbs- und Alltagsbedingungen der Mütter dennoch Auflösungstendenzen fester Essenszeiten zeigen, die mit repräsentativen Zeitverwendungsdaten nicht identifiziert werden können.

Die Befunde aus den Interviews mit berufstätigen Müttern bestätigen, dass schichtübergreifende Auflösungstendenzen der üblichen Hauptmahlzeiten an den Werktagen nicht zu beobachten sind. Gegessen wird im Rahmen fester Zeiten in der überwiegenden Mehrheit der Familien dreimal am Tag, was einem typisch nordeuropäischen Mahlzeitenmuster zu entsprechen scheint. So bestätigten Untersuchungen aus Skandinavien, dass sich die Nahrungsaufnahme auf wenige und regelmäßig wiederkehrende Situationen beschränkt (KJAERNES 2001). Das gleiche gilt für die britische Gesamtbevölkerung, in der fast 70% regelmäßig mindestens drei Mahlzeiten zu sich nehmen (GOODE/BEARDSWORTH/ HASLAM ET AL 1995, S. 6). POULAIN (2002, S. 52) gibt allerdings zu bedenken, dass Menschen das Essen und Trinken im Zusammenhang mit der jeweiligen Funktion auf unterschiedlichen Zeitskalen lokalisieren. Während es für die Hauptmahlzeiten feste Zeiten gibt, existieren auch eine Reihe von anderen Essereignissen, die zwischendurch und zu unterschiedlichen Zeiten stattfinden. Die differenzierte Analyse der Familienmahlzeiten an den Werktagen verdeutlicht daher auch den Zusammenhang zwischen der Funktion einer Mahlzeit und ihrer zeitlichen, räumlichen und personellen Ausgestaltung. Besonders das häusliche Frühstück stellt für erwerbstätige Eltern eher einen schnellen Snack als eine am Tisch in Ruhe eingenommene Mahlzeit dar, ebenso wie Schulkinder zwar morgens eine Kleinigkeit essen und trinken, aber z.T. erst am Vormittag in der Schule richtig frühstücken. Gegenüber dem Notwendigkeitscharakter des Frühstücks, um „nicht nüchtern los zu gehen", ist das Abendessen in seiner sozialen Funktion von gemeinsam verbrachter Zeit und

Gesprächen über das zurückliegende Tagesgeschehen für die große Mehrheit der Familien überaus bedeutsam. Auch POULAIN (2002) konstatiert in seinen Untersuchungen über die gegenwärtigen Ernährungsgewohnheiten unserer französischen Nachbarn, dass der Ablauf und die Lebensmittelauswahl beim Abendessen in Familienhaushalten gegenüber dem üblichen Dreigänge-Mittagessen zwar weniger formalisiert ist, dafür aber die größere soziale Funktion besitzt. In England hingegen ist im familialen Essalltag eine stärkere Verschiebung und Auflösung gemeinsamer Mahlzeiten am Abend zu beobachten. Die hohe Akzeptanz gegenüber modernen Convenience-Lösungen (z.B. Tiefkühlkost, Take-Aways) fördert die Verbreitung einfacher und individualisierte Mahlzeitenformen, in denen die soziale Funktion von untergeordneter Wertigkeit ist. Englische Mütter tragen dafür Sorge, dass im Kühlschrank ausreichend Speisen verfügbar sind, um nicht jeden Abend zu Hause sein und frisch kochen zu müssen (CARRIGAN/SZMIGIN/LEEK 2006, S. 377). Auch in Italien werden außerhäusliche Verpflichtungen als Legitimation für die individuelle Nahrungsaufnahme zu unterschiedlichen Zeiten und auf Kosten des familialen sozialen Gemeinschaftsakts stärker akzeptiert als in deutschen Familien (ROMANI zit. nach CARRIGAN/SZMIGIN/LEEK 2006, S. 380).

Im Zusammenhang mit der mütterlichen Erwerbstätigkeit wurde deutlich, dass das gemeinsame Mittagessen von Müttern und Kindern eine Teilzeittätigkeit oder Selbstständigkeit der Mütter voraussetzt. Demgegenüber essen vollzeiterwerbstätige Frauen, insofern ihnen keine betriebliche Verpflegung mit fester Mittagspause zur Verfügung steht, nur sehr selten ein warmes Mittagessen. Stattdessen wird während der Arbeitszeit und vor dem PC gegessen. Eine Strategie, die häufig als unbefriedigend bewertet, aber notgedrungen akzeptiert wird, weil ansprechende Verpflegungsangebote am Arbeitsort fehlen und die eigene Erwerbsarbeitszeit als zu wertvoll erachtet wird, um sie mit Essen zu vergeuden. POULAIN (2002) erklärt das Essen am Arbeitsplatz mit der ungleichen Verteilung familiärer Verpflichtungen und der Doppelbelastung von Frauen, wodurch diese gegenüber Männern in ihren Erwerbsarbeitszeiten festgelegter sind. Die Mittagspause zeitlich zu verschieben oder ganz ausfallen zu lassen ist eine Strategie, die Arbeitszeit den Anforderungen in Beruf und Familie entsprechend anzupassen (POULAIN 2002). Für die Zufriedenheit mit der eigenen Ernährungsversorgung am Arbeitsplatz und der häuslichen Ernährungssituation ist im Allgemeinen entscheidend, ob Mütter in der Lage sind, effektive Alltagsstrategien zu entwickeln, um den konträren Anforderungen im privaten und öffentlichen Raum gerecht zu werden und damit normative Vorstellungen über die Ernährungsversorgung mit gegebenen Alltagsbedingungen zu vereinbaren.

Werden die Essenszeiten an den Werktagen hauptsächlich von externen Zeitgebern bestimmt, allen voran Erwerbsarbeitszeiten der Eltern, Schulzeiten der Kinder, aber auch Terminen der Freizeitgestaltung, führt die freie Zeiteinteilung am Wochenende dazu, dass viele Familien vom üblichen Muster der drei Mahlzeiten (Frühstück, warmes Mittagessen und Abendessen) Abstand nehmen. Wenn der Notwendigkeitscharakter des Essens gegenüber hedonistischen Motiven in den Hintergrund tritt und mit mehr Zeit, Entspannung und Genuss gegessen wird, fällt das warme Mittagessen zu Gunsten eines ausgiebigen Frühstücks und einer warmen Abendmahlzeit häufig aus. Je höher die Wertschätzung für das jeweilige Essen ist, desto ausgedehnter werden die Mahlzeiten am Wochenende wahrgenommen. Diesen Zusammenhang bestätigte bereits 1994 LANGE in ihrer Befragung von vollzeiterwerbstätigen Müttern. Familien betonen am Wochenende die hohe Bedeutung von Essen und Trinken, indem den Vorgängen der Mahlzeitenvor- und -zubereitung sowie der Essenseinnahme sehr viel Zeit gewidmet wird und darüber hinaus besondere Speisen und Gerichte auf den Tisch kommen. Gleichzeitig hat sich das Mahlzeitenmuster von Familien am Wochenende gegenüber vorangegangenen Generationen deutlich verändert: Der Wegfall des traditionellen Mittagessens am Sonntag zu Gunsten einer flexibleren Freizeitgestaltung und einem warmen Abendessen weist auf eine kulturübergreifende Angleichung der zeitlichen Mahlzeitenmuster hin. So ist beispielsweise auch in England das traditionelle „Sunday-Dinner" am späten Nachmittag die übliche Hauptmahlzeit des Tages (CARRIGAN/SZMIGIN/LEEK 2006, S. 380).

Soziale Funktion von (Familien-)Mahlzeiten
Die Untersuchung der sozialen Funktion von Mahlzeiten, insbesondere von Familienmahlzeiten, hat in der Ernährungsforschung bislang nur wenig Aufmerksamkeit erhalten. Dennoch hat sich beispielsweise gezeigt, dass das gemeinsame Essen vielfältige Möglichkeiten der Kommunikation zwischen den Anwesenden bietet (SOBAL 2000, S. 119). Verschiedene Autoren betonen den Aspekt der Geselligkeit, der Sozialisation und der Erziehung durch Gespräche während der Familienmahlzeit (EKSTRÖM/JONSSON 2005; SOBAL 2000, S. 125; TEUTEBERG 1985), wobei Mütter nicht nur für die Bereitstellung des Essens verantwortlich sind, sondern auch für die soziale Interaktion und Gesprächsführung während des Essens (DEVAULT 1991). KEPPLER sieht die entscheidende Bedeutung von Tischgesprächen in der Entstehung und Verfestigung von familialer Identität und zwar durch die Art und Weise, wie und nach welchen Regeln miteinander gesprochen wird, welche Themen vermieden und wie Konsensfindungen herbeigeführt werden (KEPPLER 1994 zit. nach BARLÖSIUS 1999, S. 185 ff.). Ebenso zeigen die Daten der Zeitbudgeterhebung, dass Ge-

spräche mit anderen Personen, vor dem Fernsehen und Radiohören, in Familienhaushalten die am häufigsten stattfindende Nebentätigkeit während der Mahlzeiten ist.

Die Gespräche mit erwerbstätigen Müttern haben deutlich gemacht, dass der physische und organisatorische Aufwand, den Frauen täglich auf sich nehmen, um zumindest eine warme Mahlzeit gemeinsam mit ihren Kindern zu verbringen, sowohl ernährungsphysiologische Gründe hat als auch sehr stark sozialkommunikativ motiviert ist. Während in Familien mit teilzeiterwerbstätigen Müttern das Mittagessen diese Doppelfunktion erfüllt, nutzen vollzeiterwerbstätige Mütter das Abendessen, um nicht nur die Nahrungsaufnahme der Kinder zu kontrollieren, sondern ebenso um in Ruhe miteinander zu reden. Gerade der rituelle Charakter dieser täglichen Mahlzeit und das Beisammensein am Tisch schaffen eine positive Atmosphäre für Gespräche. Bei den sehr unterschiedlichen Tagesplänen der einzelnen Familienmitglieder ist das Mittag- oder Abendessen dabei für die Mütter oftmals auch die einzige Gelegenheit am Tag, sich mit den Kindern über Tagesereignisse in Kindergarten, Schule und am Arbeitsplatz auszutauschen.

Ein Vergleich mit anderen Untersuchungsbefunden über die Art der Tischgespräche von Familien ist schwierig. Im deutschsprachigen Raum gibt es bisher nur eine umfangreiche Studie von KEPPLER, in der Tischgespräche von Familien analysiert wurden. Eine ihrer zentralen Beobachtungen zeigt, dass Streitgespräche während des Essens vermieden und vielmehr Themen gesucht werden, die für alle Beteiligten von Interesse sind (KEPPLER 1994 zit. nach BARLÖSIUS 1999, S. 185). Demgegenüber haben die interviewten Mütter kleinerer Kinder der vorliegenden Untersuchung häufig von Diskussionen mit den Kindern berichtet, die meist von dem Verzehr von Gemüse und Süßigkeiten am Tisch handeln.

Entgegen der üblichen Interpretation, dass durch seltenere Familienmahlzeiten und durch kollektives Essen vor dem Fernseher die Mahlzeit ihre Kommunikations- und Integrationsfunktion für Familien verliert (vgl. MESTDAG 2005, S. 72), zeigen die vorliegende Studie und andere Untersuchungen, dass das Tischgespräch die wichtigste Nebenaktivität während des Essens ist und der Fernseher deutlich seltener läuft, als häufig angenommen. Dennoch zeigen sich schicht- und bildungsabhängige Unterschiede: So haben Arbeiterinnen des Interviewkollektivs häufiger als Akademikerinnen von der Gewohnheit berichtet, dass gerne und regelmäßig vor dem laufenden Fernseher gegessen wird. Qualitative Untersuchungen aus England weisen ebenfalls darauf hin, dass besonders häufig während des Abendessens an den Werktagen das Fernsehgerät angeschaltet ist, dieses jedoch nur als Geräuschkulisse im Hintergrund fungiert (KEMMER/ANDERSON/MARSHALL 1998, S. 65). Die Ergebnisse der Zeitbudgetauswertungen und der Interviews zeigen nun, dass Familien miteinander am Tisch sitzen, nicht nur um ihren Hunger zu stillen, sondern insbesondere auch, um miteinander zu kommunizieren.

Mütterliche Arrangements für die Mittagsverpflegung

Was BROMBACH (2001, S. 240) bereits Ende der 1990er Jahre konstatierte, nämlich der Verzicht von Müttern auf eine berufliche Vollzeitbeschäftigung, um zur Mittagszeit zum gemeinsamen Essen mit den Kindern zu Hause sein zu können, trifft noch immer auf viele teilzeiterwerbstätige Mütter zu. Interessant sind die vielfältigen Versorgungsarrangements vollzeiterwerbstätiger Mütter, um das warme Mittagessen der Kinder sicher zustellen. Für Kindergartenkinder ist die Versorgungsfrage gegenüber Schulkindern leichter zu lösen, da diese in der Regel im Kindergarten zu Mittag essen können. Auch wenn das dortige Essensangebot nicht immer den qualitativen Ansprüchen der vollzeiterwerbstätigen Mütter entspricht, wird dies mangels Alternativen in Kauf genommen. Für Mütter mit ausgeprägtem Ernährungs- und Gesundheitsbewusstsein bedeutet dies aber auch, einen Ausgleich schaffen zu wollen, indem zusätzlich zur beruflichen Arbeit am Abend Mühe und Zeit in die Zubereitung einer gesunden Mahlzeit investiert wird. Gelingt dies nicht, sind bei Müttern häufig Unzufriedenheit und Überlastung aufgrund widersprüchlicher Rollenverpflichtungen in Beruf und Familie anzutreffen.

Das über weite Strecken fehlende warme Verpflegungsangebot in den Schulen erklärt, warum in Deutschland, unabhängig vom Erwerbsstatus der Mütter, Schulkinder mittags zu Hause versorgt werden. In Familien mit höheren Einkommen bereiten Tagesmütter, Haushaltshilfen oder Kindermädchen den Kindern vollzeiterwerbstätiger Mütter mittags eine Mahlzeit zu, sofern die Großmütter nicht vor Ort leben und den Müttern in der Versorgung nicht zur Seite stehen können. Auch in diesem Fall wird die Mittagsversorgung als Notanker eingestuft, wenn die Qualität nicht den Ansprüchen entspricht. In finanziell schlechter gestellten Familien müssen Mütter andere Lösungen finden, um ihren unterschiedlichen Rollenanforderungen in Beruf und Familie gerecht zu werden. Sie bereiten beispielsweise bereits am Wochenende oder am Abend das Essen vor oder legen eine Vorratshaltung von Tiefkühlgerichten an, so dass sich ältere Kinder ihr Essen eigenständig aufwärmen bzw. zubereiten können. Vereinzelt werden auch Absprachen mit Nachbarn oder befreundeten Müttern getroffen, die zumindest an einzelnen Tagen für das Mittagessen der Kinder sorgen. Zudem essen Schulkinder mit steigendem Alter zunehmend häufiger mit Freunden und Freundinnen außer Haus. Für eine optimale institutionelle Mittagsverpflegung ihrer Kinder in Schule und Kindergarten wünschen sich Mütter sowohl ein angemessenes Preis/Leistungsverhältnis, ein kindgerechtes, geschmackvolles und gesundheitlich ausgewogenes Speisenangebot als auch atmosphärisch ansprechende Räumlichkeiten für die Essenseinnahme. In Kindergärten sind darüber hinaus eine gute Vertrauensbasis zu den Erzieherinnen und klare Regeln über mitzubringende Speisen für Mütter außerordentlich wichtig. Zum einen soll die Mahlzeiteneinnahme von den Erzieherinnen beaufsichtigt werden, zum anderen sollen häusliche und elterliche Ernährungserziehungsmaßnahmen im Kindergarten nicht unterlaufen werden.

Die Auswertung der ernährungsbezogenen Zeitverwendung von Müttern aus unterschiedlichen Berufsgruppen hat gezeigt, dass die berufliche Selbstständigkeit – wie keine andere Arbeitssituation – Müttern die Möglichkeit bietet, den eigenen bzw. den Essalltag der Familie flexibel zu gestalten und zu organisieren. Diese Form der Erwerbsarbeit stellt eine bewusst gewählte und individuelle Vereinbarkeitsstrategie der interviewten Mütter dar, sowohl ihren beruflichen Ambitionen als auch den Anforderungen der Familie gerecht werden zu können. Dabei fällt auf, dass alle interviewten selbstständigen Mütter mit Kindern unter zehn Jahren in ihrer Alltagsorganisation zudem auf verlässliche Netzwerkhilfe im Hintergrund, in der Hauptsache in der Person der Großmutter, aufbauen können.

Der entscheidende Unterschied von beruflich selbstständigen gegenüber fest angestellten erwerbstätigen Frauen liegt in der größeren Flexibilität der Arbeitszeitgestaltung. Da berufliche Selbstständigkeit häufig im privaten Raum, d.h. in den Wohnräumen der Familie lokalisiert ist, besitzen die Mütter prinzipiell die Möglichkeit, während des Vor- und Nachmittages zwischen privater und beruflicher Arbeit zu wechseln. In Bezug auf das Mahlzeitengeschehen nutzen Mütter diese zeitlichen Freiräume, um gemeinsam mit den Kindern zu essen. Je nach Auftragsintensität im Beruf heißt es für die selbstständigen Frauen dementsprechend die durch Betreuungs- und Hausarbeitszeiten absorbierten Arbeitsstunden am Abend oder am Wochenende nachzuholen bzw. in Notfällen auf Netzwerkhilfen zurückzugreifen.

Trotzdem zeigen die beruflich selbstständigen Mütter eine große Zufriedenheit, die auf dem Gefühl beruht sowohl den eigenen Erwerbsarbeitsansprüchen und den persönlichen Wunschvorstellungen hinsichtlich Gesundheitswert und Gemeinsamkeit des Essalltags gut gerecht werden zu können, als auch die Sicherheit zu besitzen auf ein festes soziales Netzwerk zurückgreifen zu können. In einer qualitativen amerikanischen Studie wurde gezeigt, dass sich flexible Erwerbsarbeitszeiten und/oder Home-Office-Möglichkeiten in Kombination mit Hilfen im Haushalt positiv auf die Ernährungssituation der Familie und die Zufriedenheit mit den eigenen Rollen als Berufstätige und Ernährerin der Familie auswirken. Im Gegensatz zu Müttern mit Schichtdiensten, festen Arbeitszeiten und Überstunden, die häufig Mahlzeiten auslassen, stärker auf

außerhäusliche Snack- und Imbissangebote zurückgreifen und insgesamt von
dem Empfinden belastet sind, zu wenig Zeit für die Familie und die Ernährung
zu haben, sind Frauen, die ihre Berufsbedingungen stärker selbstbestimmt
lenken können, sowohl in der Lage Mahlzeiten häufiger mit der Familie einzunehmen als auch die Beköstigungsarbeiten besser zu planen und zu organisieren (DEVINE ET AL. 2003, S. 624). Diese Studienergebnisse und die Situation
der selbstständigen Mütter verdeutlichen, wie stark sich die zeitlichen Erwerbsarbeitsbedingungen auf die eigene Ernährung einerseits und die Gestaltung des Essalltags der Familie andererseits auswirken. Eine hohe Arbeitsbelastung und unflexible Arbeitszeiten hingegen schränken den Umgang mit den
eigenen Zeitressourcen stark ein, was für den Essalltag Diskrepanzen zwischen
den Wunschvorstellungen und dem Ist-Zustand familialer Ernährungsversorgung nach sich zieht. Wenn die Wahrnehmung der Zeiten sozialer Zusammen-
kunft beim Essen verloren gehen oder ungenügend sind, stellen sich bei den
interviewten Müttern nicht nur Unzufriedenheit und Überforderung ein, sondern auch Schuldgefühle, ihre Rolle als Mutter und Versorgerin nur unzureichend auszufüllen. Anders gestaltet sich die Situation, wenn Frauen nicht nur
auf erleichternde Rahmenbedingungen im Alltag stoßen (flexible und/oder
kürzere Arbeitszeiten, Netzwerke etc.), sondern auch die entsprechenden persönlichen Ressourcen bzw. Kompetenzen besitzen, mit den Alltagsanforderun-
gen umzugehen und individuelle Handlungsstrategien zu finden, um so den
eigenen Rollenverständnissen so gut es geht gerecht zu werden. Während Zeit
(Erwerbsarbeitsbedingungen, Schul- und Kindergartenzeiten etc.) also ein
wichtiger Einflussfaktor auf die Ausgestaltung des Essalltags von Familienhaushalten ist, so argumentieren DEVINE ET AL. (2003), dass auch die Art und
Weise, wie sich die verfügbaren Zeiten mit den individuellen Rollenvorstellun-
gen im familialen, persönlichen und beruflichen Bereich in Einklang bringen
lassen, entscheidend auf die Ernährungsversorgung auswirken (DEVINE ET AL.
2003, S. 625).

5.5.2 Beköstigungstätigkeiten und Arbeitsteilung

Die Beköstigungs- und Versorgungsarbeiten als elementarer Bestandteil der
Haus- und Familienarbeit werden in privaten Haushalten kultur- und länder-
übergreifend und täglich wiederkehrend von Frauen geleistet. Im Zuge der
Diskussion um die „neuen Väter" hat eine international vergleichende Analyse
die Einstellungsmuster von Vätern gegenüber der partnerschaftlichen Aufteilung der Haus- und Familienarbeit rekonstruiert und anschließend der tatsächlichen Beteiligung von Vätern gegenübergestellt: Noch immer schlägt sich die

größere Akzeptanz partnerschaftlicher Arbeitsteilung in den Einstellungen nicht konkret im Alltagshandeln nieder (HOFÄCKER 2007, S. 14). Dementsprechend wenig überraschend sind auch die vorliegenden Befunde, dass die Verantwortung für die Ernährungsversorgung nach wie vor bei den Müttern liegt. Die Zeitbudgetauswertungen zeigen, dass Mütter von ihren Partnern umso mehr unterstützt werden, je höher der Umfang und Status ihrer Berufstätigkeit ausfällt. Die Beteiligung von Kindern über zehn Jahren an den Beköstigungsarbeiten fällt insgesamt nur gering aus, und auch hier trifft zu, dass Mütter mit steigendem Umfang ihrer Berufstätigkeit und mit höherem Berufsstatus zunehmend mehr Unterstützung erfahren.

Verantwortung und Ausübung der Ernährungsversorgungsarbeiten von Frauen ist eng mit ihrem weiblichen Fürsorgeempfinden verknüpft und wichtiger Bestandteil ihrer weiblichen Rollenidentifikation – daran haben die zunehmende Erwerbsarbeit von Frauen und neue Rollenbilder der Geschlechter (z.B. HÖFÄCKER 2007; OBERNDORFER/ROST 2002; SCHAFER ET. AL. 1999; ZULEHNER/VOLZ 1999) nichts verändert. Zum Teil beruht die Zementierung geschlechtsspezifischer Arbeitsteilung aber auch auf strukturellen Gegebenheiten (beispielsweise Erwerbsarbeitszeiten und -orte der Männer), an denen die Umsetzung der geäußerten Einstellungen und Wünsche der Mütter und Väter, sich im Alltag den Arbeitsbereich der Beköstigung stärker zu teilen, scheitert. Eine Teilzeiterwerbstätigkeit von Müttern führt durch die längere häusliche Anwesenheit im Vergleich zu ihren vollzeiterwerbstätigen Partnern fast automatisch dazu, dass sie die Ernährungsversorgung leisten. Gegenbeispiele im Untersuchungssample mit einer umgekehrten bzw. vergleichsweise paritätischen Aufgabenteilung der Ernährungsversorgung sind Partnerschaften, in denen der Mann selbstständig erwerbstätig zu Hause arbeitet oder „nur" teilzeiterwerbstätig ist und die Mütter einer ganztägigen außerhäuslichen Erwerbstätigkeit nachgehen.

Aus macht- und ressourcentheoretischer Sicht[40] ist unklar, ob und wie genau sich Berufsposition und Höhe des Einkommens des jeweiligen Partners auf die Aushandlungsprozesse hinsichtlich der Ernährungsarbeit auswirken. Allerdings bestätigen die Interviews mit vollzeiterwerbstätigen Müttern in gehobenen Berufspositionen Befunde anderer Untersuchungen zu geschlechtsspezifi-

---

40   Eine Grundannahme der Ressourcentheorie lautet: Der Ehepartner mit den größeren Ressourcen verfügt über die größere Macht in Entscheidungsfindungsprozessen. Als Ressourcen werden der Bildungs- und Berufsstatus, das Einkommen und auch Ämter im außerfamilialen Bereich angesehen. Die Ressourcentheorie wurde in vielen Studien überprüft. Trotz unterschiedlicher Methoden sind zwei zentrale Ergebnisse festzuhalten: Die Entscheidungsmacht des Mannes korreliert positiv mit dem Einkommen, Berufsprestige und der Bildung; erwerbstätige Frauen haben in Entscheidungsprozessen mehr Macht als nichterwerbstätige Frauen (HELD 1978).

scher Arbeitsteilung in dem Sinne, dass Partner von Frauen mit höherem Bildungs- und Berufsstatus und/oder höherem Einkommen und längerer Arbeitszeit zwar nicht mehr Haus- und Ernährungsarbeit leisten als ihre Frauen, so doch aber zumindest eine Gleichverteilung der Gesamtarbeitslast vorliegt (RÜLING 2007; KEMMER 1999, S. 578). Mütter in sozial schwächeren Schichten erwarten im Vergleich zu den Akademikerinnen häufig gar keine Unterstützung bei den Kernaufgaben der Ernährungsversorgung (Vor-, Zu- und Nachbereitung) oder haben mangels materieller Abhängigkeit gegenüber ihren vollzeiterwerbstätigen Männern auch keine Argumente verfügbar, mehr Mithilfe einzufordern.

Um neben den genannten Gründen umfassend zu verstehen, warum die Ernährungsarbeit nach wie vor stark geschlechtsspezifisch organisiert ist, bedarf es auch einer Betrachtung des spezifischen Charakters, nämlich der hohen Komplexität der Ernährungsversorgungstätigkeiten[41], die es notwendig macht, dass eine Person den „entire plan in mind" hat (DEVAULT 1997, S. 181). Die wenigen Familien, in denen Väter hauptverantwortlich die tägliche Zubereitung des warmen Essens übernehmen, zeigen, dass eine partnerschaftliche Arbeitsteilung und Entlastung der Mütter nur dann funktioniert, wenn auch die Planung und Organisation dieser Tätigkeiten von den Vätern geleistet wird. Wenn es Müttern nicht gelingt, die Verantwortung für bestimmte Tätigkeiten abzugeben bzw. die anfallenden Arbeiten nicht nach festen Regeln zwischen den Partnern aufgeteilt sind, führen Männer lediglich Anweisungen ihrer Frauen aus, indem sie z.B. mit einer von der Frau angefertigten Liste den Einkauf erledigen. Auch wenn nicht alle Frauen es explizit formuliert haben, so sind es nicht die Tätigkeiten an sich, wie z.B. das Kochen, die als Belastung empfunden werden, sondern die täglich wiederkehrende Verantwortung, Planung und Organisation für die reibungslosen Abläufe der Ernährungsversorgung von Familien.

Insbesondere das mehrheitlich stark ausgeprägte weibliche Fürsorge- und Verantwortungsbewusstsein, ihre Familie, insbesondere die Kinder im Klein- und Grundschulalter, täglich gut und „gesund" und mit selbst zubereiteten Speisen zu ernähren, bestimmt den Aufwand und die Mühe für die tägliche Zubereitung eines warmen Essens und die Bereitstellung weiterer Mahlzeiten.

---

41 EKSTRÖM und JONSSON (2005) beschreiben die Bereitstellung von Mahlzeiten als einen Prozess, der eine Vielzahl von Entscheidungen erforderlich macht. Um die familiale Ernährungsversorgung sicherzustellen, muss es jemanden geben, der entscheidet, was gegessen wird, wann und welche Zutaten eingekauft werden müssen, wie die Zubereitung erfolgen soll, zu welcher Zeit und mit wem gegessen werden soll, als auch die Entscheidung darüber, wer was essen soll. „It's a tacit but important job to stage family meals for 365 days of the year. (…) Everyday cooking has been, and still seems to be, a woman's responsibility." (EKSTRÖM und JONSSON 2005, S. 8 f.)

Unterstützt wird diese Interpretation durch ähnliche Untersuchungsergebnisse aus Norwegen, wonach ein Teil weiblicher Rollenidentität nach wie vor mit der häuslichen Nahrungszubereitung und ihren Fürsorgepflichten verknüpft ist (BUGGE 2003). Eine weitere Studie verweist in diesem Zusammenhang darauf, dass „homemade cooking and food", also die eigene Herstellung von Mahlzeiten Zeichen von „intergenerational care-giving, altruism and love" sind (MOISO/ARNOULD/PRICE 2004, S. 379). Während einige Mütter aufgrund dieses Rollenbildes als Ernährerin der Familie nicht willens sind, diese Arbeitsleistung an dritte Personen abzugeben, besteht für viele Mütter gar keine Möglichkeit (z.B. wegen fehlender ökonomischer Ressourcen, fehlender Kinderbetreuungsplätze etc.) Teile der Ernährungsversorgungsarbeit an private und/oder öffentliche Netzwerke zu delegieren. Darüber hinaus nehmen die gemeinsamen Mahlzeiten gerade am arbeitsfreien Wochenende einen großen Stellenwert ein, deren Planung sowie Vor-, Zu- und Nachbereitung einen gerne in Kauf genommenen Arbeits- und Zeitaufwand notwendig machen. Auch wenn das Kochen an den Werktagen häufig schnell und hektisch erledigt wird, so ist das Kochen per se doch eine Tätigkeit, die gegenüber anderen hauswirtschaftlichen Arbeitsbereichen vergleichsweise gerne ausgeübt wird (LANGE 1993, S. 103).

Über den moralischen und ideellen Stellenwert der Beköstigungsarbeiten hinaus darf nicht vergessen werden, dass es sich im Vergleich zu anderen hauswirtschaftlichen Arbeitsbereichen bei den Beköstigungsarbeiten um Tätigkeiten handelt, die täglich geleistet werden müssen, um die Daseinsversorgung der Familie zu gewährleisten. Im Gegensatz zur Wäschereinigung oder dem Wohnungsputz können Mütter die Bereitstellung der Ernährungsversorgung nicht auf den nächsten Tag oder auf das Wochenende verschieben. Arbeitserleichternde Strategien, den Zeitaufwand der Mahlzeitenvor-, zu- und nachbereitung können sie nur begrenzt reduzieren. Wie in den Ergebnissen dargestellt, werden handelsübliche Convenience-Produkte (z.B. Tiefkühl- und Fertiggerichte) nur begrenzt von den hier interviewten Müttern zur Reduktion des Zeitaufwandes eingesetzt. Convenience-Lebensmittel sind mit negativen Konnotationen besetzt und erzeugen bei den Müttern Ambivalenzen, da nur das „mit Liebe" und mit gesunden, frischen Zutaten hergestellte Essen das Beste für die Familie ist. Dennoch gibt es im Zusammenhang mit diesen normativen Leitbildern eine Hierarchie akzeptierter Convenience-Lösungen, um Zeitkonflikte zwischen der Mahlzeiteneinnahme, dem Kochen und den Zeitstrukturen der Familienmitglieder zu verringern. Tiefkühlgemüse wird z.B. von Müttern durchgängig akzeptiert und genutzt, weil der gesundheitliche Wert überzeugt. Dosengemüse und andere Fertiggerichte gelten als nicht gesund, nicht frisch und mit Zusatzstoffen verarbeitet und werden abgelehnt bzw. nur in Notfällen eingesetzt. Lebensmittel, wie Tiefkühlpizzen oder Take-Aways, werden wiederum auf Grund des hohen Beliebtheitsgrades bei den Kindern gelegentlich als Ausnahmeessen und Belohnung serviert, sind aber keine Strategie, den Zeitaufwand für die Nahrungszubereitung zu verringern. Um dem Alltagsstress zwischen Beruf und „Herd" besser gerecht zu werden, ist die Nutzung von Convenience-Lebensmitteln in anderen Nationen, wie z.B. unter britischen und amerikanischen Müttern, hingegen stärker akzeptiert und weiter verbreitet (CARRIGAN/SZMIGIN/LEEK 2006, S. 377; BOWERS 2000). Dabei geht die umfangreichere und alltägliche Nutzung von Convenience-Lebensmitteln mit einer Reinterpretation dessen einher, was Mütter als „proper food" klassifizieren (MARSHALL 2005, zit. nach CARRIGAN/SZMIGIN/ LEEK 2006, S. 376). Da die eigenen Ideale oft im Konflikt zu den realen Lebensbedingungen stehen, nämlich langen Arbeitszeiten, unterschiedlichen Zeitplänen der Familienmitglieder etc., verstehen insbesondere jüngere Frauen heute Speisen aus einer Mischung aus frischen und natürlichen Zutaten und verarbeiteten Lebensmitteln als „homemade" bzw. „proper food" (CARRIGAN/SZMIGIN/LEEK 2006, S. 382). In deutschen Familien ist und bleibt die gemeinsame Mahlzeit mit Speisen aus frischen Zutaten das angestrebte Ideal. Dennoch erfordern die Alltags- und Lebensstile auch von deutschen erwerbstätigen Müttern an den Werktagen Abstriche von ihrem normativen Leitbild. Der innere Konflikt zwischen dem Ideal, etwas selbst zuzubereiten und dem zunehmend häufigeren Konsum von Convenience-Lebensmitteln wird von den Müttern aus pragmatischen Gründen legitimiert.

Um Qualitätsansprüche beizubehalten und nicht mehr Zeit als notwendig für Beköstigungsarbeiten aufzuwenden, sind andere Strategien wie vernetzte Wegeketten beim Einkauf, eine umfangreiche Vorratshaltung, die häufiges Einkaufen unnötig macht, sowie Flexibilität bei der Speiseplanung und schließlich die Aneignung eines umfangreichen Standardrepertoires von schnellen und beliebten Gerichten garantiert. Darüber hinaus werden erwerbsarbeitsfreie Zeiten, wie das Wochenende oder freie Nachmittage genutzt, um Speisen und Gerichte vorzukochen, tiefzufrieren und bei Bedarf schnell zur Hand zu haben.

Während in Deutschland also nach wie vor private Lösungen für die Mittagsverpflegung von Schul- und Kindergartenkindern gefunden werden müssen, greift der Staat in anderen Ländern erwerbstätigen Müttern unterstützend unter die Arme, so erhalten z.B. in Finnland Schulkinder bereits seit mehreren Jahrzehnten ein kostenfreies warmes Mittagessen in der Schule (PISA FINNLAND 2006).

Die altersgerechte Beteiligung von Klein- und Grundschulkindern an den Arbeitsabläufen in der Küche verlangt Müttern durch zusätzlich notwendige Aufsicht und Betreuung einen erhöhten Vorbereitungsaufwand ab, der nicht in den Zeitbudgetdaten erkennbar ist.

Als Hauptakteurinnen der familialen Ernährungsversorgung erhalten und fordern Mütter nur wenig Hilfe von ihren Kindern, um den eigenen Arbeitsaufwand nachhaltig zu reduzieren. Vielmehr ist die Beteiligung der Kinder an den Tätigkeiten der Ernährungsversorgung erzieherisch motiviert, was auch in anderen Studien bestätigt wird. So sehen Mütter den größten Wert, Kinder in die Haus- und Ernährungsarbeit einzubeziehen, in der Entwicklung von praktischen Fähigkeiten, sozialer Kompetenz und Verantwortung und nicht in der Reduktion der Arbeitslast der Eltern (GOODNOW ET. AL. 1991). Darüber hinaus gehören feste Aufgaben, die den Kindern übertragen werden, wie die Mithilfe beim Tischdecken, Abräumen und den Vorbereitungsarbeiten (z.B. Gemüse schneiden etc.), zu den weniger arbeitsintensiven Tätigkeiten der Beköstigung. Ausnahmen sind beruflich besonders stark beanspruchte Frauen wie Selbstständige und vollzeiterwerbstätige Mütter, die durch die Übertragung fester Pflichten von ihren Kindern bereits zu einem frühen Zeitpunkt ein größeres Maß an Selbstständigkeit und Verantwortungsübernahme erwarten.

Über alle Haushalte hinweg sind traditionelle Geschlechterrollenmuster bei der Vor- und Zubereitung der täglichen Mahlzeiten schon bei Jungen und Mädchen jedoch nach wie vor weit verbreitet und verstärken sich mit zunehmendem Alter. Diese Beobachtungen entsprechen Zeitverwendungsdaten, nach denen deutlich weniger Jungen zwischen 12 und 20 Jahren täglich an Beköstigungstätigkeiten beteiligt sind als Mädchen im gleichen Alter (MEIER-GRÄWE/ZANDER 2005, S. 102). Mütter, die ihre Söhne in diesem Alter aus den bisherigen Pflichten entlassen und deren nachlassendes Interesse als Begründung hinnehmen, tragen damit zu einer Reproduktion von Geschlechterstereotypen in den Herkunftsfamilien bei. Hinzu kommt, dass die von den Kindern mehrheitlich erlebte, überwiegend asymmetrische partnerschaftliche Arbeitsteilung der Eltern prägend wirkt und geringe Verhaltensmodifikation im Erwachsenenalter erwarten lässt. In diesem Zusammenhang sind noch einmal die Gestaltungsmöglichkeiten des Essalltags und der Ernährungserziehung in Kindergarten und Schule zu nennen, positiv auf das häuslichen Essverhalten und Versorgungshandeln der Kinder ein zu wirken.

6 Typologie der Ernährungsversorgung in Familienhaushalten von erwerbstätigen Müttern

Vor dem Hintergrund des ökotrophologisch angelegten theoretischen und forschungspraktisch-methodologischen Rahmens belegen die bisher vorgestellten Befunde zur Ernährungsversorgung ein breites Spektrum an Essalltagsmodalitäten, Beköstigungspraktiken und Werthaltungen in den untersuchten Familienhaushalten. Vereinfachende Generalisierungen und Bewertungen über die Ernährungsversorgung in Familien sind von daher unzulässig oder greifen zu kurz. Vielmehr gestalten Mütter die Ernährungsversorgung der Familie auf der Grundlage ihrer beruflichen und arbeitswirtschaftlichen Situationen, in Abhängigkeit von privaten und öffentlichen Netzwerken, persönlichen und haushälterischen Ressourcen sowie individuell spezifischen Ernährungsleitbildern, die hochgradig ausdifferenziert sind. Da die Ernährungsversorgung nicht per se beschreib- und verallgemeinerbar ist, wurde mit Rückgriff auf den ökotrophologischen Bezugsrahmen und die empirischen Ergebnisse eine Verdichtung der deskriptiven Befunde in Form einer Typologie angestrebt. Ziel war es, losgelöst vom Einzelfall allgemeine Zusammenhänge zwischen den Ernährungsversorgungspraktiken und familialen Rahmenbedingungen zu identifizieren.

Im Sinne qualitativer Forschungsprinzipien wird zunächst die methodische Vorgehensweise der Typologiegenerierung in ihren Einzelschritten nachgezeichnet und offen gelegt. Im Mittelpunkt steht die Präsentation der sieben identifizierten Ernährungsversorgungstypen. Es werden darüber hinaus zwei Familienhaushalte und ihre Ernährungsversorgung vorgestellt, die sich keinem Ernährungsversorgungstyp zuordnen lassen. Auf Grund ihrer spezifischen Ernährungsversorgungssituationen erweitern diese Einzelfälle das Abbild der sozialen Wirklichkeit des Essalltags von Familien im Zusammenhang mit dem Erwachsenwerden von Kindern.

6.1 Generierung der familialen Ernährungsversorgungstypen

In der qualitativen Forschungsliteratur werden verschiedene Methoden der Typenbildung beschrieben[42]. Bei der Auswertung qualitativen Interviewmaterials schließen Typologisierungen in der Regel an die Analyse von Einzelfällen an, können aber auch parallel dazu verlaufen. Ziel einer Typologisierung ist es, über das einzelne Interview hinaus auf einer Metaebene übergeordnete Zusammenhänge und Erkenntnisse zu erlangen. Es werden Gemeinsamkeiten gesucht, die in den Interviews auftreten. Ebenso werden inhaltliche Differenzen herausgearbeitet. Im Ergebnis entsteht eine Typologie, die die einzelnen Untersuchungssubjekte verschiedenen Typen zuordnet. Innerhalb eines Typus sollen sich die einzelnen Elemente (bzw. Fälle, Interviews) möglichst ähneln. Auf der Ebene der Typen wird auf höchstmögliche Unterschiedlichkeit geachtet, was die interne Homogenität und externe Heterogenität betrifft (KLUGE 1999, S. 26 ff). Der Begriff Typus bezeichnet die gebildeten Teil- oder Untergruppen. Sie weisen gemeinsame Eigenschaften auf und werden anhand der spezifischen Konstellation dieser Eigenschaften beschrieben und charakterisiert (KLUGE 2000).

Für den vorliegenden Datensatz von 48 qualitativen Interviews wurde das vierstufige Verfahren der empirisch begründeten Typenbildung nach KLUGE (2000, 1999) gewählt. Es zeichnet sich gegenüber anderen Verfahren durch ein systematisches, aber flexibles Vorgehen aus (vgl. Abb. 6.1). Besonders vorteilhaft ist, dass jede Auswertungsstufe dem Forschungsgegenstand und der Datenbasis entsprechend angewendet werden kann.

---

42 Das Verfahren zur „Typologischen Analyse" wurde von KUCKARTZ entwickelt (KUCKARTZ 1996). GERHARDT beschreibt das Verfahren der „Prozessstrukturanalyse" zur Verallgemeinerung qualitativer Daten und Ergebnisse (GERHARDT 1991). Eine ausführliche Übersicht von Typenbildungsverfahren bietet KLUGE (1999).

Abbildung 6.1:   Stufenmodell der empirisch begründeten Typenbildung

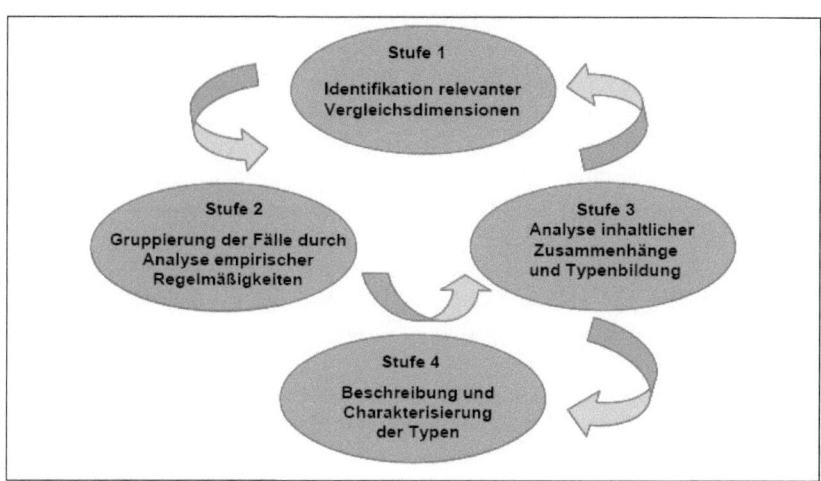

Quelle: Eigene Darstellung nach Kluge 1999

Die Generierung einer Typologie verlangt in einem ersten Schritt die Erarbeitung und Definition relevanter Vergleichsdimensionen mit bestimmten Merkmalen, die eindeutig beschrieben und definiert werden müssen (KLUGE 1999, S. 264 ff.). Dafür müssen alle Untersuchungsobjekte miteinander verglichen werden, um zu gewährleisten, dass auch alle Elemente erfasst werden können. Für die Erarbeitung der Vergleichsdimensionen sind unterschiedliche Verfahren geeignet, die auch miteinander kombiniert werden können:

Die zentralen Merkmale und Vergleichsdimensionen werden deduktiv aus dem theoretischen Vorwissen abgeleitet und sind bereits vor der Erhebung bekannt, wobei weitere Merkmale anhand des Datenmaterials durch Einzelfallanalyse und Fallvergleich entdeckt werden.

Merkmale und Vergleichsdimensionen werden rein induktiv durch eine fallvergleichende Analyse des Datenmaterials anhand thematischer Stichworte (Codieren) erarbeitet. (KLUGE 1999 S. 270 ff.).

Auf der zweiten Stufe schließt sich die Gruppierung der Fälle sowie die Analyse empirischer Regelmäßigkeiten in diesen Gruppen an. Hierzu wird ein Merkmalsraum in Form einer Kreuztabelle angelegt, der die zentralen Vergleichsdimensionen enthält. Die Einzelfälle werden entsprechend ihrer Merkmalskombination einem Feld des Merkmalsraums zugeordnet. Die dritte Stufe der Typologisierung sieht eine Untersuchung inhaltlicher Sinnzusammenhänge sowohl innerhalb der gebildeten Gruppen als auch zwischen den Gruppen vor, da die einzelnen Merkmalskombinationen meist nicht zufällig sind, sondern inhaltliche und sinnhafte Zusammenhänge widerspiegeln (KLUGE 1999, S. 260 und 277 ff.). Die Herausarbeitung dieser Sinnzusammenhänge zwischen den einzelnen Fällen einer Gruppe führt zur Bildung der Typen. Zu beachten ist, dass auch eine Reduktion des Merkmalsraumes möglich ist, wenn einzelne Gruppen zusammengefasst werden. Abschließend werden die ermittelten Typen umfassend und möglichst präzise beschrieben, wobei die relevanten Vergleichsdimensionen mit ihren Merkmalen sowie die inhaltlichen Zusammenhänge Berücksichtigung finden (KLUGE 1999, S. 280).

Für den Merkmalsraum der Ernährungsversorgungstypologie wurde sowohl auf Basis der Theorie haushälterischen Handelns[43] (V. SCHWEITZER 1991), des Haushaltsstilansatzes (MEIER 2000, S. 59) und sozialer Schicht- und Milieumodelle[44] (HRADIL 2006) als auch auf der Grundlage ausgewählter Zeitbudgetergebnisse[45] die Vergleichsdimension „Ressourcenausstattung" mit ihren drei Merkmalsausprägungen hohe, mittlere und niedrige Ressourcenausstattung definiert (vgl. Tab. 6.1).

---

43 Die Ernährungsversorgung stellt einen bedeutsamen Bereich der haushälterischen Handlungen dar, deren Erfüllung bzw. Ausübung an das Vorhandensein und den Einsatz von Ressourcen geknüpft ist. Die Art und Weise der Daseinsvorsorge und damit auch der Ernährungsversorgung von Haushalten steht in einem engen Zusammenhang mit dem Ausmaß der vorhandenen Ressourcen. Während die von VON SCHWEITZER beschriebenen Ressourcenarten vielfältig sind (VON SCHWEITZER 1991, S. 157), wurde für die Vergleichsdimension Ressourcenausstattung lediglich auf das Haushaltsnettoeinkommen, Bildung, Netzwerke und die Erwerbsarbeitszeitgestaltung zurückgegriffen, da diese in allen Interviews enthalten und operationalisierbar sind.

44 In der klassischen Strukturanalyse sind Einkommen und Bildung zentrale Determinanten der Schichtzugehörigkeit, die auch in der Milieuforschung Bestand haben.

45 Die Sekundäranalyse der Zeitbudgetdaten hat beispielsweise gezeigt, dass es zwischen Müttern unterschiedlicher Berufsgruppen und mit unterschiedlichem Erwerbsarbeitszeitumfang starke Differenzen in der Zeitverwendung für die Ernährung gibt. Ebenso unterscheiden sich selbstständige Mütter, die gegenüber anderen Berufsgruppen über eine vergleichsweise freie Arbeitszeiteinteilung verfügen, mit ihrem Zeitbudget für die Beköstigung und das Essen und Trinken deutlich von z.B. den Arbeiterinnen.

Tabelle 6.1: Beschreibung der Ressourcenausstattung

	Haushalts-nettoein-kommen/ Monat	Bildungs-abschluss der Mutter	Art der mütterli-chen Arbeitszeitge-staltung	Netzwerke (NW)
hoch	3750–5000 Euro und mehr	akademi-scher Ausbil-dungs-abschluss	hoher Umfang an freier Erwerbsar-beitszeiteinteilung	Vorhandensein von priva-ten NW (Großmütter, sonstige Familienangehö-rige, Freunde, Bekannte, Nachbarn) und öffentlichen NW (institutionelle NW: Hort, Kindertagesstätte mit Mittagsverpflegung; bezahlte sonstige NW: Haushaltshilfen, Tages-mütter, Kindermädchen); verlässliche Unterstützung des Partners im Arbeits-bereich Beköstigung
mittel	2500 – 3750 Euro	abgeschlos-sene Berufs-ausbildung	feste Erwerbs-arbeitszeiten mit einem geringen Maß an freier Arbeitszeiteintei-lung, z.B. Gleitzeit	Vorhandensein von priva-ten oder öffentlichen NW gelegentliche, nicht verlässliche Unterstützung des Partners im Arbeits-bereich Beköstigung
niedrig	< als 2500 Euro	abgeschlos-sene Berufs-ausbildung/ kein Berufs-ausbildungs-abschluss	Rigide Erwerbs-arbeitszeiten; kein Einfluss auf die Erwerbsarbeitszei-ten	Kein Vorhandensein von Netzwerken keine Unterstützung vom Partner im Arbeitsbereich Beköstigung

Quelle: Eigene Darstellung

Die erste Vergleichsdimension setzt sich aus den deduktiv abgeleiteten Merk-malen *Einkommen* und *Bildungsabschluss* sowie aus dem Textmaterial induk-tiv abgeleiteten Ressourcenmerkmalen *Netzwerkausstattung* und *Arbeitszeitge-staltung* zusammen. Diese haben sich nach vergleichender Fallanalyse für die Gestaltung des familialen Ernährungsversorgungsalltags als relevant erwiesen. Während sich die beiden Ressourcen *Bildungsabschluss* und *Arbeitszeitgestal-tung* auf die Mütter als Hauptakteurinnen der Ernährungsversorgung beziehen, bedeuten die Merkmale *Einkommen* und *Netzwerkausstattung* für den gesamten Haushalt verfügbare Ressourcen. Beispielhaft sei erläutert, dass Familien mit einer hohen Ressourcenausstattung demnach ein Haushaltsnettoeinkommen von mindestens 3750 und mehr Euro/Monat haben. Die Mütter dieser Haushalte verfügen über einen akademischen Ausbildungsabschluss und gehen einer Erwerbstätigkeit nach, die ihnen ein hohes Maß an freier Arbeitszeiteinteilung bietet. Zusätzlich können die Mütter auf verlässliche Hilfe ihrer Partner im Arbeitsbereich Beköstigung vertrauen. Die Familien verfügen über private und öffentliche Netzwerke.

Die zweite Vergleichsdimension „Mahlzeitenmuster" wurde vom übergeordneten Forschungsgegenstand, der familialen Ernährungsversorgung zwischen privatem und öffentlichem Raum, abgeleitet. Sie kategorisiert, wo und in welcher Personenkonstellation die täglichen Hauptmahlzeiten von Familienhaushalten und ihren Mitgliedern eingenommen werden.

Tabelle 6.2:   Art des Mahlzeitenmusters von Familienhaushalten an den Werktagen

Regelmäßige häusliche Mahlzeiten	Die drei Hauptmahlzeiten werden zu Hause eingenommen, gemeinsam von allen vier Familienmitgliedern oder von Müttern (oder Vätern) mit ihren Kindern.
Gemeinschaftliche und individualisierte häusliche Mahlzeiten	Die drei Hauptmahlzeiten werden zu Hause eingenommen; mindestens eine Mahlzeit davon gemeinsam, von allen vier Familienmitgliedern oder von Müttern (oder Vätern) mit ihren Kindern; maximal eine Mahlzeit wird individualisiert eingenommen.
Gemeinschaftliche häusliche Tischgemeinschaften und individualisierte außerhäusliche Mahlzeiten[46]	Frühstück und Abendessen werden zu Hause von allen vier Familienmitgliedern oder von Müttern (oder Vätern) mit ihren Kindern eingenommen; das Mittagessen wird von allen Familienmitgliedern außer Haus und getrennt voneinander eingenommen.
Individualisierte häusliche und außerhäusliche Mahlzeiten	Maximal eine Mahlzeit (Abendessen) wird von allen vier Familienmitgliedern oder von Müttern (oder Vätern) und ihren Kindern zu Hause eingenommen; die anderen Hauptmahlzeiten werden zu Hause und/oder außer Haus getrennt voneinander eingenommen.

Quelle: Eigene Darstellung

Da die Mahlzeiteneinnahme immer an zeitliche, räumliche und personelle Bedingungen geknüpft ist (BARLÖSIUS 1999, S. 175), wurde im Sinn der Projektziele die Art der Mahlzeitenmuster an den Werktagen[47] dahingehend operationalisiert, ob in den interviewten Familien die drei Mahlzeiten Frühstück,

---

46   Zur Erläuterung der Begrifflichkeit „individualisierte außerhäusliche Mahlzeit" ist anzumerken, dass die einzelnen Familienmitglieder getrennt voneinander eine Mahlzeit außer Haus zu sich nehmen. Das bedeutet aber nicht zwangsläufig, dass die Personen allein außer Haus essen, wie der Fall gemeinschaftlicher Mahlzeiten der Kinder im Kindergarten zeigt.

47   Angesichts der Forschungsfragestellung, wie erwerbstätige Müttern den Ernährungsalltag der Familie gestalten, wurden für die Festlegung des Mahlzeitenmusters an dieser Stelle nur die Werktage berücksichtigt. Am Wochenende entfallen Zeitbindungen der Familienmitglieder wie Erwerbsarbeit, Schule und Kindergarten, was zur Folge hat, dass am Wochenende in den Familien deutlich mehr Mahlzeiten gemeinsam und im häuslichen Raum stattfinden.

Mittagessen und Abendessen stattfinden, wo gegessen wird (privat/zu Hause oder öffentlich/außer Haus) und in welcher personellen Konstellation die einzelnen Mahlzeiten eingenommen werden (Tischgemeinschaft aller Familienmitglieder, Tischgemeinschaft von Kindern und einem Elternteil; Einzelmahlzeit/individualisierte Mahlzeiteneinnahme). Ausgehend von den Fallstudien der einzelnen Familienhaushalte konnten vier verschiedene Ausprägungen familialer Mahlzeitenmuster an den Werktagen unterschieden werden (vgl. Tabelle 6.2).

Abbildung 6.2:   Darstellung des Merkmalsraums mit zugeordneten Untersuchungseinheiten und Einzelfällen

Ressourcenausstattung	Art des Mahlzeitenmusters			
	Regelmäßige häusliche Tischgemeinschaft	Gemeinschaftliche und individualisierte häusliche Mahlzeiten	Gemeinschaftliche häusliche und individualisierte außerhäusliche Mahlzeiten	Individualisierte häusliche und außerhäusliche Mahlzeiten
hoch	13, 15, 24 Typ 5		Typ 4 1, 54, 6, 5, 14, 16, 31, 3, 7, 8, 33, 52	12, 23, 56 Typ 3 Hh 29
mittel	4, 9, 11, 20, 19, 25, 32, 50, 35, 47	17, 18, 22, 34, 36, 37 Typ 1		21, 26, 43, 45 Typ 2 Hh 28
niedrig		42, 38, 39 Typ 6		40, 41, 44, 57, 48 Typ 7

Quelle: Eigene Darstellung

Auf der Basis der zwei festgelegten Vergleichsdimensionen und ihren Merkmalsausprägungen wurde anschließend ein Merkmalsraum in Form einer Kreuztabelle gebildet. Die Ressourcenausstattung befindet sich dabei in der vertikalen und die Art des Mahlzeitenmusters in der horizontalen Anordnung. Die Ressourcenausstattung als auch das Mahlzeitenmuster wurde dann für jeden Familienhaushalt anhand der vorliegenden Fallbeschreibungen einzeln überprüft, festgelegt und dem entsprechenden Feld im Merkmalsraum zugeordnet (vgl. Abb. 6.2). Um einen höchstmöglichen Grad an Intersubjektivität zu gewährleisten, führten drei Projektmitarbeiterinnen diese Zuordnung unabhängig voneinander durch, um ihre Ergebnisse anschließend zu vergleichen. Dabei kam es nur vereinzelt zu unterschiedlichen Bewertungen der Ressourcenausstattung und Mahlzeitenmuster einzelner Haushalte, die durch Diskussion und unter Rückbezug auf das Ursprungsmaterial im Forschungsteam übereinstimmend geklärt wurden.

Die leeren Felder in der tabellarischen Darstellung des Merkmalsraums veranschaulichen, dass es zwischen den theoretisch möglichen und den empirisch vorgefundenen Gruppierungen familialer Ernährungsversorgungsstile Differenzen gibt. Zum einen besteht die Möglichkeit, dass bestimmte Gruppen von Familien bei der Auswahl der Stichprobe[48] nicht berücksichtigt bzw. erreicht wurden und zum anderen ist es möglich, dass diese Gruppen real nicht existieren. Die Ziffern beziehen sich jeweils auf die zu diesem Typ dazugehörigen Familienhaushalte. Es wird deutlich, dass sich z.B. dem Typ 1 sehr viele Haushalte zuordnen lassen, die empirische Evidenz für Typ 3 oder Typ 6 mit nur je drei Haushalten ist dagegen deutlich geringer.

Nach der Erstellung des Merkmalsraums und der Zuordnung bzw. Gruppierung der Untersuchungselemente folgte die Untersuchung der empirisch vorgefundenen Gruppen auf bestehende inhaltliche Sinnzusammenhänge (KLUGE 1999, S. 260). Dazu wurde wiederum auf die Einzelfalldarstellungen der Haushalte als auch auf das ursprüngliche Datenmaterial in Form der Interviewtranskripte zurückgegriffen. Für alle Familienhaushalte eines Feldes innerhalb des Merkmalsraums wurden weitere gemeinsame Merkmale und Ausprägungen der Ernährungsversorgung identifiziert und auf ihre Sinnadäquatheit analysiert. Mit diesem Auswertungsschritt konnte ein guter Überblick über die Charakteristika und Gemeinsamkeiten innerhalb der einzelnen Gruppen gewonnen werden. Es konnten aber auch Unterschiede zwischen den Gruppen sowie abweichende Fälle identifiziert werden (KLUGE 1999, S. 275 ff.). Ergebnis des regelgeleiteten Typologisierungsverfahrens sind sieben Typen familialer Ernährungsversorgungsstile. Diese zeichnen sich durch jeweils spezifische soziodemographische Charakteristika aus. Sie unterscheiden sich weiterhin durch praktizierte Ernährungs- und Zubereitungsgewohnheiten, in der Art geschlechts- und generationsspezifischer Arbeitsteilungsmuster, in der Nutzung von Außer-Haus-Verzehrsmöglichkeiten und der Organisation des Lebensmitteleinkaufs. Ebenso liegen ihnen spezifische Einstellungen und Werthaltungen zu Grunde. Zwei Familienhaushalte ließen sich keinem der sieben Typen zuordnen. Sie waren entsprechend ihrer Ressourcenausstattung und dem Mahlzeitenmuster zunächst dem Typ 2 und dem Typ 3 zuzuordnen, wiesen aber in ihren Werten und Normen, in soziodemographischen Merkmalen sowie in der Alltagsorganisation der Ernährungsversorgung (Einkauf, Beköstigung)

---

48   Es ist zu beachten, dass aufgrund der Forschungsfrage der Ernährungsalltag von Familienhaushalten mit nicht erwerbstätigen Frauen nicht untersucht wurde.

deutliche Unterschiede auf[49]. Die sieben gewonnenen Ernährungsversorgungstypen wurden entsprechend der Handlungsmuster der Mütter im Spannungsfeld von familialer Ernährungsversorgung, Beruf und persönlichen Interessenlagen bezeichnet:

- Die familienorientierten Traditionalistinnen (Typ 1)
- Die ambivalenten Ess-Individualistinnen (Typ 2)
- Die entspannten Unkonventionellen (Typ 3)
- Die berufsorientierten Netzwerkerinnen (Typ 4)
- Die pragmatischen Selbstständigen (Typ 5)
- Die überlasteten Einzelkämpferinnen (Typ 6)
- Die aufopferungsvollen Umsorgerinnen (Typ 7)

6.2 Die sieben Ernährungsversorgungstypen in Familienhaushalten

6.2.1 Die familienorientierten Traditionalistinnen

> *„Und wir ziehen das auch ganz konsequent*
> *durch, als Familie zu essen." (Haushalt 4:35)*

Die „familienorientierten Traditionalistinnen" repräsentieren den am häufigsten auftretenden familialen Ernährungsversorgungsstil, der eine insgesamt sehr häusliche ausgeprägte Ernährungsversorgung praktiziert. In diesen Familien versorgen teilzeitbeschäftigte Mütter ihre schulpflichtigen Kinder. Sie haben trotz hoher Berufsqualifikationen mit Geburt der Kinder ihre Erwerbsbeteiligung reduziert, um eine verlässliche, qualitativ hochwertige Ernährungsversorgung der Kinder ebenso zu gewährleisten, wie deren nachmittägliche Hausaufgabenbetreuung und Freizeitgestaltung. Mütter verstehen sich hier als „Ernährungsministerinnen" ihrer Familie und bereiten täglich ein warmes und gesundes Mittagessen zu. Gegenüber Haushalten mit jüngeren schulpflichtigen Kindern, in denen Mütter und Kinder alle drei Hauptmahlzeiten gemeinsam einnehmen, entfällt in Familien mit älteren Schulkindern entweder das gemeinsame Frühstück oder Abendessen zu Gunsten der steigenden Freizeit- und Autonomieansprüche der Kinder. Das stark ausgeprägte und verinnerlichte Fürsorge- und Verantwortungsbewusstsein, die Familie und insbesondere die Kinder

---

49 Worin die Besonderheiten dieser zwei Familienhaushalte liegen, wird im Verlauf des Kapitels erläutert.

bestmöglich gesund und gut zu versorgen, erklärt nicht nur die fast ausschließlich häuslich orientierte Ernährungsversorgung, sondern auch den Aufwand,
der mit der Koordination von Teilzeitarbeit und einer immer wieder herzustel-
lenden anspruchsvollen Ernährungsversorgung verbunden ist. Nach dem
vormittäglichen Teilzeitjob als Ärztin, Dozentin oder Grundschullehrerin wird
eingekauft, gekocht, gegessen und zwar mit dem Anspruch ernährungsphysiologischer Ausgewogenheit und unter Berücksichtigung der individuellen Ver-
zehrsvorlieben. Am Tisch wollen die Mütter erfahren, was sich am Vormittag
in der Schule ereignet hat, ob es Probleme gab und wie die Klassenarbeit ge-
laufen ist. Nach dem Abwasch folgt das nachmittägliche Freizeitprogramm.
Fürsorge bedeutet für diese Frauen zwar nicht ganz auf den Job zu verzichten,
aber diesen dem Familienalltag eindeutig unterzuordnen. Dementsprechend
dominiert hier die klassisch geschlechtsspezifische Arbeitsteilung mit den
durchgängig vollzeitbeschäftigten, ebenfalls gut ausgebildeten Partnern, die
das Familieneinkommen sichern und die Planung, Organisation und Ausübung
der Ernährungsversorgungsarbeiten ihren Partnerinnen überlassen. Gegenüber
der Ernährung ihrer Familie hegen die „familienorientierten Traditionalistinnen" hohe normative Ansprüche und sind sehr aufgeschlossen gegenüber prak-
tikablen Empfehlungen für eine gesunde, abwechslungsreiche und ausgewogene Kost, die sie auch beim täglichen Kochen aufgreifen und umsetzen. Aufgrund dieser Präferenzen stehen sie einer institutionellen Mittagsverpflegung
eher skeptisch gegenüber, zumal die vorhandenen Versorgungsangebote ihren
hohen Qualitätsansprüchen nicht genügen. Abschließend ist hervorzuheben,
dass die „familienorientierten Traditionalistinnen" mit der Vereinbarkeit ihrer
Berufstätigkeit und der familialen Ernährungslage zufrieden sind (vgl. Tabelle
6.3).

Tabelle 6.3:   Die familienorientierten Traditionalistinnen

Soziodemographie/ Ressourcen -ausstattung	Familien mit schulpflichtigen Kinder bis zum Mittelstufenalter
	Mütter, mehrheitlich hoch qualifiziert (Hochschulabschluss), haben Erwerbsarbeitsumfang zugunsten der Familienarbeit reduziert
	mittlere Paararbeitszeit, Mütter teilzeiterwerbstätig, Väter vollzeiterwerbstätig
	kein oder nur geringes privates Netzwerk; geringe Inanspruchnahme institutioneller Netzwerkhilfe
	mittleres bis hohes Haushaltsnettoeinkommen (mind. 2500 Euro/Monat)
Mahlzeitenmuster Werktage versus Wochenende	tägliche warme Mittagsmahlzeit von Müttern und Kindern; Essenszubereitung unter Zeitdruck
	insgesamt drei Mutter-Kind-Mahlzeiten am Tag, davon mindestens eine mit der ganzen Familie
Verantwortung/ Arbeitsteilung	hohe Gesamtarbeitsbelastung der Mütter (Erwerbsarbeit, Kinder- und Haushaltsarbeit); persönliche Interessen werden zurück gesteckt
	Netzwerkhilfe bietet sporadische Entlastung von der mittäglichen Versorgungsleistung, ist jedoch keine existenzielle Notwendigkeit
Einkauf	spontane und flexible Entscheidung über die täglich zu kochenden Gerichte, daher häufiges Einkaufen (werktags), meist auf Wegen von der Arbeit oder in Verbindung mit Fahrdiensten für die Kinder
	hohe Qualitätsansprüche in Bezug auf einzelne Lebensmittel (Obst, Fleisch), Einkauf auf dem Wochenmarkt, beim Direkterzeuger und in Supermärkten
Ernährungs- und Zubereitungsgewohnheiten	umfangreiche Vorratshaltung, Garten für frisches Obst und Gemüse
	Entwicklung zeitsparender Strategien (Vorkochen und Einfrieren)
	Zubereitung der warmen Mahlzeit in weniger als 30 Minuten
Besonderheiten	hohes Fürsorge- und Verantwortungsbewusstsein gegenüber einer gesunden Ernährungsweise der Kinder; bei bestehenden Ernährungsproblemen der Kinder werden alternative Ernährungskonzepte entwickelt

Quelle: Eigene Darstellung

6.2.2 Die ambivalenten Ess-Individualistinnen

> *„Mein Mann, der isst dann schon so, wie er Hunger hat, weil der will net so spät essen dann, durchs Abnehmen halt auch. Und die Kinder essen so, wenn sie Hunger haben. Also net, weil's jetzt 6 Uhr ist, muss gegessen werden – nee, also das machen wir net."*
> *(Haushalt 45:118)*

In den Familien der „ambivalenten Ess-Individualistinnen" ist ein gänzlich anderes Mahlzeitenmuster vorzufinden. An den Werktagen wird Frühstück und Abendessen nicht nur zu untypischen Zeiten gegessen, sondern häufig ist jedes Familienmitglied dabei auch allein. Die teilzeiterwerbstätigen Mütter, die über mittlere oder niedrige Bildungsabschlüsse verfügen, legen sehr viel Wert darauf, Eigenzeiten für sich in Anspruch zu nehmen. Während sie sich in den Abendstunden z.B. im Fitnessstudio oder im Wald fit halten, essen die Kinder am häuslichen Esstisch vorbereitete Brote oder andere unkomplizierte Gerichte. Flexible Arbeitszeitbedingungen als Heimarbeiterin, Selbstständige oder Verkäuferin werden auch morgens nicht für ein gemeinsames Frühstück mit den Kindern oder Partnern genutzt. Entweder wird aus Diätgründen auf die erste Mahlzeit am Tag verzichtet, oder nur dann gegessen, wenn Hunger vorhanden ist, oder es wird auch lieber allein und in Ruhe im Laufe des Vormittags gefrühstückt. *„Ich mache mit nichts Spezielles. Ich esse irgendwie zwischendurch im Vorbeigehen. Es gibt keine geregelten Mahlzeiten für mich"* *(Haushalt 21:63)*. Trotz hoher Familienorientierung und flexibler Erwerbsarbeitszeitbedingungen der teilzeitberufstätigen Mütter gibt es nur selten Mahlzeiten, an denen alle Familienmitglieder gemeinsam am Tisch sitzen. Institutionelle Verpflegungsangebote im Kindergarten werden dankend in Anspruch genommen. Ebenso können die „ambivalenten Ess-Individualistinnen" auf ein verlässliches privates Netzwerk, in der Hauptsache auf vor Ort lebende Großmütter, zurückgreifen, die gelegentlich die Beaufsichtigung und das Mittag- und Abendessen von den Kindern übernehmen. An den Werktagen werden für die Organisation gemeinsamer Essenszeiten folglich keine Kompromisse gemacht: weder zu Ungunsten der eigenen Freizeit- und Erwerbsarbeitsplanung noch bei den individuellen Ernährungsgewohnheiten der Eltern. Demgegenüber werden die fehlenden Familienmahlzeiten an den Werktagen durch gemeinsames Frühstück, Mittag- und Abendessen am Wochenende kompensiert. Traditionell gut bürgerlich wird am Mittag warme Küche serviert, gefolgt von Kaffee und Kuchen am Nachmittag und einem kalten Abendessen zum Abschluss des Tages. Der Lebensmitteleinkauf wird schnell und preisbewusst im Discounter erledigt. Restaurantbesuche der Familien sind durch das knappe Haushaltsbudget nur an besonderen Feiertagen möglich. Vordergründig zeigen sich die „ambivalenten Ess-Individualistinnen" durch die insgesamt guten strukturellen Alltagsbedingungen und durch ein mittleres Anspruchsniveau an die eigene Versorgerinnenrolle mit der Qualität und dem Arbeitsaufwand für die Ernährungsversorgung der Familie zufrieden. Die von den Frauen häufig thematisierten persönlichen Ernährungs- und Gewichtsprobleme und auch die der Kinder lassen jedoch vermuten, dass es in Verbindung mit der Ernährungsversorgung Alltagspraktiken gibt, die einer ausgewogenen und gesunden Ernährungsweise entgegenstehen (vgl. Tabelle 6.4).

Tabelle. 6.4: Die ambivalenten Ess-Individualistinnen

Soziodemographie/ Ressourcen- ausstattung	Familien mit Kindern im Kindergarten- und Grundschulalter Mütter mit mittlerem Bildungsabschluss (abgeschlossene Berufsausbildung) mittlere Paararbeitszeit, Mütter teilzeiterwerbstätig, Väter vollzeiterwerbstätig; wöchentlich wechselnde, nicht oder nur teilweise beeinflussbaren Arbeitszeiten beider Elternteile Rückgriff auf verlässliches, regelmäßiges privates Netzwerk (Großmütter); wenig institutionelle Netzwerkhilfe niedriges bis mittleres Haushaltsnettoeinkommen (1500 bis 3750 Euro/Monat)
Mahlzeitenmuster Werktage versus Wochenende	mindestens eine gemeinsame Mahlzeit der Mütter mit ihren Kindern; aufgrund persönlicher Verzehrsgewohnheiten (Diäten) oder beruflicher Anforderungen der Eltern finden die weiteren Mahlzeiten individualisiert statt in den Haushalten, in denen die Kinder mittags in der Kita versorgt sind, wird werktags nur in Ausnahmefällen gekocht; Eltern verzichten auf warme Mahlzeit am Wochenende hohe Bedeutung gemeinsamer Mahlzeiten; warme Mittagsmahlzeit
Verantwortung/ Arbeitsteilung	Netzwerke wichtig für berufliche Tätigkeit; zusätzlich zur Wahrnehmung persönlicher Interessen und Freizeitaktivitäten am Abend genutzt Beteiligung der Kinder an der Ernährungsversorgung wird aufgrund des zusätzlichen Arbeits- und Beaufsichtigungsaufwandes abgelehnt Väter sind wenig bzw. gar nicht in die Beköstigungsarbeiten involviert
Einkauf	preisbewusstes Einkaufen im Discounter
Ernährungs- und Zubereitungs- gewohnheiten	gutbürgerliche, bodenständige Küche
Außer-Haus-Verzehr	Restaurantbesuche sind wegen ökonomischen Restriktionen nur seltenen Feiertagen vorbehalten
Besonderheiten	Essen ist problembehaftetes Thema zwischen Eltern und Kindern

Quelle: Eigene Darstellung

6.2.3 Die entspannten Unkonventionellen

> „Das ist genauso wie's Frühstück. Die sind
> da ziemlich eigenverantwortlich und, äh,
> die..., also ich hab da ein gutes Gefühl dabei,
> also ich weiß, dass ich jetzt nicht, wenn ich
> weggehe, dass die sich 'ne Tüte Chips oder
> sonst was reinziehen. Also, die machen sich
> dann, wenn 'se Hunger haben, dann machen
> die sich auch ein Brot und essen vernünftig,
> das weiß ich".   *(Haushalt 23:202)*

Auch in diesen Familien wird ein Großteil der Mahlzeiten individuell, zu unterschiedlichen Zeiten und an unterschiedlichen Orten eingenommen. In den Familien der „entspannten Unkonventionellen" leben Kinder im Teenageralter zwischen 14 und 20 Jahren. Ihre vollzeiterwerbstätigen und durchgängig hochqualifizierten Mütter, zeichnen sich durch einen Erziehungsstil aus, der in der

Vergangenheit von den Motiven Gesundheit sowie Eigenverantwortlichkeit und Selbstständigkeit der Kinder geprägt war. Heute sind sie stolz darauf, dass sich ihre Kinder inzwischen eigenständig und gut versorgen können und wollen. Auch die Väter kümmern sich während des Tages um ihre eigene Versorgung und essen häufig in der Kantine oder anderen außerhäuslichen Verpflegungsangeboten. Demzufolge gibt es in den Familien meist nur eine regelmäßige und gemeinsame Mahlzeit der ganzen Familie am Abend. Abhängig von den Arbeitszeiten der Väter und Freizeitaktivitäten der Kinder findet diese zu unterschiedlichen Uhrzeiten statt. Die besondere Wertschätzung des Abendessens im Alltagsgeschehen der Familien drückt sich in zeitaufwendigen Koch- und Zubereitungsweisen mit frischen Lebensmitteln und in der ausgedehnten Mahlzeiteneinnahme aus. Beim Essen stehen Genuss, Erholung und Gespräche über den Schul- und Arbeitsalltag der Familienmitglieder im Vordergrund. Radio- oder Fernsehgeräte werden ausgeschaltet. Ein schön gedeckter Tisch unterstützt die ungestörte Familienatmosphäre.

Die Mütter sind mit der familialen Ernährungssituation und dem damit verbundenen Arbeitsaufwand insgesamt zufrieden, da er sich gut mit den flexiblen Erwerbsarbeitszeiten vereinbaren lässt, und äußern prinzipiell keine Wünsche nach Veränderung. Die vergleichsweise entspannte Lebenssituation der Frauen ist trotz Vollzeiterwerbstätigkeit durch die hohe Übereinstimmung zwischen ihrem Idealbild als berufstätige Mutter und seiner Umsetzung im Alltag begründet. Gerade weil es den Müttern erfolgreich gelungen ist, ihren Kindern das eigene normative Leitbild einer guten Ernährung zu vermitteln und diese darüber hinaus auch aktiv an der Beköstigung mitwirken, wird die praktizierte Ernährungsversorgung den Bedürfnissen und Anforderungen aller Familienmitglieder gerecht. Allerdings beschränkt sich auch in diesen Familien die Mithilfe der Väter auf gelegentliche Einkäufe und noch seltenere Kochaktionen für die Familie an den Wochenenden. Die langjährige und festgefahrene Arbeitsteilung zwischen den Ehepartnern steht einer stärkeren Beteiligung der Väter an den Beköstigungsarbeiten entgegen (vgl. Tabelle 6.5).

Tabelle 6.5: Die entspannten Unkonventionellen

Soziodemographie/ Ressourcen- ausstattung	Familien mit schulpflichtigen Kindern ab Mittelstufenalter, älterer Geschwisterteil zum Teil bereits ausgezogen
	Mütter mit mittlerem bis hohem Bildungsniveau (Hochschulabschluss), Gleitzeit und flexibler Erwerbsarbeitszeiteinteilung
	privates Netzwerk vorhanden
	hohe Paararbeitszeit, beide Elternteile vollzeiterwerbstätig
	mittleres bis hohes Haushaltsnettoeinkommen (3750 bis 5000 Euro/Monat)
Mahlzeitenmuster Werktage versus Wochenende	werktags individualisierte Mahlzeiten, aber immer gemeinsames Abendessen (Ambiente, viel Zeit, Gespräche, Abschalten von Radio und Fernseher)
	zwanglose Mahlzeiten am Wochenende, keine regelmäßigen festen und gemeinsamen Essenszeiten, sondern entsprechend der Bedürfnisse der Familienmitglieder (spätes Frühstück, warme Mahlzeit im Verlauf des Nachmittags oder Abends, Essen vor dem Fernseher als Ausnahme)
	ausgiebiges und reichhaltiges Frühstück am Sonntag
Verantwortung/ Arbeitsteilung	Mütter erledigen die Beköstigungstätigkeiten, insbesondere die Organisation und Planung des Speiseplans/Einkaufs
	Mütter fordern und erhalten Hilfe von Kindern und Ehemännern bei Vor-, Zu- und Nachbereitung; trotz allgemeiner Zufriedenheit Wunsch nach mehr Hilfe
Einkauf	Erledigung des Einkaufs mit möglichst geringem Zeitaufwand; ein Haupteinkaufstag, kleinere Besorgungen auf dem Heimweg von der Arbeit
	bewusste Auswahl von Einkaufsstätten mit freundlichem Personal und guter Atmosphäre
	hohe Qualitätsansprüche, z.B. hohe Wertschätzung von biologisch-ökologischen Lebensmitteln
Ernährungs- und Zubereitungs- gewohnheiten	Präferenz für hochwertige, geschmackvolle und gesunde Kost
	es wird täglich gekocht
	traditionelle Küche kombiniert mit mediterranen und anderen fremdländischen Kücheneinflüssen; Mütter mit sehr guten Koch- und Zubereitungskenntnissen
Außer-Haus-Verzehr	trotz hohen Einkommens keine häufigen und regelmäßigen Restaurantbesuche; hohe Wertschätzung des Essens zu Hause
	Motiv für Restaurantbesuch: Genuss, spontane Entscheidungen
Besonderheiten	Mütter haben sich in der Vergangenheit sehr um die Ernährungserziehung ihrer Kinder bemüht; Diskussionen und Kämpfe sind gegenwärtig ausgestanden
	Mütter vertrauen Kindern, dass sich diese bewusst und gesund ernähren; Rücknahme des Verantwortungsbewusstseins, Inanspruchnahme von mehr Eigenzeit

Quelle: Eigene Darstellung

6.2.4 Die berufsorientierten Netzwerkerinnen

> *„Das [Abendessen] ist das, ähm, das essen*
> *wir immer hier weil dann auch mal alle vier*
> *da sind. Das gibt's immer zwischen, hmmm,*
> *sieben und halb acht. Da sind auch wirklich*
> *alle da, find ich auch ähm, wissen auch die*
> *Kinder, dass sie da sein müssen, egal was sie*
> *jetzt haben. (...) Hmmm, ja das dauert schon*
> *krasse Stunde, weil wir natürlich dann auch*
> *viel reden."*   *(Haushalt 6:110)*

Der Alltag der vollzeiterwerbstätigen und hoch qualifizierten Mütter, die den „berufsorientierten Netzwerkerinnen" angehören, ist durch sehr viel Arbeit im beruflichen und familialen Bereich und durch ständige Zeitnot bestimmt. Die Koordination und Umsetzung einer qualitativ hochwertigen Ernährungsversorgung ihrer Kinder und eigener Erwerbsarbeits- und Karriereansprüche belasten die Mütter deutlich. Im Spannungsfeld ihrer hohen Ausbildungs- und Karriereorientierung einerseits und der hohen Wertschätzung der Versorgung ihrer Kinder mit einem warmen Mittagessen andererseits sind sie auf institutionelle Versorgungsangebote im öffentlichen Raum bzw. auf sonstige bezahlte Dienste dringend angewiesen. Fehlen Mittagsverpflegungsangebote in Kindergarten und Schule, delegieren sie diese so gut es geht an öffentliche Netzwerkhilfen. In keinem anderen Ernährungsversorgungstyp übernehmen bezahlte Tagesmütter, Haushaltshilfen und Kindermädchen so häufig die Mittagsverpflegung der Kinder wie bei den „berufsorientierten Netzwerkerinnen". Bei der Auswahl des Kindergartens oder der Einstellung einer Tagesmutter bzw. eines Kindermädchens betreiben die engagierten Frauen einen beträchtlichen Aufwand, um passende Verpflegungssettings zu finden, dennoch werden Abstriche in der Qualität zum Teil notgedrungen in Kauf genommen. Auf private Netzwerkpersonen – insbesondere auf die Großmütter – können die Mütter nicht zurückgreifen. Wegen ihrer akademischen Ausbildung oder eines Arbeitsplatzes, der ihrer Qualifikation entspricht, sind sie bestimmten Mobilitätszwängen unterworfen und leben oft in großer räumlicher Trennung zur eigenen Herkunftsfamilie. Häufig wird ein beträchtlicher Teil des Erwerbseinkommens in die Betreuung und Versorgung der Kinder investiert: *„Das heißt, mein Nettoeinkommen fließt vollständig in die Kinderbetreuung und das bisschen Haushaltshilfe, was so grade eben das macht, dass wir über die Runden kommen und mehr kann ich quasi nicht bezahlen..."* (Haushalt 8:7) Während sich die Mütter um die warme Mittagsversorgung ihrer Kinder große Gedanken machen, betrachten die „berufsorientierten Netzwerkerinnen" ihre Erwerbsarbeitszeit als zu kostbar, um sich selbst eine feste Mittagspause zu gönnen. Stattdessen wird zu unterschiedlichen Zeiten während der Arbeitszeit ein „PC-Picknick" gegessen. Die täglichen Mahlzeiten in den Familien der berufsorientierten Netzwerkerinnen beginnen am frühen Morgen mit einem hektischen Frühstück. Morgens muss es schnell gehen. Während die Väter schon längst auf dem Weg zur Arbeit sind, wird die Präsenz der Mütter in der Küche nicht durch ein gemeinsames Frühstück mit den Kindern bestimmt, sondern besteht in der Vorbereitung der Pausenbrote für unterwegs. Angesichts des straffen Zeitablaufs am Morgen und der getrennten Mittagsversorgung von Eltern und Kindern ist es einsichtig, dass die Familien dem gemeinsamen warmen Abendessen als Hauptmahlzeit des Tages einen sehr hohen Stellenwert einräumen und dass dies zum festen Alltagsablauf dazugehört. Man genießt die gemeinsame Zeit beim Essen, um sich über die aktuellen Ereignisse in Kita, Schule und am Arbeitsplatz auszutauschen und Absprachen für den kommenden Tag zu treffen. Für lange Zubereitungszeiten oder sonderlich ausgedehnte Essenszeiten haben die doppelt belasteten Mütter an den Werktagen wenig Handlungsspielraum, zumal die meist noch kleinen Kinder zu einem festen Zeitpunkt essen und anschließend ins Bett gehen sollen. Es geht vielmehr darum, mit einem möglichst geringen Zeitaufwand ein warmes und vor allen Dingen gesundes, selbst zubereitetes Essen auf den Tisch zu bringen. Ungeachtet der zusätzlichen Belastung, die die Vor- und Zubereitung des warmen Essens am Abend bedeutet, werden die Mütter durch die Bereitstellung eines frisch zubereiteten Abendessens ihrem stark ausgeprägten Fürsorge- und Pflichtgefühl gerecht, ihre Kinder und Partner gesund zu ernähren. Schließlich nehmen auch sie so zumindest einmal am Tag eine warme und gesunde Mahlzeit zu sich. Gegenüber anderen Familien haben die berufsorientierten Netzwerkerinnen Partner an ihrer Seite, die sich an den Arbeiten und Aufgaben der Ernährungsversorgung und Alltagsarbeit beteiligen und Einkäufe oder Beköstigungsaufgaben übernehmen, so gut es die eigene berufliche Tätigkeit ermöglicht. Auch hier sind es die Mütter, die sich zwar von ihren Männern deutlich unterstützt und entlastet fühlen, aber dennoch die Hauptverantwortung für die Organisation der Ernährungsversorgung übernehmen. Die praktischen und organisatorischen Koordinationsleistungen zwischen Beruf und Familie lassen wenig Raum für Frei- und Eigenzeit und führen zu einer erheblichen zeitlichen und physischen Belastung der Mütter, die von ihnen auch so wahrgenommen wird (vgl. Tabelle 6.6).

Tabelle 6.6:   Die berufsorientierten Netzwerkerinnen

Soziodemographie/ Ressourcen-ausstattung	Familien mit Kindergarten- und Schulkindern bis 15 Jahre Mütter sind Akademikerinnen in verantwortungsvollen Berufspositionen, hohe Erwerbs- und Karriereorientierung, neben Gleitzeit auch flexible Erwerbsarbeitszeiteinteilung hohe Paararbeitszeit, beide Elternteile vollzeiterwerbstätig überdurchschnittlich hohes Haushaltsnettoeinkommen (5000 und mehr Euro/Monat) vielseitiges privates und institutionelles Netzwerk
Mahlzeitenmuster Werktage versus Wochenende	Abendessen fester Bestandteil des Familienalltags, wird für Gespräche, Austausch genutzt; oftmals einzige gemeinsame Mahlzeit des Tages, ausgedehnt und bewusst durch Lust und Genuss am Essen mütterliche Anwesenheit beim Frühstück der Kinder, aber Beschäftigung mit Vorbereitungen (Pausenbrote) Mütter tragen Sorge für warmes Mittagessen der Kinder (institutionelle oder private Netzwerkhilfe) am Wochenende wird nach einem gemütlichen und ausgiebigen Frühstück das Mittagessen ausgelassen bzw. durch eine schnelle Mahlzeit ersetzt; warme ausgiebige Hauptmahlzeit bleibt das Abendessen
Verantwortung/ Arbeitsteilung	umfangreiche Erwerbstätigkeit der Mütter nur durch vielfältiges, gut organisiertes Netzwerk möglich; Väter sind aktiv und fest in den Ablauf der Ernährungsversorgung eingebunden partnerschaftliches Verständnis von gleichberechtigten Verwirklichungschancen in allen Lebensbereichen trotz Mithilfe der Väter (kochen, einkaufen) tragen Mütter im Ernährungsbereich die höhere Arbeitslast und übergeordnete Verantwortung
Einkauf	Haupteinkauf, aber auch mehrere kleinere Einkäufe unter der Woche gute Lebensmittelqualität wird höher bewertet als Höhe der Lebensmittelpreise
Ernährungs- und Zubereitungs-gewohnheiten	Mütter haben hohes Ernährungsbewusstsein und Verantwortungsempfinden gegenüber den Kindern; große Anstrengungen, um insbesondere den Kindern eine gesunde Ernährung zu bieten es wird fast täglich gekocht; breites Standardrepertoire bekannter Gerichte der Herkunftsfamilie sowie moderner, leichter Küche (z.B. schnelle, aber gesunde Pasta- und Reisgerichte mit viel Gemüse und Salat)
Außer-Haus-Verzehr	gelegentliche Restaurantbesuche, wobei am Wochenende gerne und gut zu Hause gegessen wird; oftmals mit Freunden und Bekannten
Besonderheiten	zentrale Bedeutung der Abendmahlzeit für das Familienleben (Austausch)

Quelle: Eigene Darstellung

6.2.5 Die pragmatischen Selbstständigen

> *„Weil also ich auch nicht so der Sklave meines Herdes bin."*   *(Haushalt 15:302)*

Zu diesem Versorgungstyp gehören Familien mit jüngeren Kindern bis zum Grundschulalter. Beide Elternteile weisen hohe berufliche Qualifikationen vor, haben einen Hochschulabschluss oder zumindest eine Meisterausbildung und üben einen Vollzeitjob aus. Um den eigenen Berufs- und Karriereambitionen nachzugehen, ohne dabei auf Familie und Kinder zu verzichten, sind diese

Mütter mit Geburt des ersten Kindes den aktiven Weg in die berufliche Selbstständigkeit gegangen und haben damit eine ganz individuelle Work-Life-
Balance Strategie entwickelt. Als Rettungsanker in der Not, aber auch als re-
gelmäßiger und verlässlicher Rückhalt in der Alltagsorganisation sind die im
direkten Wohnumfeld lebenden Großmütter die wichtigsten Unterstützungsper-
sonen. Der Arbeitsplatz der „pragmatischen Selbstständigen" liegt in der Woh-
nung/im Haus bzw. im direkten Wohnumfeld und ermöglicht es den Müttern,
gemäß des internalisierten bürgerlichen Versorgungsleitbildes trotz ihres hohen
Erwerbsarbeitspensums alle drei Mahlzeiten gemeinsam mit ihren Kindern
einzunehmen. Das in Ruhe eingenommene Frühstück ist ein morgendliches
Familienritual, das sich die Mütter aufgrund ihrer selbstbestimmten Zeiteinteilung und einem späteren Arbeitsbeginn leisten können. Demgegenüber bestehen bei der Zubereitung und Einnahme des warmen Mittagessens zeitliche
Restriktionen, denn danach wenden sich die Mütter wieder ihren beruflichen
Verpflichtungen zu.   Aus arbeits- und zeitökonomischen Gesichtspunkten
werden beim Kochen ganz pragmatisch Konserven, Tiefkühlgemüse und Fertiggerichte eingesetzt, auf ein bewährtes Standardrepertoire schneller Gerichte
oder auch auf „Take-Away"-Mittagstischangebote, z.B. vom Metzger gegenüber, zurückgegriffen. Während die Pasta auf dem Herd steht oder der Auflauf
im Ofen fertig gart, werden mit Kunden am Telefon noch Termine und Aufträ-
ge besprochen oder die Kinder von der Schule abgeholt. Bei diesem minutiös
geplanten Ablauf bleibt für Gedanken um ernährungsphysiologische Ausgewogenheit wenig Zeit. Viel wichtiger ist es den „pragmatischen Selbstständigen" gemeinsam mit ihren Kindern zu essen, über die Ereignisse in der Schule
oder Kindergarten zu reden und die Pläne für den Nachmittag zu besprechen.
Das Abendessen wird zeitlich so gelegt, dass auch die Väter zu Hause sind und
die Familie mindestens einmal gemeinsam am Tisch sitzt. An besonders anstrengenden Tagen erlaubt es die gute Einkommenssituation auch, am Abend als
Familie im Restaurant zu essen, um Zeit und Arbeit zu sparen. Der Lebensmittelbedarf der Familie wird über einen wöchentlichen Großeinkauf in wohnorts-
nahen Märkten und aufgrund einer reichhaltigen Vorratshaltung organisiert,
damit Besorgungen unter der Woche möglichst entfallen. Überdies können die
Mütter in Notsituationen verlässlich mit der Hilfe und Unterstützung der
Großmütter rechnen, die dann die Zubereitung des Mittagessens übernehmen.
Zur eigenen Entlastung werden die Kinder schon früh, aber altersgerecht, in die
Vor-, Zu- und Nachbereitung der Mahlzeiten einbezogen und lernen so in die-
sem Handlungsfeld selbstständig und eigenverantwortlich tätig zu sein. Der
Berufsstatus der Selbstständigen bietet den Frauen eine vergleichsweise hohe
Zeitautonomie, die es ihnen vielfach erlaubt, ein persönliches Hobby wie z.B.
Reiten oder Tennis auszuüben. Trotz einer hohen täglichen Gesamtbelastung

von Erwerbs- und Versorgungsarbeiten zeigen sich die selbstständig erwerbstätigen Frauen mit ihrer Berufs- und Lebenssituation sowie dem Ernährungsversorgungsarrangement zufrieden, nicht zuletzt deshalb, weil auch sie von ihren Partnern in der Ernährungsversorgungsarbeit soweit unterstützt werden, wie es deren zeitliche Ressourcen zulassen (vgl. Tabelle 6.7).

Tabelle 6.7: Die pragmatischen Selbstständigen

Soziodemographie/ Ressourcen- ausstattung	Familien mit Kindern bis zum Grundschulalter
	Mütter sind selbstständig, Möglichkeiten freier Erwerbsarbeitszeiteinteilung
	hohe Paararbeitszeit, beide Elternteile sind vollzeiterwerbstätig
	hohe berufliche Qualifikation beider Elternteile (Hochschulabschluss/ Meisterausbildung)
	vielseitiges und festes privates Netzwerk
	hohes Haushaltsnettoeinkommen (mindestens 3750 und mehr Euro/Monat)
Mahlzeitenmuster Werktage versus Wochenende	Insgesamt drei Mutter-Kind-Mahlzeiten, gemeinsame Abendmahlzeit mit dem Vater zusammen
	Warme Mittagsmahlzeit der Mütter mit ihren Kindern; aufgrund beruflicher Anforderungen keine ausgedehnte Mittagsmahlzeit
	Abendmahlzeit nimmt viel Zeit ein (ermöglicht Gespräche/Absprachen zwischen den Eltern)
	Familienaktivitäten konzentrieren sich auf das Wochenende; gemeinsame Mahlzeiten aller Familienmitglieder genießen hohen Stellenwert
Verantwortung/ Arbeitsteilung	neben der Mutter sind andere Personen aus dem privaten Umfeld (Partner, Großeltern, Freunde, Nachbarn) an der Zubereitung des Mittagessens und der Kinderbetreuung beteiligt (feste Absprachen oder flexible Lösungen)
	hohe Eigenverantwortung und Selbstständigkeit der Kinder im Arbeitsbereich Beköstigung wird erwartet und gefördert
Einkauf	Familieneinkauf am Samstag
Ernährungs- und Zubereitungsge- wohnheiten	pragmatische Einstellung gegenüber der Mahlzeitenzubereitung und Beköstigungsarbeiten, besonders der warmen Mittagsmahlzeit (Convenienceprodukte, Tiefkühlgerichte oder Mittagstisch des Metzgers werden als Lösungen akzeptiert)
	warme Mittagsmahlzeit ist den Müttern wichtig, für die Zubereitung wird aber aufgrund beruflicher Anforderungen wenig Zeit aufgewendet
	für den Partner wird mit gekocht, dieser verzehrt seine Mahlzeit dann abends

Quelle: Eigene Darstellung

6.2.6 Die überlasteten Einzelkämpferinnen

> *„Ich muss sagen, vielleicht für Familie das ist*
> *nicht gut, wenn Frau arbeitet den ganzen Tag.*
> *Für Beziehung das ist nicht gut. Weil Frau*
> *unter Druck von Arbeit und Hausarbeit und*
> *manchmal, ich bin so müde dann (...) ich kann*
> *mich nicht, hab' ich immer welche Druck mit*
> *Zeit. Ich habe zu wenig Zeit für alles."*
> *(Haushalt 42:95)*

Eine überdurchschnittlich hohe Arbeitsbelastung bei gleichzeitig defizitärem privatem Netzwerk kennzeichnet den Familien- und Berufsalltag der Mütter dieses Ernährungsversorgungstyps. Die „überlasteten Einzelkämpferinnen" verfügen über nur geringe Ausbildungsqualifikationen und sind überwiegend in Produktions- und Fertigungsbetrieben im Schichtdienst oder im Dienstleistungssektor angestellt. Fehlende Bildungsabschlüsse beider Eltern machen eine Vollzeitanstellung notwendig, um die Einkommenssituation der Familie sicherzustellen. Persönliche berufliche Ambitionen sind vergleichsweise gering ausgeprägt. Viele Mütter dieses Versorgungstyps haben einen Migrationshintergrund und können weder auf ökonomische Ressourcen noch auf vorhandene Bekannten- und Verwandtschaftskreise zurückgreifen, um sich bei der Sicherstellung der Ernährung der Familie spürbare Entlastung zu verschaffen. Kennzeichnend ist aber auch, dass die Mütter im Vergleich zu denen anderer Typen ein sehr stark ausgeprägtes traditionelles Leitbild von der Mutter als Versorgerin ihrer Familie verinnerlicht haben. Mit viel Engagement tragen sie trotz widriger Arbeitszeitbedingungen für das leibliche Wohl ihrer Kinder und Ehemänner Sorge. Sie planen und organisieren die Mahlzeiten, kaufen ein, kochen, waschen ab und räumen auf und stecken dafür eigene Wünsche und Bedürfnisse zurück. Ein fester Bestandteil des Ernährungsversorgungsstils ist die tägliche Bereitstellung eines warmen, reichhaltigen und wohl schmeckenden Essens für alle Familienmitglieder, auch wenn es die Alltagsumstände mit unterschiedlichen Schul- und Arbeitszeiten an den Werktagen nur selten möglich machen, gemeinsam als Familie am Tisch zu sitzen. Ein anstrengender Vollzeitjob im Mehrschichtsystem gepaart mit der alleinigen Verantwortung für die Ernährungsversorgung der Familie und dem Anspruch, möglichst frische Speisen zu verwenden und selbst zu kochen, führt notwendigerweise zu Zeitdruck und Überlastung. Auch wenn gesunde Ernährung ein präsentes Thema ist, so stehen gesundheitliche Aspekte bei der Speisenauswahl hinter persönlichen Geschmacksvorlieben der einzelnen Familienmitglieder zurück: Es soll schmecken und satt machen. Häufiger als in anderen Familien gibt es Süßspeisen, Kuchen und deftige, kalorienreiche Fleisch- und Fischgerichte mit Sättigungs-

und Gemüsebeilagen zu essen. Wegen nicht synchronisierbarer Arbeits- und Schulzeiten der Eltern und Kinder wird häufig allein oder aber in der Mutter-Kind-Konstellation gegessen. Als Ausgleich zu dieser unbefriedigenden Situation gibt es an den Wochenenden regelmäßige und zahlreich stattfindende Familienmahlzeiten. Es wird ausgiebig gekocht und gebacken, auch um den Preis, selbst am Wochenende keinerlei persönliche Zeit in Anspruch nehmen zu können. *„Ich kann mich nicht, hab' ich immer welche Druck mit Zeit. Ich habe zu wenig Zeit für alles" (Haushalt 42:92).* Trotz beklagtem Zeitmangel und Erschöpfungszuständen finden die Mütter in den Ernährungsversorgungsarbeiten persönliche Zufriedenheit und teilweise auch Anerkennung durch die Familie, die ihnen in ihrer Rolle als Berufstätige am Arbeitsplatz fehlt. Die traditionelle Rollen- und Wertorientierung der „überlasteten Einzelkämpferin" verfestigt sich in der alltäglichen Aufgaben- und Funktionsteilung zwischen den Ehepartnern - mit den Versorgungs- und anderen Haushaltsarbeiten bleiben die Mütter allein, die Väter sind nur in Ausnahmefällen in der Küche anzutreffen (vgl. Tabelle 6.8).

Tabelle 6.8: Die überlasteten Einzelkämpferinnen

Soziodemographie/ Ressourcen -ausstattung	Kinder verschiedener Altersgruppen, bis 18 Jahre
	Mütter mit geringem Bildungsstatus (Berufsausbildung; kein Ausbildungsabschluss); geringfügig qualifizierte Berufe oder Tätigkeiten im Schichtdienst; kein Einfluss auf die Erwerbsarbeitszeiten
	hohe Paararbeitszeit, beide Ehepartner vollzeiterwerbstätig
	niedriges Haushaltsnettoeinkommen (1250 bis 2500 Euro/Monat)
Mahlzeitenmuster Werktage versus Wochenende	trotz wechselnder Schichtarbeit wird versucht, regelmäßige Mahlzeiten an den Werktagen anzubieten; wenn möglich gemeinsames Abendessen
	Frühstück häufig individualisiert bzw. Mutter-Kind-Mahlzeiten
	Mahlzeiten an Werktagen erfüllen sowohl Sättigungs- als auch Sozialfunktion
	hohe Wertschätzung gegenüber drei gemeinsamen und ausgiebigen Mahlzeiten am Wochenende (Genuss, Entspannung, Gemeinsamkeit) mit Sonntagsessen und zusätzlicher Kaffee- und Kuchenmahlzeit
Verantwortung/ Arbeitsteilung	Mutter als Versorgerin, besorgt um das Wohlergehen der Familie; Männer und Kinder nur wenig in die Vor-, Zu- und Nachbereitung der Mahlzeiten involviert, tragen Verantwortung und Zuständigkeit für andere Haushaltsarbeiten
	Zielstellung einer warmen Mahlzeit am Tag, tägliches Kochen
	hohes Verantwortungsgefühl für die Ernährung der Kinder im Sinne einer reichhaltigen Versorgung
Einkauf	ein Haupteinkauf am Freitag/Samstag im Discounter
Ernährungs- und Zubereitungs- gewohnheiten	Mütter kochen und backen gerne und sind versierte Köchinnen, hoher Zeitaufwand an den Wochenenden, regelmäßiges Kuchenbacken
	deftige, traditionelle Küche; starke Prägung durch Herkunftsfamilien (osteuropäischer Migrationshintergrund)
	Mütter versuchen aber auch auf Ausgewogenheit zu achten, bieten Kindern Obst, Salat und Gemüse zu den Mahlzeiten an
	häufiges Vorkochen für den nächsten Tag (Zeitnot)
Außer-Haus-Verzehr	Keine Restaurantbesuche, aber häufiger Pizza- und Dönerverzehr oder Besuch von Fast-Food- Restaurants
Besonderheiten	in den Familien wird viel und gut gegessen, mit der Folge von Gewichtsprobleme zahlreiche Verhaltensdiskrepanzen, z.B. werden Süßigkeitenverbote regelmäßig aufgehoben
	Mütter mit hoher tägl. Gesamtarbeitsbelastung; keine Chance, Erwerbstätigkeit und damit Gesamtarbeitsbelastung zu reduzieren, ziehen Bestätigung, Zufriedenheit und Wertschätzung aus ihrer Versorgerinnenrolle

Quelle: Eigene Darstellung

6.2.7 Die aufopferungsvollen Umsorgerinnen

> *„Nee. Nee. Bei uns gibt's keine Regeln (lacht). Da geht auch jeder an den Kühlschrank und isst so, was er will (lachend). Ja. Ja da geht jeder an den Kühlschrank oder kann sich dann draus nehmen. Es gibt da auch keine Verbote bei uns. Ja. Der eine sagt: 'Du darfst nur Limo trinken oder du darfst kein Limo trinken, du darfst nur Selterwasser trinken.' Das gibt's bei uns net. Darf jeder entscheiden, was er da... will. Ja. Bei mir war auch noch nie ein Nasch-Schrank abgeschlossen. Ja.“*   (Haushalt 48:317)

Der Typ der „aufopferungsvollen Umsorgerinnen" repräsentiert Familien aus der Arbeiterschicht. Die Frauen besitzen keine oder nur geringe Ausbildungs- und Berufsqualifikationen und müssen die Ernährungsversorgung der Familie mit engen finanziellen Spielräumen im Haushaltsbudget bestreiten. Die in der Familie lebenden Kinder sind meist volljährig, befinden sich in der Ausbildung oder gehen bereits einer Erwerbstätigkeit nach. Bei der Erwerbstätigkeit der Frauen handelt es sich um Teilzeit- oder geringfügige Beschäftigungsverhältnisse, die zur Aufbesserung des Haushaltseinkommens der Familie beitragen. Ihre persönliche Identifikation beziehen die Mütter aus ihrer Rolle als Mutter, Hausfrau und hier vor allem als Hauptverantwortliche für die Gewährleistung der täglichen Essensversorgung. Die Mütter leben mit dem Ziel, für die Familie da zu sein. Eigenzeiten für die persönliche Selbstverwirklichung zu reklamieren, ist ihnen größtenteils fremd. Nicht nur die Ehemänner, sondern auch die noch im Haushalt lebenden erwachsenen Söhne erhalten eine tägliche Rundumversorgung. Aufgrund eigener Interessen und Verpflichtungen gibt es werktags keine gemeinsamen Mahlzeiten der Familien. Gegessen wird nacheinander, allein in unterschiedlichen Räumen oder vor dem laufendem Fernseher. Die Mütter haben ihr Ideal einer gemeinschaftlichen abendlichen Mahlzeit im „Hotel Mama" resigniert aufgegeben. Woran sie allerdings mit viel Mühe festhalten, ist die alltägliche und aufwendige Zubreitung eines reichhaltigen und warmen Essens, das ihren Ehemännern und Söhnen jeden Abend aufgetischt wird. Ungeachtet dessen, was die Einzelnen im Verlauf des Tages bereits verzehrt haben, handelt es sich auf Wunsch der männlichen Familienmitglieder dabei fast immer um hochkalorische Fleischgerichte. Ein Verantwortungsbewusstsein für die gesundheitliche Qualität der Ernährungsversorgung der Familienmitglieder ist im Allgemeinen kaum vorhanden. Mit „gutem" Essen und Trinken werden in diesen Familien eingeschränkte Chancen und Handlungsmöglichkeiten in anderen Lebensbereichen ausgeglichen. Reichhaltige Mahlzeiten und Fleischkonsum stehen symbolisch für den Leitsatz, dass es wenigstens beim Essen an nichts fehlen soll. Widersprüchlichkeiten im Umgang mit knappen Ressourcen zeigen sich in der Bevorzugung von Billigangeboten; gleichzeitig werden trotz knapper finanzieller Ressourcen häufig auch außerplanmäßige Einkäufe getätigt und vergleichsweise oft außerhäusliche Verzehrsangebote in Form von Fast-Food-Restaurants, Imbissen, Bäckereien und Metzgereien mit Mittagstisch aufgesucht. Die Freizeit am Wochenende wird größtenteils mit der Familie und Nachbarn bei reichlich Essen und Trinken in gemütlicher Runde verbracht. Bewegungsarmut dominiert ihren Lebensstil.

Tabelle 6.9:   Die aufopferungsvollen Umsorgerinnen

Soziodemographie/ Ressourcen -ausstattung	Familien mit Jugendlichen und erwachsenen Kindern
	Mütter mit geringem Bildungsstatus (Berufsausbildung; kein Ausbildungsabschluss); in geringfügig qualifizierten Berufen und Arbeitsverhältnissen angestellt
	mittlere Paararbeitszeit, Mütter teilzeiterwerbstätig, Väter vollzeiterwerbstätig
	kein Rückgriff auf institutionelle und private Netzwerke
	niedriges Haushaltsnettoeinkommen (1250 bis 2500 Euro/Monat)
Mahlzeitenmuster Werktage versus Wochenende	überwiegend individualisierte Mahlzeiteneinnahme, keine regelmäßigen gemeinsamen Familienmahlzeiten; hoher Anteil außerhäuslicher Mahlzeiten
	gemeinsames Abendessen einzelner Familienmitglieder vor laufendem Fernseher
	am Wochenende dienen die Mahlzeiten der Zusammenkunft, erwachsene Kinder klammern sich dennoch häufig aus
Verantwortung/ Arbeitsteilung	Mütter leisten alle Arbeiten und Tätigkeiten der familialen Ernährungsversorgung, Rollenidentifikation als „Hotel Mama", insbesondere für erwachsene Söhne
	klassische, geschlechtsspezifische Arbeitsteilung (Männer und Söhne nicht in die Beköstigung involviert)
Beköstigung, insbesondere Einkauf	ökonomische Zwänge erfordern gute Planung des wöchentlichen Großeinkaufs im Discounter
	tägliche kleinere Einkäufe in Läden im nahen Wohnumfeld (Verhaltensdiskrepanz)
Ernährungs- und Zubereitungs- gewohnheiten	tägliches Kochen mit hohem Zeitaufwand, der am Wochenende steigt
	schwere traditionelle Küche, Hausmannskost mit Dominanz von Fleischgerichten
	zur Vermeidung von Diskussionen/Unzufriedenheit am Tisch bereiten Mütter für ihre Männern und Söhnen regelmäßig Fleischgerichte zu
	frische Zutaten werden bevorzugt; traditionelle Zubereitungsmethoden; wenig Verwendung von Fertigprodukten
Außer-Haus-Verzehr	keine oder sehr seltene Restaurantbesuche zu besonderen Familienanlässen
	am Freitag- oder Samstagabend Bestellungen bei Lieferdiensten, gleichzeitig einziger kochfreier Tag für die Frauen (Abgrenzung von Werktagen gegenüber Wochenende)
Besonderheiten	weit verbreitete Ernährungsprobleme (häufig Übergewicht verbunden mit gesundheitlichen Folgeerkrankungen), weil viel und hoch kalorische Nahrung verzehrt wird
	gutes, reichhaltiges Essen/ Trinken Teilsymbol der familialen Identifikation, Großeinkauf oftmals mit Eventcharakter

Quelle: Eigene Darstellung

Nicht verwunderlich ist es daher, dass Übergewicht ebenso wie Diabetes und Herz-Kreislauferkrankungen bei diesem Ernährungsversorgungstyp überdurchschnittlich häufig vorkommen. Die „aufopferungsvollen Umsorgerinnen" sind mit ihrer Rolle als Versorgerin der Familie sehr zufrieden, investieren überdurchschnittlich viel Zeit in die Beköstigungstätigkeiten und ziehen daraus persönliche Bestätigung. Die fehlende Mithilfe von männlichen Familienmitgliedern wird dabei von den Frauen kaum in Frage gestellt (vgl. Tabelle 6.9).

6.3 Abweichende Fälle

Neben den Vorteilen der systematischen Typologisierung von qualitativen Datenmaterial besteht zugleich immer auch „die Gefahr, dass die Vielfalt und Differenzen sowie die Widersprüchlichkeit der untersuchten Realität verloren geht" (KLUGE 1999, S. 280). Um die Glaubwürdigkeit der vorgestellten Typen zu untermauern und um die Vielfalt lebensweltlicher Phänomene zu berücksichtigen, werden abweichende Fälle vorgestellt. Die Analyse von abweichenden Fällen ist ein geeignetes und notwendiges Instrument, um die Qualität der Interpretation qualitativen Datenmaterials zu stärken (LINCOLN/GUBA 1985, S. 312; CRESWELL et al. 2003, S. 196).

Hauptfunktion im dritten Schritt des „Stufenmodells empirisch begründeter Typenbildung" ist es, die „inneren" Sinnzusammenhänge der Korrelation bestimmter Merkmale zu überprüfen (KLUGE 1999, S. 277). Wie die vorgestellten Typen familialer Ernährungsversorgungsstile gezeigt haben, ist das Zusammentreffen eines bestimmten Mahlzeitenmusters mit einer bestimmten Ausstattung haushälterischer Ressourcen nicht zufällig. Dennoch wurden bei der Überprüfung und Untersuchung inhaltlicher Sinnzusammenhänge zwei Familienhaushalte identifiziert, die in ihren Werthaltungen, in den Abläufen und der Organisation der Ernährungsversorgung trotz gleicher Ressourcenausstattung und gleichen Mahlzeitenmusters deutlich von den anderen Gruppen abweichen (vgl. Abb. 6.2). Bevor die Bestimmungsgründe erörtert werden, die gegen eine Zuordnung der beiden Haushalte zu einem der Typen familialer Ernährungsversorgungsstile sprechen, sollen die zwei Familienhaushalte in ihren soziodemographischen Merkmalen, ihren strukturellen Alltagsbedingungen und Mahlzeitenmuster kurz vorgestellt werden.

6.3.1 Familie 28

> *„Und wie gesagt mit dem Abendessen, das*
> *machen wir auch so, so wie es kommt, ne. Al-*
> *so manchmal sitzen mein Mann und ich dann*
> *noch zusammen. Aber dass dann von den*
> *Kindern einer dabei ist, das kommt schon gar*
> *nicht mehr vor. Schon lang nicht mehr."*
>
> *(Haushalt 28:171)*

Die Eheleute 28 sind beide vollzeiterwerbstätig, haben geregelte Arbeitszeiten und als höchsten Bildungsabschluss eine abgeschlossene Berufsausbildung. Der 17-jährige Sohn besucht das Gymnasium, während die 19-jährige Tochter studiert. Beide Kinder leben im elterlichen Haushalt und werden dort versorgt, gestalten aber weitgehend autonom und selbstständig ihre Tagespläne. Die Familie verfügt über ein Haushaltseinkommen zwischen 2500 und 3750 Euro/Monat. Beide Großelternpaare leben im näheren Wohnumfeld der Familie.

Einen gemeinsamen Essalltag gibt es in Familie 28 nicht mehr. Das Hauptproblem liegt in den fehlenden gemeinsamen Zeiten. Morgens wird aufgrund unterschiedlicher Schul-, Studier- und Arbeitszeiten und individueller Verzehrsgewohnheiten nicht gemeinsam gegessen, mittags gehen die vier Familienmitglieder verschiedenen außerhäuslichen Verpflichtungen nach und am Abend steht einem gemeinsamen Essen die persönliche Einzelaktivität entgegen. Während die Kinder und Herr 28 gemeinsamen Familienmahlzeiten keine Bedeutung beimessen, beklagt Frau 28 den gegenwärtigen Essalltag der Familie, in dem sich die Funktion der Mahlzeiten auf den reinen Versorgungscharakter reduziert hat. Sie äußert nicht nur Unzufriedenheit darüber, dass durch die früher übliche häusliche Mittagsmahlzeit ein wichtiger Kontaktpunkt zwischen ihr und den Kindern verloren gegangen ist, sondern auch Beunruhigung über die eigenverantwortliche Ernährungsversorgung ihrer Kinder, insbesondere über die Tatsache, dass ihr Sohn ohne Frühstück das Haus verlässt und dann *„...schaufelt er abends ein, was das Zeug hält. Also da staun' ich manchmal. Der macht sich dann so Brote zurecht. [...] Und dann kommt noch Fleischwurst dazu und was weiß ich was alles."* (Haushalt 28:95) Im Verlauf des Interviews wird deutlich, dass ihre Sorgen um das derzeitige Essverhalten ihrer Kinder in der Vergangenheit begründet liegen, in der sie sich mit sehr viel Engagement um eine gesunde Ernährungsweise Kinder bemüht hat: *„Ja ich habe früher, muss ich dann jetzt leider sagen (lacht), wo ich noch mehr zu Hause war, eigentlich viel mit frischem Gemüse und so gemacht. Ich hab' mal sehr, bin mal sehr auf der Bio-Öko-Schiene geschwommen. Habe das sehr intensiv gemacht."* (Haushalt 28:28) Auch um den Kindern mittags eine warme Mahlzeit anbieten zu können, ging Frau 28 jahrelang „nur" halbtags arbeiten. Jetzt allerdings hat die Mutter mit steigendem Alter der Kinder und deren wachsenden Autonomiebestrebungen ihr mütterliches Verantwortungs- und Fürsorgeempfinden schrittweise zurückgeschraubt, geht wieder ganztags arbeiten, genießt es, am Abend Zeit für ihre Hobbys zu haben und steht heute auf dem Standpunkt, *„also was sie jetzt nicht gelernt haben, das lernen sie von mir jetzt nicht mehr. Also die müssen jetzt einfach selber sehen, wie sie ihre Ernährung gestalten. Aber ich denke, ich habe ihnen schon die wichtigen Dinge mitgegeben. Dass die wissen, wie man sich gut ernährt. Und wenn sie's dann nicht machen, dann, tut mir leid, ist es dann nicht mehr meine Schuld."* (Haushalt 28:203) Auch wenn sie die Essgewohnheiten der Kinder nur noch eingeschränkt steuern kann und ihr die Gespräche und gemeinsame Zeit während der Mahlzeiten gleichzeitig fehlen, so hat sie eine individuelle Lösung gefunden, zumindest ihrem verbliebenen Anspruch an eine gute und gesunde Versorgungslage der Familie gerecht zu werden. Während andere Mütter sicherstellen, dass es jeden Tag ein gekochtes Essen gibt, ist Frau 28 nicht gewillt, diese Leistung jeden Tag selbst zu erbringen. Zu ihrer eigenen Entlastung hat sie einen wöchentlichen Kochplan erstellt, der die Kinder einbindet und verbindlich festlegt, an welchem Tag die Tochter, der Sohn und sie selbst mit dem Kochen beauftragt sind. Zusätzlich zählt zum Versorgungsanspruch von Frau 28, dass sie an ihrer jahrelangen Tradition fest hält und jedes Wochenende Brot mit selbst hergestelltem Sauerteig backt, ein Essen ohne frischen Salat für sie undenkbar wäre und immer reichlich Obst im Haushalt vorhanden ist.

Vergleich mit anderen Typen familialer Ernährungsversorgungsstile
Dem individualisierten Mahlzeitenmuster und der mittleren haushälterischen Ressourcenausstattung entsprechend wäre Familie 28 dem Ernährungsversorgungstyp der „ambivalenten Ess-Individualistinnen" zuzuordnen. Trotz dieser formalen Übereinstimmungen sind die Ursachen für die individualisierten Mahlzeiten zu untypischen Essenszeiten in Familie 28 andere. Die Tochter ist volljährig, studiert und ist tagsüber und abends nicht bzw. nicht immer anwesend, ebenso wie der 17-jährige Sohn sich gerade im Ablösungsprozess vom Elternhaus befindet. In diesem Fall ist es also nicht Frau 28, die wie die „ambivalenten Ess-Individualistinnen" aufgrund ihrer Hobbys oder individueller Essgewohnheiten nicht bereit wäre, gemeinsame Essenszeiten mit ihren Kindern zu vereinbaren, sondern die Eigenständigkeit der Kinder, die keinen Wert mehr auf gemeinsame Mahlzeiten mit der Mutter und den Eltern legen. Die eigene Freizeitgestaltung wird nicht mehr nach Familienzeiten ausgerichtet. Auch wenn gemeinschaftliche Mahlzeiten zum mütterlichen Wunschbild familialer Ernährung gehören, hat sich Frau 28 mit der gegenwärtigen Familiensituation und den Essgewohnheiten ihrer Kinder arrangiert und geht am Abend

ebenfalls häufig außerhäuslichen Freizeitaktivitäten nach. Anstatt auf ihren Mann mit dem Abendessen zu warten, möchte sie mit der Essenszeit keine Kompromisse machen und ist der Meinung: *„Es ist nicht mehr möglich. Durch diese unterschiedlichen Zeiten, wo man nach Hause kommt, ne. Und jeder hat dann auch unterschiedlich Hunger. Meistens wenn man grad nach Hause gekommen ist, möcht' man halt erst mal was essen."* (Haushalt 28:29) Während es bei den „ambivalenten Ess-Individualistinnen" (Typ 2) und den „entspannten Unkonventionellen" (Typ 3), die ebenfalls ältere Kinder versorgen, zumindest eine Familienmahlzeit am Tag gibt, ist die Synchronisierung der Tagesabläufe zwecks gemeinsamer Mahlzeiten an den Werktagen im vorliegenden Haushalt nicht mehr gegeben und gewünscht. Im Unterschied zu anderen Haushalten wird auch am Wochenende nicht gemeinsam mit den Kindern gefrühstückt. Das Mittagessen am Samstag ist die einzige Mahlzeit in der Woche, zu der die Eheleute 28 und ihre Kinder zusammen kommen. Trotz fehlender Regelungen, wer wann mit wem isst, verzichtet Frau 28 aufgrund ihres hohen normativen Anspruches, sich und die Familie gesund zu ernähren, im Vergleich zu den „ambivalenten Ess-Individualistinnen" nicht auf ihre tägliche warme Mahlzeit. Deshalb ist auch fest organisiert, dass jeden Tag ein warmes Essen zubereitet wird. Entgegen der praktizierten traditionellen und geschlechtsspezifischen Arbeitsteilung zwischen den Eheleuten, in der sich Herr 28 bis auf die gelegentliche Erledigung des Einkaufs völlig unbeteiligt zeigt, teilt sich Frau 28 die Verantwortung für die Zubereitung des warmen Essens mit den Kindern. Während die Tochter und der Sohn an jeweils einem Tag der Woche kochen, übernimmt die Mutter an den anderen Tagen die Zubereitung des Essens oder es werden Reste vom Vortag gegessen.

Die hohe Priorität der Wahrnehmung von Eigenzeiten gegenüber Gemeinschaftszeiten widerspricht einer Zuordnung zu den Familien der „entspannten Unkonventionellen" (Typ 3), in denen die tägliche Abendmahlzeit ebenso wie die Mahlzeiten am Wochenende ein fester Bestandteil der gemeinsamen Freizeitgestaltung und von hoher sozialer Bedeutung sind. Ebenso lässt sich Haushalt 28 trotz gleichen Mahlzeitenmusters auch nicht mit den „aufopferungsvollen Umsorgerinnen" vergleichen, da Frau 28 erstens gesundem und ausgewogenem Essen mit frischen Zutaten wie Obst und Gemüse eine hohe Bedeutung beimisst. Zweitens identifiziert sie sich nicht mit der Rolle der Alleinverantwortlichen für die Ernährungsversorgung ihrer Familie. Drittens legt sie großen Wert auf ihre Erwerbstätigkeit und andere persönliche Interessen.

Zusammenfassend sind in Familie 28 zwar Alltagsbedingungen in Form von z.B. sehr unterschiedlichen Zeitrhythmen der Eltern und Kinder vorzufinden, wie sie auch in anderen Familien mit individualisierten Mahlzeiten und älteren Kindern vorliegen. Aufgrund anders gelagerter Werthaltungen liegt jedoch eine ganz eigene Ausgestaltung der Ernährungsversorgung vor, in der Mahlzeiten als Medium des sozialen Austausches und kollektiv verbrachter Zeit im Familienleben eine marginale Rolle spielen und den persönlichen Wünschen, Essensvorlieben und Terminen der einzelnen Familienmitglieder Vorrang vor gemeinsam verbrachter Essenszeit eingeräumt wird. Letztendlich macht Frau 28 trotz verbleibender Ambivalenzen gegenüber den Veränderungen des Essalltags und angesichts des Alters ihrer Kinder und den neuen zeitlichen Freiräumen für Beruf und Freizeit, einen zufriedenen Eindruck.

6.3.2 Familie 29

> *„Und inzwischen denke ich, die [Kinder] sind jetzt schon so alt und die müssen selber wissen, ob sie mit mir essen wollen oder nicht. Finde ich irgendwie ein bisschen schade, aber ich will auch nicht mehr drauf bestehen und jeder soll nur hier sitzen und, obwohl er keine Lust hat, und soll mit mir dann glückliche Familie spielen."*   *(Haushalt 29:30)*

Frau 29 (45 Jahre) ist gebürtige Engländerin und wegen ihres Mannes vor vielen Jahren nach Deutschland gezogen. Beide Ehepartner haben studiert und sind Vollzeit berufstätig, wobei Herr 29 (48 Jahre) seit mehr als zehn Jahren in einem anderen Bundesland arbeitet und an den Werktagen nicht im Haushalt der Familie anwesend ist. Die beiden gemeinsamen Kinder sind 16 und 17 Jahre alt, besuchen das Gymnasium, verbringen ihre freie Zeit an den Nachmittagen meist mit Freunden und kommen zu sehr unregelmäßigen Zeiten nach Hause. Das monatliche Haushaltsnettoeinkommen liegt zwischen 3500 und 5000 Euro.

Das Thema Essen und Trinken nimmt im Denken und Alltagsgeschehen von Frau 29 einen großen Raum ein, weil es darüber fast täglich zu Konflikten mit ihren Kindern kommt, die die Mutter sehr beschäftigen und unzufrieden machen. Gemeinsame Mahlzeiten mit den Kindern, die Frau 29 zwar für sehr wünschenswert hält, gibt es an den Werktagen nicht mehr und auch an den Wochenenden, wenn Herr 29 zu Hause ist, stellen Familienmahlzeiten die Ausnahme dar. Während Frau 29 ein sehr diszipliniertes und wenig lustbetontes Essverhalten zueigen ist, entsprechen die Ernährungsverhaltensweisen ihrer Kinder genau dem Gegenteil. Die Mutter isst dreimal am Tag, immer zu den gleichen Zeiten und, so oft es geht, zu Hause, lehnt Zwischenmahlzeiten ab, gönnt sich nur selten und nur in Maßen Genussmittel wie Kuchen oder Schokolade und stellt insgesamt keine großen Geschmacksansprüche. Ihre Kinder hin-

gegen entscheiden morgens nach Lust und Laune, was und ob sie zu Hause zu frühstücken, viel lieber kaufen sie sich am Morgen beim Bäcker oder am Kiosk etwas zu essen. Frühstücks- und Pausenbrote nehmen sie nicht mit zur Schule und verpflegen sich mittags und nachmittags mit gekauften Speisen. Frau 29 versucht *„vernünftig so gegen sieben" (Haushalt 29:107)* zu essen. Weil sie aber nicht weiß, wann ihre Kinder nach Hause kommen, isst sie meistens allein zu Abend, zumal diese häufig bereits bei Freunden oder unterwegs gegessen haben und nicht hungrig sind: *„Ich meine, es ist ja nicht so, dass sie kategorisch sagen: Mit dir sitzen wir nicht am Tisch. Das nicht, aber es wird, es wird einfach kein Wert drauf gelegt." (Haushalt 29:109)* Resigniert deutet sie an, dass ihre Kinder in einem Alter sind, in dem ihre mütterliche Einflussnahme auf die Ernährungsgewohnheit der Kinder nur noch gering ist. Zu Problemen zwischen Mutter und Kindern kommt es immer dann, wenn deren unterschiedliche Ansichten aufeinander treffen. So fragen diese beispielsweise nach mehr Taschengeld für ihre außerhäuslichen Essensausgaben oder bitten um den Einkauf bestimmter Lebensmittel (z.B. Tiefkühlpizza, Schokolade, Markengetränke etc.) und stoßen damit in der Regel auf Ablehnung bei ihrer Mutter. Ihr fällt es auf Grund ihrer festen Prinzipien schwer, Kompromisse mit ihren Kindern auszuhandeln. *„Und dann wollen die von mir immer Geld haben für Brötchen. Was ich aber nicht einsehe, weil ich mach' das ja auch nicht. Ich esse zu Hause und dann nehme ich mir meistens was mit und die finden das aber cool, so wie alle anderen, zum Kiosk zu gehen oder zum Bäcker und irgendwas aus der Tüte zu holen. Und manchmal finde ich das vielleicht berechtigt, wenn sie Schule bis zum Nachmittag haben und keine Möglichkeit, aber man kann sich ja auch ein Bot machen, ein vernünftiges. Und das war auch so 'n bisschen ein Streitpunkt, weil die das nicht wollen. Die sind zu faul, sich abends vielleicht oder morgens ein Brot zu machen. Und ich seh' aber auch nicht ein, wenn Kinder 16 und fast 18 sind, dass ich das für sie mache." (Haushalt 29:46)*
Während sich Frau 29 inzwischen daran gewöhnt hat, ohne Rücksicht auf die Kinder alleine zu essen, kann sie aber noch nicht von dem ihr innewohnenden, verpflichtenden Gefühl ablassen, ihre Kinder mit selbst gekochtem, gesundem Essen zu versorgen. Deshalb hat sie es sich zur Angewohnheit gemacht, an den Werktagen nur noch solche Gerichte vorzubereiten bzw. zu kochen, die sich gut aufwärmen lassen, im Bedarfsfall auch einfrieren lassen und von denen sie weiß, dass sie ihren Kindern schmecken. Ihre Bemühungen, die Kinder zum Verzehr von selbst gekochten Speisen gegenüber Tiefkühl- und Fertigprodukten zu überzeugen, letztere findet sie *„einfach zu teuer [findet] für die Wertstoffe oder Nährstoffe, die drin sind" (Haushalt 29:61)*, reichen so weit, dass sie nur noch Standardsachen kocht, *„...die eigentlich so einigermaßen gut ankommen [bei den Kindern]" (Haushalt 29:274)*. Bei der Erziehung

ihrer adoleszenten Kinder kommt für Frau 29 erschwerend hinzu, dass sie im Wochenalltag schon seit Jahren keine Unterstützung mehr von ihrem Mann erhält.

Vergleich mit anderen Typen familialer Ernährungsversorgungsstile
Wie vorangehend geschildert, liegt in Familie 29 ein individualisiertes häusliches und außerhäusliches Mahlzeitenmuster vor, wie dies auch für den Haushalt 28 und die Ernährungsversorgungstypen 2, 3 und 7 zutrifft (vgl. Abb. 6.2). Bei den Ressourcen verfügt Familie 29 über eine hohe Ausstattung. Öffentliche oder persönliche Netzwerke stehen Frau 29 zwar nicht zur Verfügung; angesichts des Alters ihrer Kinder und deren Autonomiebestrebungen ist eine Betreuung und Mittagessensversorgung ihrer Kinder durch Dritte zur Gewährleistung der Ausübung ihrer Vollzeitstelle allerdings auch nicht notwendig.

Auch wenn die Ausgangssituation der Haushalte von Typ 3 ähnlich ist, denn auch hier handelt es sich um Familien mit zwei vollzeiterwerbstätigen Eltern und Kindern im Oberstufenalter, sprechen eine Reihe von Merkmalen der Ernährungsversorgung von Familie 29 gegen eine Zuordnung zu diesem Typ. Ein wesentlicher Unterschied von Frau 29 gegenüber den „entspannten Unkonventionellen" ist ihr Gefühl, in der Ernährungserziehung ihrer Kinder gescheitert zu sein. Auch die Mütter aus Typ 3 stellen fest, dass ihre Einflussnahme auf das Essverhalten ihrer Kinder nur noch begrenzt ist, dafür haben sie aber die Sicherheit und das Vertrauen, dass ihre Ernährungserziehungsbemühungen Früchte getragen haben. Die Kinder ernähren sich den mütterlichen Vorstellungen entsprechend gut und vernünftig. Frau 29 wollte auch von Beginn an, *„dass die Kinder nur gesundes essen und nur mit anderen netten Kindern spielen [...], so man will alles richtig machen. Beziehungsweise man wollte es machen. [...] hab ich schon ziemlich drauf geachtet"* (Haushalt *29:159)*, muss aber resigniert und machtlos feststellen, dass ihre fast erwachsenen Kinder nicht nur einer gesunden Ernährungsweise wenig Beachtung schenken, sondern auch gemeinschaftliche Mahlzeiten mit der Familie als unwichtig erachten. Während das Abendessen eine feste Institution im Familienleben des Ernährungsversorgungstyps der „entspannten Unkonventionellen" ist, bei dem alle anwesend sind und viel geredet wird, ist ein gemeinsames Abendessen von Frau 29 und ihren Kindern vom Zufall abhängig, nämlich davon, zu welcher Uhrzeit die Kinder nach Hause kommen und ob diese nicht bereits auswärts gegessen haben. Unklar ist, ob sich die Mahlzeitensituation ändern würde, wenn Herr 29 an den Werktagen zu Hause wäre. Gegen diese Annahme spricht allerdings die Tatsache, dass die Ehepartner auch am Wochenende meistens allein essen. In Familie 28 spielt die soziale Funktion von Mahlzeiten eine ähnlich marginale Rolle wie in Haushalt 29 mit dem Unterschied, dass Frau 28 überzeugt ist, ihr Bestes mit Erfolg getan zu haben und mit der Gesamtsituation des Essalltags der Familie wesentlich zufriedener ist als Frau 29. Ein schwieriges Beziehungsverhältnis[50] zwischen Mutter und Kindern, dessen Konflikte scheinbar massiv auch über die Ernährung ausgetragen werden, kennzeichnet zudem den Alltag in Haushalt 29.

Die Überprüfung möglicher Übereinstimmungen mit den anderen zwei Typen familialer Ernährungsversorgungsstile, die sich durch individualisierte und außerhäusliche Mahlzeiten auszeichnen, zeigt, dass eine Zuordnung zu den „ambivalenten Ess-Individualistinnen" (Typ 2) aus ähnlichen Gründen, wie sie auch bei Haushalt 28 vorliegen, nicht möglich ist. Bei den „ambivalenten Ess-Individualistinnen" sind es die Mütter und nicht die Kinder, die sich der Organisation gemeinsamer Mahlzeiten entgegen stellen. Der Vergleich mit den Familien des Typs 7 („die aufopferungsvollen Umsorgerinnen") zeigt sehr schnell, dass, unabhängig von den Unterschieden in der Ressourcenausstattung, Frau 29 sich keines Falls mit der innerhäuslichen Rolle der Mutter, Hausfrau und hauptverantwortlichen Ernährungsversorgerin (vgl. Kap. 6.2.7) identifiziert und außer dem gleichen Mahlzeitenmuster keine weiteren Übereinstimmungen vorliegen.

Zusammengefasst liegt das Spezifikum dieser Familie gegenüber allen anderen interviewten Familien mit älteren Kindern in dem großen Konfliktpotential, dass das Thema Essen und Ernährung im Alltagsleben zwischen Mutter und Kindern beherbergt. Von Problemen am häuslichen Esstisch wird natürlich auch in anderen Familien berichtet, wobei die Probleme insbesondere bei kleinen Kindern anders gelagert sind. Frau 29 ist mit der Ernährungsversorgung ihrer Kinder höchst unzufrieden, reflektiert und kennt die Konfliktherde (z.B. ihre strikte Ablehnung von Markenartikeln und Convenience- und Fastfood) und ist trotz allem nur zu kleinen Eingeständnissen bereit. Die Kinder reagieren mit Boykott, in dem sie bevorzugt außer Haus essen und ihr Taschengeld für Softdrinks, Pizza etc. ausgeben. Für die Frage, wie die große Kluft zwischen den mütterlichen Idealvorstellungen und der Alltagsrealität der Ernährungsversorgung verkleinert werden könnte, sieht die quasi Alleinerziehende mit ihren zwei fast erwachsenen Kindern keinen Lösungsweg.

---

50 Sowohl aus dem Interview als auch aus dem anschließenden Gespräch nach Beendigung der Tonbandaufnahme ist bekannt, dass die Kinder auch in anderen Lebensbereichen die Wünsche und Gewohnheiten der Mutter ablehnen, z.B. kritisieren sie die Wohnungseinrichtung und es kommt häufig zu Auseinandersetzungen in Geschmacksfragen.

Erkenntnisgewinn abweichender Fälle

Die Darstellung der zwei abweichenden Fälle hat das Abbild der sozialen Wirklichkeit der Ernährungsversorgung von Familien erweitert und zusätzliche Einblicke in die Veränderungen der Ernährungsversorgung im Zusammenhang mit dem Erwachsenwerden der Kinder geleistet. Dass im Zuge der wachsenden Unabhängigkeit von Kindern zum Teil erhebliche Probleme für die Ernährungssituation in Familien entstehen können, illustriert Beispielhaushalt 29 anschaulich, wo es der Mutter offensichtlich nicht gelungen ist, den Kindern ihr Wissen, ihre Wertvorstellungen und bestimmte Ernährungsgewohnheiten zu vermitteln. Die Ursachen für die als misslungen empfundene Ernährungserziehung ihrer Kinder können dem Interview nur ansatzweise entnommen werden. Es ist aber wahrscheinlich, dass diese nicht nur in der jüngeren Vergangenheit liegen. Insbesondere die Pubertät, in der sich junge Menschen stark an Gleichaltrigen orientieren, ist also eine wichtige Phase des Jugendalters, in der außerhäusliche Ernährungserziehung elterliche Bemühungen unterstützen kann. Übereinstimmendes Charakteristikum im Zusammenhang mit dem Älterwerden der Kinder ist die Abnahme gemeinsamer Familienmahlzeiten gegenüber einer zunehmend individualisierten und außerhäuslichen Mahlzeiteneinnahme der Jugendlichen. Nicht zwangsläufig (vgl. „die entspannten Unkonventionellen"), aber doch häufig (vgl. „aufopferungsvolle Umsorgerinnen", Haushalte 28 und 29) geht damit die soziale Bedeutung der täglichen Mahlzeit als Medium des Austausches, der Kommunikation und der familialen Identifikation verloren. Gleichzeitig zeigt Haushalt 28 sehr eindrucksvoll, dass Mütter, die in früheren Phasen sehr viel Zeit und Mühe in die Ernährungsversorgung ihrer Familie investiert haben – und dies z.T. auch auf Kosten der eigenen Erwerbstätigkeit – sich dadurch neue Freiräume sowohl im Erwerbsleben und auch außerhalb von Beruf und Familie eröffnen. Diese sind umso größer, je besser es Müttern gelingt, ihre Söhne und Töchter frühzeitig und verlässlich an den anfallenden Arbeiten zu beteiligen und sich selbst zu entlasten. Darüber hinaus hat dies den Vorteil, dass Kinder und Jugendliche es lernen und dann auch in der Lage sind, sich selbst zu versorgen und auch zu kochen.

6.4 Fazit

Die vorgestellten Ernährungsversorgungsarrangements belegen, dass erwerbstätige Mütter in die Organisation und Bereitstellung von Familienmahlzeiten einen hohen und täglich wiederkehrenden intellektuellen und zeitlichen, aber auch logistischen und finanziellen Aufwand investieren. Ungeachtet der Tatsache, dass gesellschaftliche, soziale und wirtschaftliche Entwicklungen immer auch Veränderungen in den Ernährungsweisen und geltenden Ernährungsnormen von Menschen nach sich ziehen, sind es die Mütter, die als Hauptverantwortliche für die Ernährungsversorgung der Familie einstehen. Im Rahmen ihrer zeitlichen Möglichkeiten versuchen sie nicht nur stabile Mahlzeitenmuster mit und für ihre Kinder zwischen privatem und öffentlichem Raum aufrecht zu erhalten, sondern auch entlang der eigenen Normvorstellungen und Wissensbestände ihre Kinder gut und gesund zu versorgen. Trotz immer wiederkehrender Anpassungsnotwendigkeiten stellen die vorgestellten Ernährungsversorgungsarrangements verlässliche Strukturen und Bezugspunkte im Alltag dar. Erfreulich ist, dass insbesondere Familien mit jüngeren Kindern, so weit es ihnen möglich ist, an einem gemeinsamen Essalltag festhalten, um über die erzieherischen, sozialen und identitätsstiftende Dimensionen der Ernährung eine Kultur des familialen Zusammenlebens zu entwickeln. Im Konkreten liegt für erwerbstätige Mütter die große Schwierigkeit, die familiäre Ernährungsversorgungsorganisation zwischen Beruf und Familie zu gewährleisten, erstens darin, dass sie permanent damit beschäftigt sind, die auftretenden zeitlichen Kollisionen zwischen den eigenen Erwerbsarbeitszeiten, den noch immer starren Öffnungs- und Schließzeiten der Kinderbetreuungseinrichtungen und den Erwerbszeiten des Partners auszutarieren. Zweitens zwingt das Fehlen von flächendeckenden und qualitativ hochwertigen Verpflegungsangeboten in Kindergärten und Schulen erwerbstätige Mütter, individuelle Lösungen für die warme Mittagsversorgung der Kinder zu finden. Um diese Arrangements 365 Tage im Jahr sicherzustellen, stecken Mütter oft selbst zurück, indem sie auf berufliche Perspektiven verzichten oder keine Eigenzeiten zur Erholung und Entspannung am Ende des Tages oder am Ende der Woche vorhanden sind. Mit Beginn der Pubertät und dem Erwachsenwerden der Kinder werden gemeinsame Mahlzeiten der Familie seltener. Abhängig von der vorherigen Ernährungssozialisation und dem Wertemuster entstehen daraus neue zeitliche Freiräume für Mütter oder aber auch erhebliche Konflikte zwischen Müttern und ihren Kindern. Aus den Befunden können typenspezifische Anforderungspotentiale für einen bedarfsgerechten Ausbau einer gesunden und qualitativ hochwertigen Kindergarten-, Schul- und Kantinenverpflegung abgeleitet werden. In der derzeitigen Struktur wird aus Sicht der Mütter weder der ernährungsphysiologische Bedarf der Kinder und Jugendlichen zufrieden stellend gedeckt, noch werden Mütter berufs- und bildungsgruppenübergreifend bei ihrer Erwerbsbeteiligung durch öffentliche Verpflegungsmöglichkeiten unterstützt. Zugleich zeigen die Ergebnisse, wie wichtig und notwendig eine zielgruppenbezogene Ernährungsbildung von Eltern und Kindern mit einer alltagsnahen Vermittlung von Kulturtechniken des Essens und Trinkens ist.

Der konkrete Bedarf variiert allerdings erheblich: So stehen bei den „berufsorientierten Netzwerkerinnen" die zeitliche Entlastung bei der Organisation des Essalltags durch verlässliche öffentliche Angebote für ihre Kinder, aber auch arbeitsplatznahe Möglichkeiten einer qualitativ hochwertigen Mittagessenversorgung für die Mütter selbst im Vordergrund. Demgegenüber kristallisieren sich sowohl bei den „überlasteten Einzelkämpferinnen" als auch bei den „aufopferungsvollen Umsorgerinnen" die Themen Gesundheits- und Ernährungsprävention zur Vermeidung bzw. Bekämpfung von Übergewicht und Bewegungsmangel als besonders dringlich heraus. Eine Vielfalt von Diensten rund um das Thema Essen, Trinken und gesunde Ernährung durch staatliche, privatwirtschaftliche und freigemeinnützige Anbieter ist in diesem Handlungsfeld der Ernährungsversorgung dringend geboten.

7 Prozessorientierte Qualitätssicherung qualitativer Forschung – ein Anwendungsbeispiel

In der quantitativen Forschung sind die klassischen Gütekriterien Objektivität, Reliabilität und Validität etabliert. Dagegen besteht in der qualitativen Forschung zur Frage nach Gütekriterien wenig Einigkeit (STEINKE 2004, S. 9). Trotz zahlreicher Vorschläge[51] existiert kein Konsens, welche Minimalstandards in der qualitativen Forschung einzuhalten sind (LÜDERS 2004, S. 634). Die Umsetzung bestimmter Kriterien kann zwar die Qualität und/oder Glaubwürdigkeit qualitativer Forschungsergebnisse erhöhen, gewährleistet diese aber nicht selbstverständlich (BERGMAN und COXON 2005). Wichtig erscheint gleichwohl ein für sich selbst sprechender, klar dargelegter und methodisch fundierter Forschungsablauf (KVALE 1995). Die Entwicklung von Bewertungskriterien und verbindlichen Standards ist dringend geboten (ELLIOTT et al. 1999, S. 217 f.). Sie tragen zum einen zur Legitimation der qualitativen Forschungstradition bei, zum anderen unterstützen explizite, aber an die jeweilige Fragestellung angepasste Standards zur Bewertung qualitativer Forschung die Beurteilung qualitativer Studien im wissenschaftlichen Bereich (u.a. in wissenschaftlichen Journalen). Bereits definierte Bewertungskriterien können als Referenzgrößen herangezogen werden, anhand derer Abweichungen und Weiterentwicklungen beschrieben werden können. Die Entwicklung verbindlicher Bewertungskriterien wird mit der höheren Akzeptanz der qualitativen Forschungstradition und der Förderung der kritischen Auseinandersetzung eines jeden Forschers mit seinem Forschungskonzept begründet, trotz der Gefahr, dass „any explicit guidelines are fundamentally at odds with the spirit of qualitative research" (ELLIOTT et al. 1999, S. 225). Angesichts des dynamischen Charakters qualitativer Forschung ist die isolierte Betrachtung einzelner Gütekriterien qualitativer Forschung zugunsten einer prozessbezogenen Qualitätssicherung aufzugeben (FLICK 2005, S. 403 ff.). Zentrales Kriterium einer solchen Prozessevaluation ist es, „die Anwendung qualitativer Methoden vor allem nach ihrer Stimmigkeit im Hinblick auf ihre Einbettung in den Prozess der Forschung und auf den Gegenstand der Untersuchung und weniger per se zu beur-

---

51 Vorschläge für Bewertungskriterien für die qualitative Forschung nennen beispielsweise STEINKE 1999, 2004, 2005; ELLIOTT et al. 1999; JOHNSON 1997.

teilen" (FLICK 2005, S. 404). Qualität in der qualitativen Forschung kann unter
dieser Prämisse nur projektbezogen hergestellt werden.

7.1 Modell prozessorientierter Qualitätssicherung

Das gewählte Forschungsdesign der vorliegenden Studie ist ein integratives
Verfahren, bei dem sich die Ergebnisse der Sekundäranalyse der repräsentativen Zeitbudgeterhebung 2001/02 des Statistischen Bundesamtes komplementär
zu dem Erkenntnisbeitrag aus den qualitativen Interviews mit berufstätigen
Müttern verhalten und so zur Vervollständigung des „Bildes" von der Ernährungsversorgung in Familienhaushalten beitragen. Neben dieser inhaltlichen
Zielsetzung strebt die Studie als methodisches Ziel die Evaluierung des qualitativen Instrumentariums an. Da die intersubjektive Nachvollvollziehbarkeit
sowohl im Forscherinnenteam als auch für Dritte gewährleistet sein muss, wird
eine prozessbezogene Vorgehensweise umgesetzt, bei der der Forschungsprozess übersichtlich in vier Phasen unterteilt wurde: die Entwicklung der Forschungsfrage, die Datenerhebung, die Interpretation und der Abschluss des
Forschungsprojektes. Für jede Phase werden relevante Kriterien zur Bewertung
erläutert, Maßnahmen zur Sicherung dieses Kriteriums erarbeitet und ihre Integration in den Forschungsprozess anhand der praktischen Umsetzung überprüft. In Abbildung 7.1 werden die einzelnen Arbeitsschritte und dazugehörigen Gütekriterien aufgeführt. Die Auswahl der genannten Kriterien trägt insbesondere der Tatsache Rechnung, dass die einzelnen Arbeitsschritte des Projektes nicht von einer Forscherin allein durchgeführt wurden, sondern im Team
der wissenschaftlichen Mitarbeiterinnen, den Projektantragstellerinnen und
studentischen Hilfskräften erarbeitet wurden. Großes Gewicht lag daher auf
den Möglichkeiten, die intersubjektive Nachvollziehbarkeit im Team selbst wie
auch für den außen stehenden Leser zu erhöhen. Insgesamt drei der gewählten
Kriterien, die Reflexion[52], die intersubjektive Nachvollziehbarkeit[53] und die

---

52 Reflexion heißt, sich die eigene Position als Forscher gegenüber dem Interviewten bewusst
    zu machen. Für ALVESSON und SKÖLDBERG (2005) ist Reflexion neben dem vorsichtigen
    Interpretieren Bestandteil qualitativer Forschung. Die Autoren heben hervor, dass die Inter-
    pretation nicht erst bei der Auseinandersetzung mit den Daten beginnt. Bereits bei der For-
    mulierung der theoretischen Annahmen sollte sich der Forscher bewusst sein, dass eine Inter-
    pretation vorliegt. Für JOHNSON ist es notwendig, dass sich der Forscher aktiv und selbst-
    kritisch mit dem potentiellen Forscherbias und Prädispositionen auseinandersetzen muss
    (JOHNSON 1997). Er empfiehlt daher, dass der Forscher seinen persönlichen Hintergrund, die
    mögliche Einflussnahme dieser Gegebenheiten auf den Forschungsprozess und den Umgang
    damit dokumentiert. Auch STEINKE (1999, S. 231) sieht den Forscher in den Forschungspro-
    zess integriert, denn er ist ein Teil der gewählten Methoden und prägt den Forschungsgegen-

Glaubwürdigkeitsprüfungen[54], beziehen sich nicht nur auf einen einzelnen Forschungsabschnitt, sondern sind übergreifend im Sinne der Prozessevaluation auch für nachfolgende Phasen von Bedeutung gewesen.

---

stand entscheidend mit. Sie schlägt vor, die Subjektivität des Forschers möglichst kritisch in den unterschiedlichen Stufen des Forschungsprozesses zu reflektieren.

53   Durch intersubjektive Nachvollziehbarkeit wird der Austausch zwischen Forscher und Leser eines Forschungsprojektes ermöglicht. Das Hauptaugenmerk liegt dabei auf der Dokumentation des Forschungsprozesses, um der wissenschaftlichen Gemeinschaft zu erläutern, wie der Forscher die zu untersuchenden Daten gewonnen hat (STEINKE 1999, S. 207 f.). Für die Autorin (ebd., S. 209) ist die intersubjektive Nachvollziehbarkeit das Kernkriterium und Voraussetzung für die Prüfung anderer Kriterien qualitativer Forschung.

54   LINCOLN und GUBA (1985, S. 301) propagieren unterschiedliche Strategien, die zur Verbesserung der Glaubwürdigkeit qualitativer Forschung beitragen können. Dazu zählen Aktivitäten, die die Wahrscheinlichkeit erhöhen, glaubwürdige Erkenntnisse zu erhalten, wie das peer debriefing mit externen Experten, die Analyse abweichender Fälle, Vergleich von analysierten Datenmaterial mit unbearbeiteten Daten und member checks/kommunikative Validierung. Auch ELLIOTT et al. (1999, S. 222) weisen auf die Notwendigkeit von Glaubwürdigkeitsprüfungen hin und nennen als mögliche Vorgehensweisen den member check, zusätzliche Überprüfungen des qualitativen Analyseprozesses, Triangulation und Vergleich zweier oder mehrerer qualitativer Perspektiven. Beide Quellen verdeutlichen, dass sich die Glaubwürdigkeitsprüfung nicht auf einen Forschungsabschnitt allein bezieht, sondern in mehreren Stufen des Forschungsprozesses relevant ist.

Abbildung 7.1:   Prozessorientierte Qualitätssicherung

Phase 1: Entwicklung der Forschungsfrage	Phase 2: Datenerhebung	Phase 3: Interpretation	Phase 3: Abschluss des Forschungsprojekts
Reflexion des persönlichen Hintergrundes der Forscherinnen	**Reflexion der Beziehung zwischen Forscherinnen und Interviewpartnerinnen** - Auswahl der Interviewsituation - Auswahl des Interviewerinnenteams - Reflexion der Interviewsituation **Intersubjektive Nachvollziehbarkeit der Dokumentation der Datenerhebung** - Leitfadenentwicklung - Schulung des Interviewerinnenteams - doppelte Interviewführung - Transkription (Transkriptionsregeln, zweifache Überarbeitung der Transkripte durch Forscherinnen) - Probleme der Datenerhebung **Glaubwürdigkeitsprüfung** - Vertrauensbeziehung zwischen Forscherinnen und Interviewpartnerinnen - Triangulation durch die Forscherinnen	**Intersubjektive Nachvollziehbarkeit der Interpretation** - Einsatz computergestützter Datenanalyse - Anwendung codifizierter Verfahren - Diskussionen im Forscherinnenteam - Expertengespräche (peer debrieving) **Glaubwürdigkeitsprüfung** - Ergänzende Überprüfungen des qualitativen Datenmaterials (z.B. durch Väterbefragung) - Methodentriangulation - Analyse abweichender Fälle	**Empirische Verankerung** - Anwendung codifizierter Verfahren - Textbelege **Verallgemeinbarkeit** - empirisch begründete Typenbildung - Analyse abweichender Fälle

Quelle: Eigene Darstellung

7.1.1 Entwicklung der Forschungsfrage

Ein zentrales Problem qualitativer Forschung liegt darin, das Verhältnis zwischen dem untersuchten Forschungsgegenstand und der Darstellung, die ein Forscher dazu liefert, zu bestimmen (FLICK 2005, S. 323). Vor diesem Hintergrund ist es unumgänglich, bereits zu Beginn des Forschungsprozesses die eigene Forscherpersönlichkeit kritisch zu reflektieren. ELLIOTT et al. (1999) empfehlen, dass die theoretischen, methodologischen und personellen Orientierungen des Forschers ebenso wie seine Erfahrungen und berufliche Ausbildung erläutert werden. Für das vorliegende Forschungsprojekt wurden daher die unterschiedlichen persönlichen Erfahrungen sowie methodische und inhaltliche Kenntnisse bezüglich der Untersuchung der Ernährungsversorgung von Familienhaushalten der einzelnen Projektteilnehmerinnen evaluiert und in die Dokumentation des Projektes aufgenommen.

7.1.2 Datenerhebung

Der Forschungsabschnitt der Datenerhebung umfasst die Berücksichtigung der Reflexivität des Forschers, die Herstellung der intersubjektiven Nachvollziehbarkeit und die für die Glaubwürdigkeitsprüfungen relevanten Kriterien der prozessorientierten Qualitätssicherung.

7.1.2.1 Reflexion der Beziehung zwischen Forscher und Interviewpartner

LEGEWIE (1987, S. 144 ff.) weist darauf hin, dass ein Interview ein Kommunikationsprozess zwischen Interviewer und dem Interviewten ist, der auf gegenseitigem Verstehen beruht. Notwendig ist es, die Beziehung zwischen Forscher und Interviewpartner zu verdeutlichen, um die gewonnenen Daten beurteilen zu können (STEINKE 1999, S. 236 ff.). In der vorliegenden Studie wurde beachtet:

1. Auswahl der Interviewsituation
Mit wenigen Ausnahmen, in denen die befragten Mütter aus zeitlichen Gründen eine Durchführung des Interviews am Arbeitsplatz wünschten, fanden die Interviews in den Wohnungen der Familien statt. Die häusliche und vertraute Atmosphäre schuf eine vertrauensvolle Gesprächssituation, obwohl störende Einflüsse wie Telefonanrufe, die Anwesenheit von Kindern oder des Ehepartners gelegentlich zu einer Unterbrechung des im Interview gerade verfolgten Themas führten.

2. Auswahl des Interviewerinnenteams

Die Interviews wurden von zwei Projektmitarbeiterinnen durchgeführt. Dabei wurde das Interviewerinnenteam möglichst so zusammengestellt, dass mindestens eine der Interviewerinnen selbst Mutter ist. In den Interviews traten immer wieder Situationen auf, in denen die persönlichen Erfahrungen der Interviewerinnen mit in das Interview einflossen, die für das Verständnis und die Interpretation der Aussagen der Interviewten hilfreich waren. Die Tatsache, von einer anderen Mutter interviewt zu werden, schaffte bei den Interviewpartnerinnen Vertrauen und wirkte positiv auf deren Gesprächsoffenheit.

3. Reflexion der Interviewsituation

Im Anschluss an jedes Interview wurden Beobachtungsprotokolle angefertigt. In diesen finden sich Erläuterungen zur Rekrutierung der Interviewten. Zusätzlich wurden Informationen und Eindrücke zur Atmosphäre während des Interviews, zum Verhalten der Interviewten und zu persönlichen Empfindungen der Interviewerinnen dokumentiert (siehe Tab. 7.1).

Tabelle 7.1:   Ausschnitte aus den Beobachtungsprotokollen zur Dokumentation des Interviewverlaufs und -atmosphäre

Beobachtungsprotokoll Frau A.	Die Interviewte vermittelte den Eindruck, dass sie wenig Zeit hat.
Beobachtungsprotokoll Frau C.	Befragte bot uns bei Ankunft sofort das Du an. Befragte wurde während des Interviews immer ausschweifender und hat über ihre Vergangenheit erzählt, so dass wir teilweise das Aufnahmegerät abgestellt haben, da Inhalte zu persönlich waren und nicht mehr zum Thema gepasst haben. Auch beim Aufnahmematerial sind viele Informationen über die Familie enthalten, die nicht direkt mit dem Ernährungsalltag verbunden sind, aber das Gesamtverständnis der Familien- und Haushaltssituation unterstützen. Im Interview war es notwendig, die Befragte immer wieder auf das eigentliche Thema zurück zubringen.
Beobachtungsprotokoll Frau DB.	Hohes Frustpotential der Befragten über die Ernährung der Kinder/Familie kam bereits beim Mail- und Telefonkontakt zur Sprache; Unzufriedenheit über die Essweise der Kinder wohl auch der Grund, warum sich Befragte bereit erklärte, an der Studie teilzunehmen. Deprimierend, da die Konflikte mit den Kindern so gravierend sind (persönlich: Gedanken darüber, wie das mit eigenen Kinder in 10/15 Jahren aussieht); ehrlich und offen (Situation sehr offen, ohne Beschönigung geschildert); teilweise lange Sprechpausen; Interessant, spannend und kurzweilig, wenn man auch inhaltlich gesehen schockierend und bestürzend) Mixtur aus Empathie für die Befragte und dem Gedanken, dass sie nicht ganz unschuldig an der stressig unschönen Situation mit den Kindern ist.

Quelle: Eigene Zusammenstellung anhand der Beobachtungsprotokolle

7.1.2.2 Intersubjektive Nachvollziehbarkeit der Datenerhebung

Zur Datenerhebung ist es notwendig, einerseits einheitliche Vorgehensweisen, z.B. Transkriptionsregeln, festzulegen, andererseits für den außen stehenden Leser den Prozess der Datenerhebung zu dokumentieren. Dazu zählen:

1. Entwicklung des Leitfadens für die qualitative Erhebung
Der Leitfaden für die qualitative Befragung wurde gemeinsam im Projektteam entwickelt. Auf der Basis der Ergebnisse zur Zeitverwendung für die Ernährungsversorgung anhand der Zeitbudgetdaten 2001/02 und auf der Grundlage theoretischer Vorkenntnisse wurden relevante Inhalte des Leitfadens diskutiert und erarbeitet. Diese Vorgehensweise bot einerseits den Vorteil, dass die unterschiedlichen Forscherinnenperspektiven bei der Gestaltung des Leitfadens Berücksichtigung fanden, andererseits aber insbesondere unter den Interviewerinnen Konsens und Kenntnis über die relevanten Themengebiete innerhalb der geplanten Interviews bestand.

2. Schulung des Interviewerinnenteams
Als Vorbereitung für die Durchführung der qualitativen Interviews fanden Interviewerschulungen statt. Dabei wurden der Leitfaden erläutert und Zusammenhänge zwischen den Themenkomplexen verdeutlicht. Zusätzlich wurde als ergänzendes Erhebungsinstrument das Beobachtungsprotokoll entwickelt. Vor den eigentlichen Interviews fanden Pretests statt, um insbesondere den Umgang mit dem Aufnahmegerät, den Einstieg in das Interview sowie die Handhabung von Leitfaden und Mindmap einzuüben. Da bereits bei den Pretests immer mindestens zwei der Interviewerinnen anwesend waren, konnte durch Feedback der beisitzenden Person(en) die Fragetechnik und der Ablauf des Gesprächs reflektiert und verbessert werden.

3. Doppelte Interviewführung
Erwähnenswert ist das entwickelte und erprobte Verfahren der doppelten Interviewführung. Die Interviews wurden von zwei Forscherinnen durchgeführt, wobei eine Mitarbeiterin die Rolle der Interviewerin und die andere die Funktion der Beisitzerin übernahm. Diese doppelte Interviewführung bringt zahlreiche Vorteile:
- während die Interviewerin die Begrüßung, Vorstellung der anwesenden Personen und die Durchführung des Interviews übernimmt, kann die Beisitzerin einerseits Kernaussagen kurz dokumentieren (diese finden sich in den Beobachtungsprotokollen wieder) und andererseits prüfen, ob alle relevanten Themenkomplexe im Interview angesprochen wurden oder evtl.

zu ergänzen sind. Findet das Interview in der Wohnung der Interviewten statt, kann die Beisitzerin während des Interviews Atmosphäre und Merkmale der Haushaltsausstattung sowie Mimik und Gestik der Befragten erfassen, die in den Beobachtungsprotokollen dokumentiert sind;

- die Interviewerin wird von den „technischen" Aufgaben der Interviewführung (Bedienung des Aufnahmegerätes, Überwachung der Speicherkapazität auf dem Aufnahmegerät bei länger andauernden Interviews) entlastet;
- die Interviewerin kann sich voll auf die Gesprächsführung konzentrieren;
- es wird gewährleistet, dass zwei der drei am Projekt beteiligten wissenschaftlichen Mitarbeiterinnen bei einem Interview anwesend sind und dadurch deutlich mehr Interviews persönlich mit erlebt haben. Das Gegenlesen der Transkripte und die Interpretation der Interviewaussagen sind so deutlich erleichtert.

4. Beobachtungsprotokolle
Neben der oben beschriebenen Reflexion der Interviewsituation dokumentieren die Beobachtungsprotokolle auch den Prozess der Datenerhebung.

5. Transkription und Gegenlesen der Transkripte
Vor dem Hintergrund der intersubjektiven Nachvollziehbarkeit sind die erarbeiteten Transkriptionsregeln zu nennen (STEINKE 1999, S. 211), die eine einheitliche Vorgehensweise der Personen, die mit der Transkription befasst waren, gewährleisten. Nach der Erstellung der Transkripte im Wortlaut der Interviewten wurden diese durch die Mitarbeiterinnen, die beim Interview persönlich zugegen waren, gegen gelesen und evtl. bis dahin unverständliche Satzteile ergänzt.

6. Probleme bei Datenerhebung
Durch Probleme bei der Datenerhebung, insbesondere die Ansprache von vollzeiterwerbstätigen Müttern mit kleinen Kindern, verlängerte sich die zuerst für ca. fünf Monate angesetzte Durchführung der qualitativen Interviews auf fast ein Jahr. Mitverantwortlich für die verlängerte Erhebungsphase war, dass insgesamt vier Interviews aus dem Sample entfernt und durch neue Interviews ersetzt werden mussten, da sich erst im Laufe des Interviews herausstellte, dass die interviewten Mütter sich vor Kurzem von ihrem Partner getrennt hatten, alleinerziehend waren und damit nicht den Stratifizierungsmerkmalen entsprachen.

7.1.2.3 Glaubwürdigkeitsprüfung der Datenerhebung

Folgende Vorgehensweisen wurden angewendet:

1. Vertrauensbeziehung zwischen Forscherin und Interviewpartnerin
Der Interviewer ist in seiner Rolle als Außenstehender nur schwer in der Lage, die Aufrichtigkeit der Interviewaussagen zu beurteilen, da „nur der Erzähler zu seiner inneren Welt einen ‚privilegierten Zugang' hat" (LEGEWIE 1987, S. 148). Der Autor schlägt vor, Widersprüche zwischen Interviewäußerungen sowie eine Diskrepanz zwischen verbaler und nonverbaler Kommunikation als Zeichen für Verletzungen der Aufrichtigkeit zu notieren. Die Beobachtungsprotokolle im Projekt dokumentieren, dass selten widersprüchliche Aussagen in den Interviews geäußert wurden[55]. Zusätzlich bot sich bei Interviews, die in den Wohnungen der Befragten stattfanden, die Möglichkeit, Aussagen über Küchenausstattung, Möglichkeiten der Vorratshaltung, Bedeutung von Kochbüchern etc. durch persönliche Beobachtung zu beurteilen. Die ergänzende quantitative Befragung der Väter, deren Partnerinnen bereits an den qualitativen Interviews teilgenommen hatten, ermöglichte es, die soziodemografischen Angaben (insb. zum Haushaltsnettoeinkommen) sowie Angaben zur Verpflegung der Väter zu überprüfen. Schilderungen von Problemfeldern der Ernährungsversorgung, wie z.B. die zu geringe Beteiligung des Partners, zu seltene gemeinsame Mahlzeiten oder die Ablehnung von angebotenen Speisen durch die Kinder, wurden als Indiz für die Authentizität der Interviewaussagen gewertet.

2. Triangulation der Forscher
LINCOLN und GUBA erläutern, dass bei Akzeptanz der Subjektivität eines jeden Forschers eine Glaubwürdigkeitsprüfung durch Forschertriangulation eigentlich unmöglich ist. Dennoch akzeptieren die Autoren, dass unter der Voraussetzung einer effizienten Kommunikation im Team, „the fact that any one team member is kept more or less ‚honest' by other team members adds to the probability that findings will be found to be credible" (LINCOLN/GUBA, S. 307). Abgesichert durch die Interviewerschulungen und Diskussionen im Forscherinnenteam wurde eine effiziente Kommunikation angestrebt und umgesetzt. Insbesondere die doppelte Interviewführung ist unter dem Aspekt der Glaubwürdigkeitsprüfung hervorzuheben. Diese Vorgehensweise bot die Sicherheit, dass un- oder missverständliche Äußerungen der Interviewten durch das Bei-

---

55 Da zu den Gesprächen keine Videoaufzeichnungen vorliegen, ist ein Vergleich zwischen verbaler und nonverbaler Kommunikation nicht möglich.

sein der zweiten Forscherin nachgefragt werden konnten und nicht unbeachtet blieben.

Vor dem Hintergrund der zahlreichen Glaubwürdigkeitsprüfungen der Datenerhebung wurde auf einen „member check" verzichtet, bei dem das Forschungssubjekt (der Interviewte) in den weiteren Forschungsprozess mit einbezogen wird. Insgesamt hat die Anwendung von „member checks" zur Validierung der Interpretation aufgrund möglicher ethischer Probleme durch die Konfrontation der Interviewten mit der Interpretation ihrer Aussagen an Bedeutung verloren. Zu beachten ist auch der hohe organisatorische und zeitliche Aufwand, d.h. mit jedem der 48 Interviewten wäre ein zweiter Termin abzustimmen gewesen, bei dem das erste Interview in transkribierter Form, aber unstrukturiert, hätte vorliegen müssen.

7.1.3   Interpretation

7.1.3.1   Intersubjektive Nachvollziehbarkeit der Interpretation

Zielsetzung ist es, den außenstehenden Leser mit allen Facetten der Interpretation der Daten vertraut zu machen. Dazu zählen:

1. Einsatz einer computergestützten Datenanalyse
Für die Auswertung der qualitativen Interviews wurde die Software MAXqda, die eine computergestützte qualitative Datenanalyse ermöglicht, verwendet. KELLE (2004, S. 489) sieht den Nutzen solcher Programme insbesondere darin, dass beim Vorhandensein einer großen Menge unzureichend organisierter qualitativer Daten theoretische Aussagen auf einigen wenigen Zitaten beruhen können und Gegenevidenzen im Textmaterial übersehen werden. Vorteilhaft ist auch, dass so größere Datenmengen und damit größere Stichproben handhabbar sind und eine Systematisierung der Forschungstechniken mit transparenten Analyseprozeduren stattfindet. KUCKARTZ (2004, S. 18) weist darauf hin, dass durch Transparenz und Dokumentation des Auswertungsprozesses mittels Software zur computergestützten qualitativen Datenanalyse die Glaubwürdigkeit qualitativer Forschung verbessert und die Teamarbeit erleichtert wird.

Notwendig für die Arbeit im Team waren dazu genaue Angaben, wie einzelne Textpassagen zu vercoden sind. Der Analyseprozess folgte der Vorgehensweise der qualitativen Inhaltsanalyse nach MAYRING (2003) und wurde bereits erläutert. In zahlreichen Teamsitzungen wurden zudem auftretende Probleme beim Vercoden anhand expliziter Textbeispiele diskutiert, konsensual gelöst und gegebenenfalls das Kategoriensystem durch neue Erläuterungen zu bestimmten Unterkategorien ergänzt. ELLIOTT et al. (1999, S. 222) weisen darauf hin, dass für den Außenstehenden die zugrunde gelegten analytischen Prozeduren erläutert werden müssen. Mit der Vorgehensweise der qualitativen Inhaltsanalyse, einschließlich der Verwendung eines Kategoriensystems mit Zuordnungsregeln und Ankerbeispielen, werden diese Prozeduren für Personen außerhalb des Projektteams eindeutig erläutert und dokumentiert.

Besonders hilfreich war die Verwendung von MAXqda bei der Erstellung von Einzelfallbeschreibungen zur Ernährungsversorgung in den untersuchten Familienhaushalten und bei der Typologiegenierung familialer Ernährungsversorgungsstile[56]. Durch einen jederzeit möglichen Rückgriff auf die insgesamt 48 Transkripte, in denen z.B. nach bestimmten Suchworten oder auch vergebenen Ober- und Unterkategorien gefiltert werden konnte, war eine ständige Überprüfung der Interpretationen anhand der Aussagen der Interviewten möglich.

2. Anwendung codifizierter Verfahren
STEINKE (1999, S. 214 f.) weist darauf hin, dass durch den Einsatz einheitlicher Verfahren die intersubjektive Nachvollziehbarkeit gewährleistet ist. Der Hinweis auf die angewendeten Verfahren liefert dem Leser das Hintergrundwissen, die Interpretation nachvollziehen zu können. Die Analyse der qualitativen, durch problemzentrierte Interviews gewonnenen Daten mit Verdichtung auf Einzelfallbeschreibungen gehört zum Anwendungsgebiet der qualitativen Inhaltsanalyse nach MAYRING (2003). Der Prozess der Bildung der Ernährungsversorgungstypen erfolgte nach dem Verfahren der empirisch begründeten Typenbildung von KLUGE (1999, 2000).

3. Diskussionen im Forscherinnenteam
Interpretationen in Gruppen bieten die Möglichkeit, durch expliziten Umgang mit den Daten intersubjektive Nachvollziehbarkeit herzustellen (STEINKE 1999, S. 214). Wie bereits erläutert, fanden in der Phase der Vercodung zahlreiche Teamsitzungen statt. Das Verfassen der Einzelfallbeschreibungen erfolgte dagegen meistens in Zweierarbeit: die erste Version, verfasst durch eine Mitarbeiterin, wurde durch eine zweite Mitarbeiterin, die möglichst selbst auch an diesem Interview teilgenommen hatte, gegen gelesen. Es folgte eine Diskussion, die zu Ergänzungen, Änderungen oder – in wenigen Fällen – zu deutlich anderen Bewertungen des Haushaltes führte.

Besonders hilfreich war die Integration der unterschiedlichen Forscherinnenperspektiven bei der Generierung der Typologie. Sitzungen zu dieser The-

---

56 Für eine weitergehende Diskussion der Vorteile, die sich aus der Anwendung von MAXqda ergaben, siehe MÖSER et al. (2008).

matik fanden sowohl unter den wissenschaftlichen Mitarbeiterinnen als auch mit dem gesamten Projektteam statt.

4. Expertengespräche
Einen Schritt weiter als die Diskussionen im Projektteam geht das „peer debriefing", bei dem Diskussionen mit Experten, die nicht am Projekt beteiligt waren, geführt werden (STEINKE 1999, S. 214). LINCOLN und GUBA (1985, S. 308) sehen in solchen Expertengesprächen zahlreiche Vorteile. Im Forschungsprojekt wurden zwei Expertengespräche mit insgesamt drei Expertinnen durchgeführt. Die Anforderungen, die LINCOLN und GUBA (1985, S. 308 f.) an den Debriefer hinsichtlich Fachkompetenz, Unabhängigkeit zum Forscher und dem Projekt sowie angemessene Beimessung der Bedeutung der Rolle als Experte stellen, erfüllten die ausgewählten Expertinnen.

Das Hauptaugenmerk des ersten Gespräches lag auf der Erläuterung der methodischen Vorgehensweise, dem Vergleich zentraler Ergebnisse der Zeitbudgeterhebung 2001/02 mit den Ergebnissen der qualitativen Befragung und der Diskussion der entwickelten Ernährungsversorgungstypen. Dazu wurde die Meinung der Expertin bezüglich der Angemessenheit des methodischen Konzeptes des Forschungsprojektes – einschließlich des Prozesses der Typenbildung (nach KLUGE 1999, 2000) – und der möglichen Verdichtung der bislang erarbeiteten familialen Ernährungsversorgungstypen unter Berücksichtigung aktueller Modernisierungstheorien und der Lebensverlaufsforschung erbeten. Darüber hinaus wurden mit ihr die ernährungs-, gesundheits- und familienpolitische Relevanz der Ergebnisse diskutiert.

Im zweiten Expertengespräch wurden die überarbeiteten Typen erneut begutachtet. Beide dafür hinzugezogenen Expertinnen sprachen sich dafür aus, den Aspekt der Ressourcenausstattung der einzelnen Haushalte und Typen noch tiefer gehend zu beleuchten, um damit eine engere Anknüpfung an die haushälterische Theorie nach von SCHWEITZER (1991, 2006) zu vollziehen.

7.1.3.2 Glaubwürdigkeitsprüfung der Interpretation

Die Glaubwürdigkeit der Interpretation kann durch unterschiedliche Vorgehensweisen verbessert werden.

1. Ergänzende Überprüfungen des qualitativen Datenmaterials
Der Nutzen ergänzender Überprüfungen des Datenmaterials besteht darin, dass eine wiederholte Auseinandersetzung des Forschers mit dem Datenmaterial „a ‚verification step' of reviewing the data for discrepancies, overstatements, or

errors" (ELLIOTT et al. 1999, S. 222) bedeutet. Die Empfehlungen einer Expertin machten eine solche wiederholte Konfrontation mit den Interviewaussagen notwendig: Sie regte an, die qualitativen Interviews hinsichtlich des normativen mütterlichen Leitbildes sowie des subjektiven Belastungsempfindens bzw. der subjektiven Zufriedenheit mit der realisierten Ernährungsversorgung zu überprüfen. Im Ergebnis konnte eine prägnantere Formulierung der einzelnen Ernährungsversorgungstypen erreicht werden, die aufdeckt, welche normativen Einstellungen der Mütter die Ernährungsversorgung prägen.

2. Methodentriangulation

Das Konzept der Methodentriangulation geht auf die Arbeit von DENZIN (1989) zurück. Größte Relevanz erfährt dabei die „Between-Method-Triangulation", bei der unterschiedliche Methoden kombiniert werden, um die Vorteile der einzelnen Methoden möglichst nutzbringend miteinander zu verbinden und Defizite untereinander auszugleichen. LINCOLN und GUBA (1985, S. 306 f.) und ELLIOTT et al. (1999, S. 222) empfehlen eine Methodentriangulation zur Verbesserung der Glaubwürdigkeit der Interpretation qualitativer Daten. Im Forschungsprojekt wurde eine solche Methodentriangulation durch die Zusammenführung der Ergebnisse der quantitativen Zeitbudgeterhebung 2001/02 mit denen der qualitativen Interviews umgesetzt.

3. Analyse abweichender Fälle

Durch die Analyse der von den erarbeiteten Ernährungsversorgungstypen abweichenden Fälle verbessert sich nach LINCOLN und GUBA (1985, S. 312) die Glaubwürdigkeit der Interpretation. Die Autoren weisen darauf hin, dass bereits eine Übereinstimmung von einer angemessenen Zahl der untersuchten Forschungsobjekte mit einer Hypothese als eine substantielle Bestätigung der Akzeptanz dieser Hypothese darstellt. STEINKE (1999, S. 230 f.) erwähnt das Verfahren der Analyse abweichender oder negativer Fälle als Möglichkeit, die Grenzen des Geltungsbereichs einer im Forschungsprozess entwickelten Theorie darzustellen. CRESWELL et al. (2003, S. 196) sehen es aufgrund der Vielfalt lebensweltlicher Phänomene für notwendig an, abweichende Fälle herauszustellen, um die Glaubwürdigkeit eines Berichtes zu untermauern. Im Projekt konnten insgesamt zwei Haushalte (dies entspricht rund 4% aller interviewten Haushalte) den sieben Ernährungsversorgungstypen nicht zugeordnet werden. Diese Haushalte weichen bei der realisierten Ernährungsversorgung von den anderen Haushaltstypen ab und verdeutlichen eindrucksvoll, welches Konfliktpotential in der Ernährungsversorgung älterer Kinder liegen kann.

7.1.4 Abschluss des Forschungsprojektes

Relevante Qualitätskriterien im letzten Teil des Forschungsprojektes dienen der Sicherstellung der empirischen Verankerung und der Überprüfung der Verallgemeinbarkeit.

7.1.4.1 Empirische Verankerung

Qualitative Forschung zeichnet sich dadurch aus, dass im Forschungsprozess die Theoriegenerierung und Theorieprüfung entlang der empirischen Daten erfolgt (STEINKE 1999, S. 221 ff.). Die Autorin weist darauf hin, dass die empirische Verankerung der Theoriebildung unterschiedliche Vorgehensweisen zur empirischen Verankerung der Theorieprüfung nach sich zieht. ELLIOTT et al. verwenden für diesen Sachverhalt den Begriff der Kohärenz und führen aus: „The understanding fits together to form a data-based story." (ELLIOTT et al. 1999, S. 223) Für die Sicherung der empirischen Verankerung der Ergebnisse wurden im Forschungsprojekt folgende Vorgehensweisen erprobt:

1. Anwendung codifizierter Verfahren
STEINKE (1999, S. 223) erläutert, dass durch die Anwendung von kodifizierten methodischen Verfahren, die für die empirisch basierte Entwicklung von Theorien angewendet werden, eine empirische Verankerung sichergestellt werden kann. Ein solches empirisch verankertes Verfahren mit der empirisch begründeten Typenbildung nach KLUGE (1999, 2000) wurde für die Entwicklung der erarbeiteten Ernährungsversorgungstypen angewandt. Nachdem die Zuordnung der einzelnen Haushalte zu den relevanten Vergleichsdimensionen „Ressourcenausstattung" und „Mahlzeitenmuster" vollzogen wurde, war es notwendig, die inhaltlichen Zusammenhänge zu untersuchen, damit „die ermittelten Zusammenhänge nicht nur kausal-, sondern auch sinnadäquat sind" (KLUGE 1999, S. 260). Eine solche inhaltliche Auseinandersetzung wurde durch den Einsatz von MAXqda wesentlich erleichtert, konnten doch Aussagen der einzelnen Mütter zu einem Themenkomplex miteinander verglichen werden.

2. Textbelege
ELLIOTT et al. (1999, S. 222) weisen auf die Notwendigkeit hin, durch ausreichende Textbelege die Forschungserkenntnisse zu stützen. Durch vielfältige Textbelege ist der Leser einerseits in der Lage, die Übereinstimmung zwischen Aussagen der Interviewten und den Schlussfolgerungen des Forschers nachzuvollziehen und andererseits selbst über evtl. abweichende Bedeutungen nach-

zudenken. FLICK (2005, S. 318 f.) merkt kritisch an, dass qualitativen For-
schungsansätzen häufig das Vorurteil entgegengebracht wird, allein durch
anschauliche Zitate die Interpretationen des Forschers nachvollziehbar werden
zu lassen. STEINKE (1999, S. 223) empfiehlt, dass auch erläutert werden muss,
wie mit negativen, abweichenden Fällen umgegangen wird.

Im Forschungsprojekt wurde versucht, mit Einzelfallbeschreibungen der
untersuchten Haushalte zuerst die Gestaltung der Ernährungsversorgung der
jeweiligen Familien darzustellen. In diese Beschreibung fließen zahlreiche
Zitate der Interviewten ein. Jede Beschreibung endet mit einem fachlichen
Kommentar des Projektteams, der die wichtigsten Aussagen der Interviewten
nochmals zusammenfasst und Deutungsansätze über die zugrunde liegenden
Werte und Einstellungen beinhaltet. Widersprüchliches Verhalten der Interviewten wurde in diesem Kommentar dokumentiert, wenn z.B. eine Mutter
einerseits eine gesunde Ernährung ihrer Kinder für wichtig erachtet, andererseits aber den Umgang mit Süßigkeiten nicht reglementiert. Für den außenstehenden Leser kann diese Interpretation durch den vorangegangenen deskriptiven Teil nachvollzogen werden.

Auch die Beschreibung der einzelnen Ernährungsversorgungstypen wird
durch Zitate zugehöriger Mütter zu diesem Typ anschaulicher. Zudem werden
die erarbeiteten Unterschiede, z.B. über die Anzahl gemeinsamer Mahlzeiten
zwischen den einzelnen Typen, durch diese Textbelege zusätzlich dokumentiert.

7.1.4.2 Verallgemeinerbarkeit

Zielsetzung ist es, eine angemessene Verallgemeinerbarkeit der Forschungserkenntnisse anzustreben und zugleich die Grenzen herauszufinden und zu prüfen (STEINKE 1999, S. 227 f.). In diesem Kontext sieht es FLICK (2005, S. 338
f.) als notwendig an, den Grad der Verallgemeinerbarkeit, der mit einer Studie
erreicht werden soll, zu berücksichtigen. Im Forschungsprojekt wurden zwei
Verfahren angewendet:

1. Typenbildung
Die vormals 48 Untersuchungsobjekte wurden in sieben Ernährungsversorgungstypen zu einer überschaubaren Zahl verdichtet. Zu beachten ist allerdings, dass sich diese sieben Ernährungsversorgungsstile auf einen bestimmten
Kontext beziehen, nämlich Familienhaushalte mit zwei erwerbstätigen Personen und den dazugehörigen Kindern. Eine Übertragung der Erkenntnisse auf
beispielsweise allein erziehende Mütter ist aufgrund abweichender Ressour-

cenausstattung (geringeres Pro-Kopf-Einkommen als in Haushalten mit zwei Erwerbseinkommensbeziehern) nicht möglich. Auch ein Vergleich der steigenden Bedeutung des Außer-Haus-Verzehrs in der bundesdeutschen Bevölkerung insgesamt (siehe beispielsweise ZMP 2007[57]) mit der vergleichsweise geringen Bedeutung des Außer-Haus-Verzehrs in den generierten Ernährungsversorgungstypen verdeutlicht sehr anschaulich, dass im Forschungsprojekt eine eng umrissene Zielgruppe ausgewählt wurde.

Die Grenzen der Verallgemeinerbarkeit der generierten Typen zeigen die zusätzlich zu den Typen erarbeiteten Einzelfallanalysen auf. Ein Beispiel: Das Mahlzeitenmuster des Typs der familienorientierten Traditionalistinnen kann wie folgt beschrieben werden:

▪ insgesamt drei Mutter-Kind-Mahlzeiten am Tag, davon mindestens eine Mahlzeit mit der ganzen Familie,

▪ eine tägliche warme Mittagsmahlzeit von Müttern und Kindern; Mütter haben unter Zeitdruck das Essen gefertig, wenn Kinder aus der Schule kommen.

Diese Beschreibung trifft als verallgemeinerte Aussage idealtypisch auf alle Haushalte dieses Typs zu, dennoch sind extreme Ausprägungen vorzufinden, wie die Einzelfallbeschreibungen zu zwei Haushalten zeigen. In einem Haushalt nimmt die ganze Familie einschließlich des Vaters alle Mahlzeiten des Tages gemeinsam ein, wobei dies durch die Arbeitszeiten des Vaters möglich ist, um die Mittagszeit (in diesem Haushalt gegen 13.30 Uhr bis 14.00 Uhr) zu Hause zu sein. Anders sind die Abläufe in einem Haushalt, in dem der Vater als Arzt arbeitet und nur das Frühstück von der ganzen Familie gemeinsam eingenommen wird. In den Einzelfallbeschreibungen werden damit die Grenzen der Verallgemeinerung erkennbar.

2. Analyse abweichender Fälle

Die Analyse abweichender Fälle im Hinblick auf die Verallgemeinerbarkeit schließt eine aktive Suche nach solchen Fällen ein. Notwendig ist die Herausarbeitung der Bestimmungsgründe, die dazu geführt haben, dass ein Untersuchungsobjekt als abweichend von den anderen Fällen klassifiziert wird, um so die Grenzen der Verallgemeinerbarkeit aufzuzeigen.

---

57   In dieser Quelle wird erläutert, dass der Außer-Haus-Verzehr deutlich angestiegen ist. Dieser Trend bestätigt sich in den qualitativen Interviews der Mütter jedoch nicht.

7.2 Kritische Bewertung des gewählten Forschungsansatzes und Handlungsempfehlungen

In der Retrospektive sind einige Aspekte des gewählten Forschungsansatzes kritisch zu beurteilen. STEINKE (1999, S. 215 f.) und FLICK (2005, S. 395 ff.) übertragen den aus Medizin und Therapie bekannten Begriff der Indikation auf qualitative Forschung und meinen damit, dass eine gewählte Methode und eine gewählte Samplingstrategie für den jeweiligen Forschungsgegenstand angemessen ist. Diese Fragen sind nachträglich unterschiedlich zu bewerten.

Die gewählten Methoden, ein integrativer Forschungsansatz basierend auf quantitativen Zeitbudgetdaten und qualitativen Interviews mit erwerbstätigen Müttern, haben sich für die Untersuchung über die Ernährungsversorgung von Familienhaushalten als angemessen und geeignet erwiesen. Aus methodischer Sicht entspricht das entwickelte integrative Forschungsdesign damit der großen Vielfalt familialer Lebensmodelle und Alltagswelten (GREENSTEIN 2006, S. 101). Zeitverwendungsmuster für die Ernährungsversorgung von erwerbstätigen Müttern mit unterschiedlichem Umfang und Art der Berufstätigkeit werden durch die quantitativen Zeitbudgetdaten abgebildet. Sie erlauben repräsentative Rückschlüsse, beispielsweise hinsichtlich der Persistenz des traditionellen Mahlzeitenmusters sowie der Bedeutung der Ressource Zeit, für die Ausgestaltung ernährungsbezogener Alltagsabläufe. Eine tiefer gehende und auf ernährungspolitische sowie auf gesundheitspolitische Empfehlungen abzielende Deutung und Interpretation dieser Befunde ist allerdings nicht zweckmäßig. Denn erst die durchgeführten qualitativen Interviews ermöglichen es, die unterschiedlichen Strategien, mit denen berufstätige Mütter die familiale Ernährungsversorgung organisieren und bewältigen, zu erfassen, diese zu Ernährungsversorgungstypen zu bündeln und daraus Handlungsempfehlungen abzuleiten. Im Vergleich zu den ausschließlich qualitativ angelegten Untersuchungen von beispielsweise BROMBACH (2003; 2005), BOURCIER et. al (2003) oder BUGGE-BAHR/ALMAS (2006) erweitert damit die vorliegende Studie durch die Verknüpfung von quantitativen und qualitativen Methoden die erkenntnisleitende Sichtweise auf familiale Ernährungsversorgungsmuster: Der Einbezug unterschiedlicher Berufsgruppen sowie die Berücksichtigung des Alters der Kinder in den durchgeführten Analysen ermöglicht eine weit reichende Querschnittsbetrachtung über die Ausgestaltung der familialen Ernährungsversorgung, die bislang in anderen Studien nicht geleistet wurde.

Insgesamt ergibt sich durch den Einsatz unterschiedlicher Methoden ein umfassendes Bild vom Forschungsgegenstand. Diese Auffassung teilt GREENSTEIN, denn „researchers are realizing that no single methodological strategy can answer all questions we might have about families ..." (GREENSTEIN 2006,

S. 101). Voraussetzung für ein solches Multimethodendesign ist, dass der Forscher sich in unterschiedlichen Methoden auskennt und in ihrer Anwendung
sicher ist. Die Teamarbeit, wie sie im vorliegenden Projekt mit den unterschiedlichen Forscherinnen praktiziert wurde, kann für die Erweiterung der
Methodenkenntnisse demnach insgesamt nachdrücklich befürwortet werden.

Das entwickelte und erprobte Modell der prozessorientierten Qualitätssicherung trägt durch die Verknüpfung von qualitativen und quantitativen Methoden zur Etablierung des integrativen Forschungsdesigns bei. Hervorzuheben
ist, dass dieses Projekt in einem interdisziplinären Forschungsteam mit Ernäh-
rungs- und Haushaltswissenschaftlerinnen durchgeführt wurde. Damit rückt
eines der Kernkriterien qualitativer Forschung, die intersubjektive Nachvollziehbarkeit, in den Mittelpunkt der Bemühungen um die Qualitätssicherung der
gewonnen Daten. Insbesondere die zahlreichen Arbeitsgruppensitzungen und
Diskussionen im Forscherinnenteam sowie das entwickelte Verfahren der doppelten Interviewführung tragen entscheidend zur Erhöhung der intersubjektiven
Nachvollziehbarkeit der Datenerhebung und der Interpretation der gewonnenen
Befunde bei.

8 Schlussbetrachtungen

8.1 Forschungsperspektiven

Die vorliegende Studie leistet einen erkennbaren Beitrag zur Entwicklung einer stringenten, sozialwissenschaftlich begründeten Ernährungsforschung und weist dezidiert nach, dass es sich bei der familialen Ernährungsversorgung zwischen privatem und öffentlichem Raum um eine komplexe Herstellungsleistung der Familienmitglieder, vor allem der Mütter, handelt. Die Ernährungsversorgung ist eine immer wieder auszuhandelnde alltagskulturelle Praxis, die im Kontext vorhandener Ressourcen, Werthaltungen und gegebener Lebenslagen gestaltet wird und nur in diesem Zusammenspiel angemessen erforscht und interpretiert werden kann. Dabei binden die notwendigen, täglich wiederkehrenden Handlungsroutinen, aber auch die erforderlichen flexiblen Aktivitäten zur Gewährleistung der Ernährungsversorgung nicht nur sehr viel Zeit und physische Energie, sondern auch ein erhebliches Maß an intellektuellem Potential auf Seiten der Mütter, die in allen Bildungs- und Berufsgruppen die Organisation der Ernährungsversorgung übernehmen (müssen).

Gestützt auf einen theoriegeleiteten ökotrophologischen Ansatz konnte eine umfassende soziale Topographie des Essalltags von Familienhaushalten mit Kindern berufstätiger Mütter erstellt werden. Die aus dem qualitativen Datenmaterial generierte Typologie familialer Ernährungsversorgungsstile spiegelt eindrücklich wider, wie hochgradig differenziert und komplex die Ernährungsversorgung zwischen privatem und öffentlichem Raum organisiert und gestaltet wird. Mit dem forschungspragmatisch umgesetzten Haushaltsstilansatz geht der Erkenntnisgewinn der vorliegenden Untersuchung über die herkömmliche sozialwissenschaftliche Lebensstilforschung hinaus. Als tägliche Herstellungsleistung macht eine aus Sicht der Familien erfolgreiche, d. h. zufrieden stellende Ernährungsversorgung vielfältige familieninterne Aushandlungs- und Entscheidungsprozesse zwischen den Geschlechtern und Generationen notwendig, um unterschiedlich gelagerte, durch Schul- und Berufsalltag gesetzte Zeitstrukturen wie auch spezifisch individuelle Bedarfslagen einzelner Familienmitglieder miteinander zu koordinieren und in Einklang zu bringen.

Die Innovationskraft der Untersuchung liegt in ihrer doppelten, auf den privaten und öffentlichen Raum gerichteten Perspektive, welche die beiden Handlungsarenen familialer Ernährungsversorgung bilden.

Um der Komplexität der familialen Ernährungsversorgung in ausdifferenzierten Haushalts- und Familienformen gerecht zu werden, schlagen die Verfasserinnen weiter führende Untersuchungen vor. So bietet es sich an, den Essalltag alleinerziehender Mütter und Väter durch eine qualitative Analyse detailliert zu erforschen.

MEIER/KÜSTER/ZANDER (2003, S. 76 ff.) konnten mit Zeitbudgetdaten belegen, dass alleinerziehende Mütter weniger Zeit für die tägliche Ernährungsversorgung und das Essen aufwenden als Mütter in Paarhaushalten und somit der Faktor Zeit für diese Mütter eine besonders knappe Ressource darstellt.

Des Weiteren bietet es sich an, eine quantitative Erhebung von Müttern anhand der Stratifizierungskriterien der abgeschlossenen qualitativen Mütterbefragung durchzuführen. Diese könnte durch den Einsatz zusätzlicher Ernährungserhebungsinstrumente (z.B. Ernährungstagebücher, Food Frequency Questionnaire) ergänzt werden.

Schließlich wäre es anzustreben, eine interkulturell vergleichende, qualitativ angelegte Untersuchung zu initiieren (LEONHÄUSER 2003), um die im EVPRA-Projekt identifizierten Werte, Einstellungen und Motive der Mütter im Vergleich mit anderen sozio-kulturellen Kontexten zu bewerten.

8.2 Handlungsempfehlungen

In einer zusammenfassenden Betrachtung der hier erzielten empirischen Befunde und wissenschaftlichen Erkenntnisse ergibt sich ein hoher gesundheits-, bildungs- und sozialpolitischer Handlungsbedarf.

Es kommt deutlich zum Ausdruck, dass berufstätige Mütter tagein, tagaus einen erheblichen intellektuellen und zeitlichen, aber auch finanziellen und logistischen Aufwand betreiben (müssen), um den Essalltag ihrer Familien zu gewährleisten. Ausgelöst durch den tiefgreifenden Strukturwandel von Wirtschaft und Gesellschaft hin zu flexibilisierten und individualisierten Erwerbs- und Lebenswelten übernehmen sie nach der Geburt ihrer Kinder die Rolle von kreativen „Choreographinnen": Sie arrangieren die werktägliche Versorgung jedes einzelnen Familienmitglieds zwischen privatem und öffentlichem Raum durch ein komplexes Zeit- und Beköstigungsmanagement immer wieder neu. Fast alle bemühen sich darüber hinaus, am Abend und an den Wochenenden gemeinsame Mahlzeiten von Eltern und Kindern als Orte des familialen Zu-

sammenhalts und der Ernährungssozialisation ihrer Kinder bewusst zu insze-
nieren und auszuhandeln.

In unserer Untersuchung haben sich jedoch auch alltägliche Versorgungsarrangements herauskristallisiert, die keineswegs gesundheitsförderlich sind.
Auffällig ist des Weiteren, dass dieses nicht zufrieden stellende Ernährungsverhalten ernährungsbedingte gesundheitliche Problemlagen zur Folge hat.
Deutlich wird, dass es fast durchgängig mit Bildungsarmut und mangelnder
sozialer Integration einhergeht oder aber durch beruflich bedingten Zeitstress
entsteht. Außerdem ist ein direkter Zusammenhang zwischen einem bewegungsarmen Lebensstil und Geschmacksvorlieben für energiedichte, hoch
verarbeitete Lebensmittel und Getränke von Eltern und Kindern erkennbar.

Die Studie belegt darüber hinaus überzeugend, dass die praktizierten Ernährungsversorgungsstile mit spezifischen Wertorientierungen und geschmack-
lichen Vorlieben einesteils und der sozialen Position der Familienhaushalte
anderteils korrespondieren. Die soziale Lage der erwachsenen Familienmitglieder im gesellschaftlichen Raum markiert ein je spezifisches Rekrutierungs-
feld des Habitus: Nach wie vor differenzieren sich Beköstigungspraktiken
ebenso wie die Ästhetik des Essalltags und Geschmackspräferenzen relativ
eindeutig entlang der meritokratischen Triade aus Bildung, Einkommen und
Berufsposition aus (BOURDIEU 1991).

Berufstätige Mütter sind bei der Gewährleistung der Ernährungsversorgung ihrer Familie permanent damit beschäftigt, die Diskrepanzen zwischen
den eigenen Erwerbsarbeitszeiten, den immer noch eher starren Öffnungszeiten
der Kinderbetreuungseinrichtungen und Schulen mit derzeit keineswegs gesi-
cherten verlässlichen Verpflegungsangeboten sowie den höchst disparaten, oft
sehr langen Erwerbszeiten ihrer Partner auszutarieren und dabei zugleich eine
möglichst gute Qualität von gemeinschaftlich häuslichen und individualisierten
außerhäuslichen Mahlzeiten zu gewährleisten. Hinzu kommt der Abstim-
mungs- und Koordinierungsbedarf mit anderen Institutionen (Musikschule,
Sportverein, Arztbesuch, Einzelhandel) und Netzwerkpersonen wie Großeltern
und Nachbarn, die für die familiale Alltagsgestaltung von Bedeutung sind.

Um diese Versorgungsarrangements in der alltäglichen Lebensführung
verlässlich sicherzustellen und zwar 365 Tage im Jahr, stellen Mütter selbst oft
ihre eigenen Bedürfnisse zurück, indem sie auf berufliche Perspektiven oder
aber auf Eigenzeit zur Erholung, Entspannung und Kommunikation mit anderen KollegInnen am Arbeitsplatz verzichten. Hier besteht die Gefahr von gesundheitlichen Beeinträchtigungen, Überforderung oder einer Einbuße ihrer
individuellen Leistungsfähigkeit, was mit erheblichen volkswirtschaftlichen
Folgekosten einhergehen kann.

Verantwortungs- und Entscheidungsträger sind folglich gut beraten, sich von der immer noch verbreiteten Vorstellung zu verabschieden, dass es sich bei der Ernährungsversorgung von Familien um einen rein privaten Lebens- und Aktivitätsbereich handelt, für den allein Mütter zuständig sind. Vielmehr ist in den Handlungsfeldern der Ernährungs-, Gesundheits-, Bildungs- und (betrieblichen) Sozialpolitik aufgrund des Strukturwandels von Familie und Gesellschaft eine verstärkte öffentliche Verantwortung mehr denn je geboten. „Die schulische Allgemeinbildung hat sich offensichtlich aus der Mitverantwortung für Ernährung und Gesundheit der Kinder und Jugendlichen weitestgehend verabschiedet." (HEINDL 2005: 143) In erster Linie geht es dabei um die Schaffung von gesundheitsförderlichen Sozial- und Lebensräumen, die sich an den Bedarfslagen von Familien orientieren und einen entsprechenden infrastrukturellen Rahmen im unmittelbaren Wohnumfeld, in der Gemeinde insgesamt und am Arbeitsplatz bieten. Nur dann werden Familien mit berufstätigen Müttern ihren Alltag unter den veränderten materiellen und zeitlichen Arbeits- und Lebensbedingungen einer wissensbasierten Dienstleistungsgesellschaft aktiv gestalten und eine gesunde Lebensführung praktizieren können.

Insbesondere bei den Vollzeit- bzw. Vollzeitnah beschäftigten Müttern offenbart sich – quer durch alle Bildungsgruppen – eine Überbeanspruchung ihres täglichen Zeitreservoirs, dass infolge einer permanenten Mehrfachbelastung durch die vielfältigen Anforderungen in Beruf und Familie entsteht. Auffällig ist zudem, dass Mütter mit niedrigem Bildungsstand und/oder unbefriedigenden Arbeitsinhalten im Beruf ihre Identität wesentlich über ihre Rolle als Mutter und Versorgerin der Familie beziehen. Dies zeigt sich beispielsweise darin, dass sie oft zu reichhaltig und gemäß der Geschmacksvorlieben und Wünsche ihrer Partner und Kinder allabendlich kochen, ohne jedoch in Erfahrung zu bringen, was diese tagsüber bereits verzehrt haben. Dadurch kommt es zu einer übermäßigen Energiezufuhr bei Eltern und Kindern, was zu den bekannten ernährungsbedingten Problemen führen kann. Essen avanciert in diesen Familienkonstellationen, wie die Studie eindrücklich belegt, oft zum Ersatz für fehlende Teilhabe- und Verwirklichungschancen in anderen Lebensbereichen nach dem Motto „Wenn wir uns schon sonst nicht viel leisten können, soll es wenigstens beim Essen an nichts fehlen".

Der Befund, dass sich Jugendliche mit Beginn der Pubertät aus den häuslichen Versorgungsarrangements zurückziehen bzw. nicht mehr aktiv einbezogen werden, verdeutlicht schließlich, dass neben einer zielgruppenbezogenen Ernährungs- und Verbraucherbildung vielfach auch die alltagsnahe Vermittlung von Kulturtechniken des Essens und Trinkens in der nachwachsenden Generation von Nöten ist.

Somit ergeben sich in Deutschland aus ganz unterschiedlichen Beweggründen heraus vielfältige Erfordernisse in den Handlungsfeldern Ernährung, Bildung und gesundheitsförderliche Stadtteilentwicklung. Gefragt ist insbesondere der Ausbau einer gesunden und qualitativ hochwertigen Verpflegung in Kindertagesstätten, Familienzentren, Schulen, Berufsbildungsstätten und Betriebskantinen (BMELV 2008). Bei diesen Institutionen handelt es sich um Lebensstil prägende Settings, also um Orte und soziale Kontexte, wo sich Menschen in ihren alltäglichen Handlungsvollzügen begegnen, wo individuelle und organisatorische Interessenlagen interagieren und eine Verknüpfung zwischen Verhaltens- und Verhältnisprävention stattfinden kann. Diese Settings ermöglichen Raum und Zeit für die Befriedigung von ernährungsphysiologischen Bedürfnissen von Eltern, Kindern und Jugendlichen, aber auch für den Erwerb von ernährungsbezogenen Kulturtechniken und ermöglichen zugleich sozial-kommunikative und sinnliche Erfahrungen beim Essen und Trinken. Der Erwerb von „food literacy" kristallisiert sich immer deutlicher als ein unverzichtbarer Bestandteil des Bildungsauftrags von Kindergarten und Schule heraus, nämlich die Vermittlung von Fähigkeiten, den Essalltag selbstbestimmt, verantwortungs- und genussvoll zu gestalten (BEER 2005; HEINDL 2003; METHFESSEL 2000; OECD 2001). Dennoch gehört zu einer gesunden Lebensführung weit mehr, als die Einübung eines gesunden Ernährungsstils. Es geht immer auch darum, für Bewegung und Entspannung im Kindergarten- und Schulalltag zu sorgen. Ebenso notwendig ist es, dass Kinder und Jugendliche nicht-kognitive Fähigkeiten wie Selbstwirksamkeitsüberzeugungen, Zielstrebigkeit, Konfliktfähigkeit und Selbstregulation erwerben, aber auch Kompetenzen im Umgang mit Konsum, Geld und Zeit. Obwohl es eine Reihe von guten Ansätzen gibt[58], fehlt es bislang vielerorts an der Umsetzung von strukturbildenden nachhaltigen Konzepten. Hinzu kommt, dass die in der Vergangenheit üblichen Versuche einer rein kognitiven Wissensvermittlung zur Veränderung des Essverhaltens verschiedener Zielgruppen als gescheitert einzustufen sind, weil sie die sozioökonomischen und psychosozialen Dimensionen des

---

58 Beispielhaft sei an dieser Stelle zum einen das Projekt „gesunde Kitas starke Kinder. Ganzheitliche Gesundheitsförderung im KiTa-Alltag" der Plattform Ernährung und Bewegung e.V. (peb) genannt. Es handelt sich um eine gemeinsame Initiative von Politik, Wirtschaft und Wissenschaft, die mit inzwischen mehr als 100 Mitgliedern in Europa ein einzigartiges Netzwerk aufweist. Zum zweiten ist das vom BMELV geförderte Modellprojekt REVIS hervorzuheben. Es umfasst ein Curriculum der Ernährungs- und Verbraucherbildung, indem es Lehrinhalte anbietet, die auch im Rahmen von Maßnahmen der Gestaltung von Ganztagsschulen anschlussfähig sind. REVIS verknüpft eine fächerübergreifende Ernährungs- und Verbraucherbildung mit dem schulischen Verpflegungsangebot und liefert einen wissenschaftlich begründeten Referenzrahmen für den Paradigmenwechsel von der traditionellen Ernährungserziehung zur ganzheitlichen Ernährungs- und Verbraucherbildung (AID 2007, S. 4; MÜLLER/GROENEVELD/BÜNING-FESEL 2007).

Verhaltens völlig unterschätzt haben. In den Settings Kindergarten, Schule und Hort können jedoch entsprechende Kompetenzen und Kulturtechniken des gemeinsamen, lustvollen Essens mit allen Sinnen durch eine ausgewogene und regelmäßige Frühstücks-, Pausen- und Mittagessenversorgung nachhaltig vermittelt werden. Auf diesem Wege werden Kinder und Jugendliche nicht nur verlässlich mit den notwendigen Nährstoffen als Voraussetzung für ihre Konzentrations- und Lernfähigkeit versorgt. Vielmehr entwickeln sich in einem Kindergarten- und Schulalltag, in dem eine gute Verpflegungsqualität gelebt und gelehrt wird, nachhaltige ernährungsbezogene Geschmacks- und Handlungsmuster heraus, die sie in ihrem weiteren Biographieverlauf zu einem gesunden Lebensstil befähigen. Angesichts der aktuellen Bildungsdiskussion in unserer Gesellschaft, die zu veränderten Erziehungs- und Bildungsplänen sowie Schulkonzepten führt, wird sich eine neue Kindertagesstätten- und Schullandschaft herausbilden, bei der eine entsprechende Ernährungs- und Verbraucherbildung unverzichtbar und zu integrieren ist. Das schließt die Partizipation und Weiterbildung von Erzieherinnen und Lehrkräften beider Geschlechter ebenso selbstverständlich ein wie die Einbeziehung von einschlägig fachwissenschaftlichen Berufsgruppen (z.B. Ökotrophologinnen). Zudem kann es gesellschaftlich nicht hingenommen werden, dass die zeitaufwändige Ernährungsversorgung im Alltag auch in Zukunft allein den berufstätigen Müttern überlassen wird, wohingegen sich Väter weitgehend aus diesem Aktivitätsbereich heraushalten. Daran wird sich allerdings nur etwas ändern, wenn Kinder und Jugendliche an den Bildungsorten Kindergarten und Schule künftig auch auf männliche Vorbilder treffen, die sich den immer noch weiblich konnotierten Handlungsfeldern Gesundheit, Ernährung und Verbraucherbildung auch praktisch zuwenden.

Unsere Befunde machen zugleich deutlich, dass ein stärkeres berufliches Engagement von Müttern in Deutschland eine flächendeckende Pausen- und Mittagessenversorgung von guter Qualität an den Betreuungs- und Lernorten von Kindern, aber auch an den Erwerbsarbeitsorten in Zukunft zwingend voraussetzt. Andernfalls werden Mütter auch weiterhin ihre guten und sehr guten Bildungs- und Qualifikationsabschlüsse nicht nutzen können (oder wollen) und damit weit unter ihren beruflichen Entwicklungsmöglichkeiten bleiben. In der vorliegenden Studie trifft das insbesondere für den Ernährungsversorgungsstil der teilzeitbeschäftigten „familienorientierten Traditionalistinnen" zu, die als Lehrerinnen, Juristinnen oder Ärztinnen auch dann noch beruflich deutlich ihre beruflichen Interessen zurückstecken, wenn ihre Kinder längst die Schule besuchen. Das heißt aus Sicht der Gesellschaft aber auch, dass die erworbenen Fachkenntnisse und Berufsqualifikationen dieser Mütter eine tendenzielle Entwertung erfahren. Mit anderen Worten: bildungsökonomische Investitionen kommen allenfalls privat zum Tragen. Staat und Kommunen entgehen infolge der Privatisierung der Versorgungsfrage letztlich potentielle Einkommenssteuereinnahmen und Sozialabgaben; regionale Kaufkraftpotentiale werden außerdem gemindert.

Folglich ist es notwendiger denn je, in der Gesundheits-, Bildungs- und (betrieblichen) Sozialpolitik zielgruppenbezogen zu agieren und es nicht bei allgemeinen Aufklärungsbotschaften zu belassen. Der konkrete Bedarf an alltagstauglicher Unterstützung der Familienhaushalte variiert ganz erheblich: Während etwa bei den „berufsorientierten Netzwerkerinnen" die zeitliche Entlastung bei der Organisation des Essalltags durch verlässliche öffentliche Angebote für ihre Kinder, aber auch arbeitsplatznahe Möglichkeiten einer Mittagessenversorgung von hoher Qualität für die Mütter selbst im Vordergrund stehen sollten, kristallisieren sich bei den „aufopferungsvollen Umsorgerinnen" die Themen Ernährungs- und Gesundheitsprävention zur Vermeidung bzw. Bekämpfung von Übergewicht und Bewegungsmangel als besonders dringlich heraus.[59] Es fällt ihnen nachvollziehbar schwer, den Werbebotschaften und Verführungen einer adipogenen Umwelt mit einem jederzeit verfügbaren Angebot an relativ billigem Essen und Trinken zu widerstehen, wohingegen Eltern und Kinder aus akademischen Milieus damit offensichtlich kaum Probleme haben oder solche nachhaltig bearbeiten können. In unserem Sample kamen manifeste Gewichtsprobleme jedenfalls ausschließlich bei Arbeiterinnen, Verkäuferinnen und Erwerbstätigen im Dienstleistungsbereich mit niedrigen bis mittleren Bildungsabschlüssen zur Sprache. In Anbetracht der empirisch gut belegten und inzwischen auch in der Öffentlichkeit bekannten gesellschaftlichen Folgekosten von Fehlernährung und damit in Zusammenhang stehenden gesundheitlichen Problemen, die mittel- und langfristig auch zu regionalen wie internationalen Standortnachteilen führen, gewinnen die Entwicklung und Etablierung von gesundheitsförderlichen Sozialräumen (JANSSEN/PFAFF 2005)

---

59 Vom Ausbau gesundheitsförderlicher Sozialräume und dem Aufzeigen von Alternativen zum Essen aus Langeweile, Stress oder als „Trostpflaster" würden aber nicht nur die von uns untersuchten Familienhaushalte aus den Arbeiter- und Angestelltenmilieus profitieren. Denn Übergewicht und Fettleibigkeit (Adipositas), Diabetes mellitus 2 und andere ernährungs-(mit)bedingte Krankheiten zeigen sich nachweislich – jenseits des von uns untersuchten Samples – noch einmal deutlicher in Familienhaushalten, in denen Eltern keinerlei Zugang zum Erwerbssystem haben und das häufig schon über mehrere Generationen hinweg. Der vermeintliche „Zeitwohlstand" arbeitsloser Eltern stellt sich oft als Zustand von Langeweile, Frustration, von mangelnder Zuwendung und/oder einem fehlenden Selbstwertgefühl heraus, gepaart mit niedriger Bildung. Dem Essen kommt in diesen bildungs- und anregungsarmen Herkunftsmilieus häufig eine psychosoziale Kompensationsfunktion zu, die auch an die Kinder „sozial vererbt" wird mit der Folge von Übergewicht, mangelnder Bewegung und fehlenden sozialen Kontakten zu anderen Kindern (Vgl. LEHMKÜHLER/LEONHÄUSER 1999; MEIER/PREUSSE/SUNNUS 2003).

an Bedeutung. In diesen Settings sollten sich Kinder- und Jugendärzte, Erzieherinnen, Lehrpersonal, Kirchen, Krankenkassen, Sponsoren und Ehrenamtliche, aber auch Vertreter der ortsansässigen Wirtschaft vernetzen, um effektiv und zielgruppenbezogen zu handeln und insbesondere jene sozial benachteiligten Gruppen mit dem vergleichsweise höchsten Bedarf an Gesundheitsförderung niedrigschwellig und möglichst schon in ihrer frühen Kindheit zu erreichen. So geben auch internationale Studien überaus eindrucksvoll darüber Auskunft, dass sich eine frühe Förderung unter Einschluss von gesundheitlichen Präventionsmaßnahmen bei Kindern aus benachteiligten Herkunftsfamilien nicht nur positiv auf deren Gesundheit und ihre individuellen Bildungsbiographien auswirkt. Vielmehr führen solche frühkindlichen Investitionen auch zu einem hohen Kosten-Nutzen-Verhältnis für die Gesellschaft, indem entlang des weiteren Lebensverlaufs dieser Individuen in erheblichem Umfang Ausgaben im Gesundheits-, Sozial- oder Justizhaushalt eingespart werden (HECKMANN 2007). Auch aus diesem Grund ist es nicht hinnehmbar, dass Kinder aus sozial benachteiligten Herkunftsmilieus von der Verpflegung in Kindergärten und Schulen und von anderen Aktivitäten ausgeschlossen bleiben, weil ihre Eltern die anfallenden Beiträge nicht zahlen können (oder wollen).

Kindergärten, Schulen, Schulträger und andere kommunale Entscheidungsträger müssen diese armuts- und gesundheitsrelevanten Themen demnach verstärkt aufgreifen, indem sie in Kindertagesstätten, in Familienzentren, Schulen und Horten zwecks Gesundheitsprävention nicht nur ein gesundes und bezahlbares Essen anbieten. Vielmehr ist es gleichermaßen als immanenter Bestandteil ihres Bildungsauftrags anzusehen, dafür Sorge zu tragen, dass sich in diesen raum-zeitlichen Gelegenheitsstrukturen eine hohe Esskultur entwickeln kann, an der Kinder, unabhängig von ihrer Herkunft, selbstverständlich teilhaben. Hinzu kommt die Aufgabe, auch Eltern in ihrer Vorbildfunktion für einen gesunden Lebensstil ihrer Kindern zu stärken. Zugleich trägt eine integrierte Strategie der Gesundheitsförderung und Strukturentwicklung im Sozialraum zu einem neuen temporalen Design von Institutionen und Taktgebern im Umfeld von Familienhaushalten bei, das zugleich zu einer zeitlichen Entlastung von berufstätigen Müttern in der servicebasierten Wissensgesellschaft beizutragen imstande ist. Eine Vielfalt von Diensten rund um das Thema Essen, Trinken und gesunde Ernährung durch staatliche, privatwirtschaftliche und freigemeinnützige Anbieter ist in diesem Handlungsfeld der Ernährungsversorgung durchaus gefragt. Mithin erschließt sich hier ein interessantes Marktsegment für die Ernährungsindustrie und die Catering-Dienstleistungsbranche. Es bleibt allerdings eine staatliche Aufgabe, auf der Basis von ernährungswissenschaftlichen Empfehlungen verbindliche Qualitätsstandards einer gesunden

Ernährung und Esskultur in Kindertagesstätten, Schulen und in anderen Lebensbereichen zu setzen und ihre Umsetzung zu überprüfen, aber auch die Struktur- und Organisationsentwicklung dieser Settings durch entsprechende Investitionen zu fördern (BMELV 2008; DGE 2007; SIMSHÄUSER 2005; JOHANNSEN 2003;). So sollten etwa in Ganztagsschulen nur gesundheitsförderliche Alternativen zur Auswahl angeboten und einseitige Geschmacksvorlieben nicht unnötig gefördert werden. Zugleich kann die Esssozialisation an außerhäuslichen Lebens- und Lernorten von Kindern aber sehr wohl geschmackliche „Übergänge" ermöglichen, zum Beispiel dadurch, dass im wöchentlichen Speiseplan der Schule ein vertrautes Lebensmittel mit einem bisher unbekannten Gemüse kombiniert wird.

Es handelt sich bei Kindertagesstätten und Schulen um nahezu ideale Settings, um Kinder, Jugendliche, Erzieherinnen, das Lehrpersonal und Eltern gleichermaßen zu erreichen. Vor allem die Lehrerschaft ist in diesem Zusammenhang gefordert, einen grundsätzlichen Einstellungswandel zu vollziehen: Es geht nicht darum, nunmehr „notgedrungen" eine zusätzliche Aufgabe jenseits des Kerngeschäfts von kognitiver Wissensvermittlung in einschlägigen Schulfächern infolge des vielfach beklagten „strukturellen Versagens von Familie" in dieser Frage zu übernehmen. Ernährungs-, Geschmacks- und Verbraucherbildung bei der heranwachsenden Generation sind vielmehr als immanenter und selbstverständlicher Bestandteil des Bildungsauftrags zu betrachten. Eine ausgewogene, gesundheitsförderliche Schulverpflegung wirkt sich nicht nur längerfristig positiv für die körperliche und geistige Entwicklung von Kindern aus, sondern auch ganz unmittelbar auf ihre Konzentrations- und Lernfähigkeit im Schulalltag. Zudem wird es berufstätigen Müttern dadurch erheblich erleichtert, ihren in unserer qualitativen Studie immer wieder artikulierten Anspruch umzusetzen, ihre Kinder während ihrer Berufsarbeit gut versorgt zu wissen. Mütter sind in dieser Hinsicht sehr gut ansprechbar und Verbündete, die an den Lebens- und Lernorten ihrer Kinder nach verlässlichen Kooperationspartnern mit Verständnis für ihre Lebenssituation als berufstätige Mutter und nach konkreten Versorgungsarrangements für ihre Kinder suchen. Gerade auch auf diesem Handlungsfeld können vertrauensvolle Bildungs- und Erziehungspartnerschaften zwischen Elternhaus, Kindergarten und Schule entstehen. Durch eine auf diesem Weg gestaltete nachhaltige Verkopplung von familialen Lebenswelten und öffentlichen Räumen werden Eltern, Kinder, Erzieherinnen, die Lehrerschaft sowie andere kommunale Akteure nachhaltig dazu befähigt, einerseits individuelle Verantwortung für ihr körperliches, seelisches und soziales Wohlbefinden zu übernehmen und sich andererseits auch politisch für die Gestaltung und Verbesserung gesundheitsrelevanter Lebensbedingungen von Kindern und ihren Eltern zu engagieren. Außerdem erschließen sich den

Lehrkräften in einer gelebten Esskultur des Schulalltags auch neue Brücken und Zugänge zu den ihnen anvertrauten Schülerinnen und Schülern: Schule wird als gemeinsamer Lebensraum erfahr- und gestaltbar. Außerdem hat sich gezeigt, dass ein ausgewogenes Pausen- und Mittagessenangebot, das Schüler und LehrerInnen in angenehmer und ruhiger Atmosphäre einnehmen, dazu beiträgt, das häufig beklagte Aggressionspotential an Schulen abzubauen.

Typenspezifische Handlungsempfehlungen
Nachfolgend wird der gesundheits- und ernährungspolitische Handlungsbedarf für vier der in vorliegender Untersuchung generierten Ernährungsversorgungstypen exemplarisch und zielgruppenbezogen aufgezeigt, bei denen aus Sicht der Verfasserinnen ein besonders großer Handlungsbedarf besteht:

Vertreterinnen des generierten Typs der „berufsorientierten Netzwerkerinnen" sind auf gesundheitsförderliche und flexible Versorgungsangebote im öffentlichen Raum dringend angewiesen. Es handelt sich um sehr gut ausgebildete Akademikerinnen mit Kindergarten- bzw. Schulkindern, die einer Vollzeitbeschäftigung oder einer vollzeitnahen Teilzeittätigkeit nachgehen. Ihre berufliche Expertise und Kompetenz wird in den kommenden Jahren in höherem Maße als bisher in den verschiedensten Branchen des Arbeitsmarktes außerordentlich nachgefragt werden. Aufgrund der hohen Wertschätzung, welche die berufsorientierten Netzwerkerinnen einer gesunden und regelmäßigen Ernährungsversorgung ihrer Kinder sowie einer gemeinsamen Familienmahlzeit mit allen Familienmitgliedern an den Werktagen beimessen, steht und fällt die Umsetzung des Familienalltags bei einer intensiven außerhäuslichen mütterlichen Erwerbsbeteiligung und einem ebenfalls beruflich ambitionierten Partner mit der deutlichen quantitativen und qualitativen Ausweitung einer verlässlichen Versorgungsstruktur im öffentlichen Raum – und zwar für Kinder und ihre Eltern. Derzeit wird dem hohen beruflichen Engagement der berufsorientierten Netzwerkerinnen allerdings immer noch mit einer weit verbreiteten strukturellen Gleichgültigkeit in ihrem Umfeld begegnet. Deshalb müssen Versorgungsdefizite an Kindertagesstätten und Schulen durch weibliche Netzwerke in Gestalt von bezahlten Kindermädchen, Tagesmüttern und Haushaltshilfen individuell überbrückt und immer wieder neu arrangiert werden. Dafür wird dann notgedrungen oft ein erheblicher Teil des durch eigene Berufstätigkeit erzielten Einkommens ausgegeben. In diesem Zusammenhang sei nochmals auf den Befund verwiesen, dass Mütter dieses Typs mit den oft bescheidenen und milieugeprägten „Kochkünsten" (Dosenravioli, Würstchen aus dem Glas, Eierpfannkuchen etc.) der gegen Entgelt eingestellten Haushaltshilfen oder Aupairs, die sie insbesondere für die mittägliche Versorgung ihrer Kinder im schulpflichtigen Alter engagieren müssen, keineswegs wirklich zufrieden sind. Sie haben momentan aber vielfach keine andere Wahl, würden jedoch in aller Regel eine gute Schulverpflegung für ihre Kinder vorziehen. Wenn vollzeitbeschäftigte Mütter eine gute Kindertagesstätte mit einer guten Essensversorgung gefunden haben, bringen sie ihre Erleichterung darüber ausführlich zur Sprache. Oft stehen solche Lösungen im sozialen Umfeld allerdings nicht zur Verfügung, so dass die vollzeitbeschäftigten Mütter versuchen müssen auch dadurch gegenzusteuern, dass sie ihre Kinder am Abend und am Wochenende gesund ernähren, Fast Food Restaurants weitestgehend meiden und ausschließlich qualitativ hochwertige Lebensmittel in ihrem Haushalt bevorraten. Auf private Netzwerkpersonen, vor allem auf Großeltern, können gerade die berufsorientierten Netzwerkerinnen in der Regel an ihrem Wohnort nicht zurückgreifen. Aufgrund ihrer akademischen Ausbildung oder einer attraktiven beruflichen Position für sich selbst oder ihren Partner unterliegen sie bestimmten Mobilitätszwängen.

Auffällig ist die große Diskrepanz zwischen dem Anspruch an eine qualitativ gute Essensversorgung der Kinder und der praktizierten werktäglichen Verpflegung der berufsorientierten Netzwerkerinnen selbst. Sie betrachten ihre Erwerbsarbeitszeit, die zugleich die „kindbetreute Zeit" ist, größtenteils als zu wertvoll, um sich selbst eine Mittagspause zu gönnen. Dadurch kommen allerdings die eigene Versorgung, aber auch Sozialkontakte zu anderen KollegInnen deutlich zu kurz. Aufgrund des engen Zeitfensters am Morgen gibt es außerdem viele berufsorientierte Netzwerkerinnen, die zum Beispiel als Fachärztinnen morgens gegen 7. 00 Uhr zu Hause nur nebenbei einen Kaffee trinken und gegen 13. 00 Uhr zum ersten Mal am Tag überhaupt etwas essen. Es kann vorausgesetzt werden, dass diese Mütter wissen, dass ihr Essverhalten aus ernährungsphysiologischer Sicht alles andere als gesund ist und sich ungünstig auf ihre Konzentrations- und Leistungsfähigkeit auswirkt. Ihr Ernährungswissen kann aufgrund der vorgefundenen verdichteten Arbeitsbedingungen in vielen Berufsfeldern schlicht nicht zur Anwendung kommen. Hier kristallisiert sich ein bisher weitgehend vernachlässigtes Handlungsfeld der betrieblichen Gesundheitsförderung heraus, das vor allem in Gestalt von arbeitsplatznahen und flexiblen Versorgungsangeboten in Form von frischen Salaten, leichten Mittagsgerichten, gesunden Snacks und Getränken bei gleichzeitig ansprechender Raumgestaltung mit Kommunikationsmöglichkeiten für diese hoch qualifizierten Beschäftigtengruppen bestehen könnte. Obwohl sich ihre Partner an Werktagen in der Regel mehr Zeit für das Mittagessen nehmen, müssen auch sie mitunter auf gesundheitlich wenig befriedigende Essarrangements im Umfeld ihres Arbeitsplatzes zurückgreifen. Arbeitgeber sollten diesem Thema künftig einen weitaus größeren Stellenwert zumessen, um die Motivation und

Leistungsfähigkeit ihrer Mitarbeiter und Mitarbeiterinnen bzw. Führungskräfte zu erhalten und zu stärken.

Repräsentantinnen des Ernährungsversorgungstyps der „überlasteten Einzelkämpferinnen" haben häufig einen osteuropäischen Migrationshintergrund und weisen eine überdurchschnittlich hohe Arbeitsbelastung der Mütter durch Familie und Beruf auf. Sie können weder auf ein dicht geknüpftes Netzwerk aus Verwandten, Freunden und Nachbarn noch auf ein finanziell großzügiges Haushaltsbudget zurückgreifen, so dass sich auch hier ein erheblicher Handlungsbedarf zur Sicherung einer gesunden Ernährung zwischen privatem und öffentlichem Raum abzeichnet. Nur so könnte den Müttern darüber hinaus eine spürbare Erleichterung bei der Organisation des Essalltags ihrer Familien verschafft werden. Geringe bzw. fehlende berufliche Ausbildungsabschlüsse beider Eltern oder auch gute berufliche Abschlüsse, die in Deutschland allerdings nicht anerkannt werden, machen es für diese Mütter vor allem aus finanziellen Gründen erforderlich, als Vollzeitbeschäftigte (oft im Schichtdienst der industriellen Fertigung oder im Dienstleistungssektor) zum Familienbudget beizutragen. Eine hohe Arbeitszufriedenheit im Beruf findet sich bei diesen Müttern eher selten. Ihre persönliche Identität beziehen die überlasteten Einzelkämpferinnen vielmehr aus dem stark verinnerlichten Leitbild als Mutter und Versorgerin ihrer Familie. Die vielfältigen Arbeitsleistungen der täglichen Ernährungsversorgung ihrer Familien werden alleinverantwortlich getragen, ohne allerdings – im Gegensatz zu den familienorientierten Traditionalistinnen – die Chance zu haben, den anstrengenden Vollzeitjob im Mehrschichtsystem deutlich reduzieren, geschweige denn aufgeben zu können. Dreh- und Angelpunkt des Essalltags ist die Eigenproduktion einer warmen, sättigenden, den Geschmacksvorlieben der Kinder und Partner entsprechenden Gerichts. Die hohe Wertschätzung des gemeinsamen Essens und Trinkens mit der ganzen Familie kollidiert an den Werktagen mit unterschiedlichen Arbeits- und Schulzeiten von Eltern und Kindern, so dass häufig solitär oder lediglich in der Mutter-Kind-Konstellation gegessen werden muss. Diese als unbefriedigend erlebte Alltagssituation versuchen die Mütter durch ausgiebiges Kochen und Backen an den Wochenenden wieder auszugleichen, auch um den Preis, keinerlei persönliche Zeit zum Entspannen zu haben. Außerdem warten Kinder öfter allein zu Hause auf ihre in Schichtdienst arbeitenden Mütter und überbrücken die Wartezeit nicht selten mit Süßigkeiten vor dem Fernseher. Zudem wird von den Müttern wenig Mithilfe von Seiten des Partners und der Kindern erwartet bzw. eingefordert, zugleich gehen Väter und Kinder selbstverständlich davon aus, dass diese Versorgungsaufgaben von der Frau übernommen werden. Darüber hinaus entstehen Zeitstress und Überlastung der Mütter durch den hohen

Anspruch, möglichst frische Lebensmittel zu verwenden und Speisen selbst zuzubereiten. Convenience-Produkte werden nur in Ausnahmefällen akzeptiert. Auf dem Speiseplan stehen regelmäßig traditionelle, kalorienreiche und deftige Fleisch- und Fischgerichte mit Gemüse- und Sättigungsbeilagen aus dem Herkunftsland, aber auch Kuchen und Süßspeisen aller Art. Ganz offensichtlich dient das gute und ausgiebige Essen nicht zuletzt der Kompensation von erfahrenem Mangel im Zugang zu anderen Konsum- und Erlebnisfeldern der westlichen Wohlstandsgesellschaft. Übergewicht ist bei Eltern und Kindern in diesem Ernährungsversorgungstyp deshalb nicht von ungefähr weit verbreitet.

Auch hier ist es offensichtlich, dass Familien mit einer Migrationsgeschichte in der deutschen Aufnahmegesellschaft von einer guten und verlässlichen Infrastruktur für ihre Kinder profitieren würden. Das ist nicht nur im Interesse der Sprachförderung ihrer Kinder erforderlich, sondern auch, um eine gute familienergänzende Verpflegung gewährleistet zu wissen, die ihnen Zugänge zur deutschen Küche eröffnet, aber auch Gerichte aus anderen Kulturkreisen in den Speiseplan von Kindergarten und Schule aufnimmt. Darüber hinaus brauchen Kinder mit Migrationshintergrund aber auch Raum dafür, um von eigenen Geschmacksvorlieben und Rezepten aus dem Herkunftsland zu berichten und Gelegenheiten, solche in Kooperation mit anderen Kindern zuzubereiten und zu verzehren. Wenn ihnen dabei Themen wie gesunde Ernährung, Freude an Bewegung und Freizeitaktivitäten mit anderen Kindern sowie positive Erfahrungen beim gemeinschaftlichen Kochen und Essen nahegebracht werden, erschließen sich zudem verschiedene Kommunikationswege zu ihren Müttern und Vätern. Interkulturelle Frühstücksbüfetts und Familienfeste, in die Familien mit Migrationshintergrund wertschätzend eingebunden werden, tragen erfahrungsgemäß sehr gut zur Verständigung und zum Abbau von Vorurteilen bei. Solche Ereignisse können aber auch Anlass sein, um sensibel auf die gesundheitlichen Folgen von Übergewicht oder einem „Verwöhnen" der Familie durch zu reichhaltiges Essen oder durch einen übermäßigen Konsum von Süßigkeiten als Trostpflaster einzugehen und Alternativen aufzuzeigen.

Deshalb bietet es sich an, auch andere professionelle und ehrenamtliche Ansprechpartner im Wohnumfeld einzubeziehen, damit man sich über konkrete Freizeitmöglichkeiten für Kinder (und Eltern) oder über eine Vereinsmitgliedschaft im Sport- oder Musikverein verständigen und dadurch häufig auftretende Formen von häuslicher Isolation oder des Abgleitens in Parallelgesellschaften bzw. deviante jugendspezifische Subkulturen vermeiden kann.

Außerdem muss am Arbeitsplatz der erschöpften Einzelkämpferinnen vieles dringend verbessert werden. Es ist unseres Erachtens zum Beispiel gesundheitspolitisch nicht verantwortbar, dass es diesen Müttern von Arbeitgeberseite verboten ist, während der Arbeit etwas zu essen, ihnen allerdings von der halbstündigen Mittagspause kaum zwanzig Minuten bleiben, weil ein relativ weiter Weg zur Kantine zurückgelegt werden muss.

Ernährungs- und gesundheitspolitische Handlungsbedarfe kristallisieren sich auch im Ernährungsversorgungstyp der „ambivalenten Ess-Individualistinnen" heraus. Auffällig ist die werktägliche Singularisierung sowohl von häuslichen als auch von außerhäuslichen Mahlzeiten von Müttern, Vätern und Kindern, obwohl es die relativ flexiblen arbeitszeitlichen Bedingungen der Mütter und Väter eigentlich zulassen würden, zumindest eine gemeinsame Familienmahlzeit am Abend zu organisieren. Hinter dem Motto „Jeder isst bei uns, wenn er Hunger hat", stehen zumeist persönliche Ernährungsprobleme, mit denen die Mütter immer wieder zu kämpfen haben. Sie berichten von wiederholten Diät-Erfahrungen oder haben wegen einer Ernährungsumstellung für sich beschlossen nach 17.00 Uhr grundsätzlich nichts mehr zu essen, so dass eine gemeinschaftliche Abendmahlzeit entfällt. Auch am Tag essen die Mütter eher unregelmäßig oder gar nichts, so dass gelegentliche Heißhungerattacken auf Süßigkeiten die Folge sind, was sie ihren Kindern gegenüber allerdings zu verbergen versuchen – wenngleich mit mäßigem Erfolg. Auch die Väter essen häufig ungesund, indem sie sich regelmäßig mit Fast Food von der Imbissstube versorgen oder von zu Hause gern auch eingeschweißte Hot Dogs oder Cheeseburger zur Arbeit mitzunehmen. Gewichtsprobleme treten bei Vätern und Kindern häufig auf oder es zeigen sich bei den Jugendlichen Anzeichen von Essstörungen.

Auffällig sind mitunter auch äußerst rigide Ernährungserziehungspraktiken gegenüber den Kindern, die mitbekommen, dass ihre Mütter zum Frühstück nichts zu sich nehmen und folglich ihrerseits auch nichts essen wollen. Sie werden unter Stress dazu gezwungen, etwas zu essen, wobei es sich am Ende allerdings um suboptimale Kompromisse, etwa in Gestalt eines Schokobrötchens mit Butter und Kakao handelt.

Gerade hier wird deutlich, dass der Versorgung in Kindergärten und Schulen, in die ambivalente Ess-Individualistinnen ihre Kinder, die sie häufig als „schwierige Esser" bezeichnen, durchaus gern schicken, um sich selbst zu entlasten, eine wichtige kompensatorische Rolle zukommt: Das Einhalten von regelmäßigen Mahlzeiten, das Erlernen von Regeln bei Tisch, aber auch der sozial-kommunikative Bedeutungsgehalt des Essens in der Gemeinschaft sind für die regelmäßige Versorgung dieser Kinder und ihre Geschmacksbildung überaus bedeutsam. Gelingt es bei ihnen in Kindergarten und Schule Lust auf gesundes und regelmäßiges Essen zu wecken und diese Motivation in alltagsrelevantes Verhalten zu verstetigen, so dürfte das auch Reflexionsprozesse bei ihren Müttern anregen und sich unter Umständen auch positiv auf die Essgewohnheiten ihrer Mütter auswirken. Darüber hinaus gilt es, nach Motivallianzen zu suchen, so dass die ambivalenten Ess-Individualistinnen einerseits ihr problematisches Verhältnis zum Thema Essen und die dahinter liegenden Ursachen nachhaltig bearbeiten können und andererseits in ihrer Erziehungsverantwortung und Vorbildfunktion ihren Kindern gegenüber gestärkt werden. Dazu bedarf es wiederum der Verankerung von attraktiven und integrierten Angeboten der Gesundheitsförderung in den Sozial- und Lebensräumen, um Eltern und Kinder dieses Ernährungsversorgungstyps niedrigschwellig und zielgruppenbezogen zu erreichen. Da viele der ambivalenten Ess-Individualistinnen das Fitness-Studio besuchen, dürfte Bewegung und Sport einen guten Anknüpfungspunkt bieten, um ihr Hobby mit dem Thema einer ausgewogenen und regelmäßigen Ernährung zu verbinden. Dabei wären allerdings Ernährungsberatungskonzepte umzusetzen (METHFESSEL 2000), die sich mit den in unserer Gesellschaft verbreiteten Schönheitsidealen und Körperbildern kritisch auseinandersetzen. Denn die ambivalenten Ess-Individualistinnen sind, wie unsere Studie zeigt, dafür durchaus anfällig. Darüber hinaus käme es darauf an, ihre familialen Kontextbedingungen zu berücksichtigen, was derzeit in Fitness- und Sportstudios jedoch eher selten praktiziert wird. Vielmehr werden dort gängige Schönheitsvorstellungen des schlanken, durchtrainierten Körpers eher bedient, Handlungsempfehlungen sind individuumsfixiert ausgerichtet und setzen häufig allein auf ein kontrolliertes Essverhalten durch Kalorien zählen, Selbstdisziplinierung und Sport.

Charakteristisch für den generierten Typ der „aufopferungsvollen Umsorgerinnen" ist die Verortung der erwachsenen Familienmitglieder in der Arbeiterschicht. Es dominieren ein vergleichsweise niedriges Bildungs- und Qualifikationsniveau und relativ enge finanzielle Spielräume im Haushaltsbudget. Die in der Familie lebenden Kinder sind meist volljährig, befinden sich in einer Ausbildung, gehen bereits einer Erwerbstätigkeit nach oder sind arbeitslos. Die Erwerbsbeteiligung der Mütter, die größtenteils als 400-Euro-Job-Beschäftigung erfolgt, stellt in aller Regel nicht mehr als eine schlichte Notwendigkeit dar, um zur Einkommensaufbesserung der Familie beizutragen. Die zeitliche Arbeitsbelastung dieser Mütter durch eigene Erwerbsarbeit ist zudem deutlich geringer als beim Ernährungsversorgungstyp der überlasteten Einzelkämpferinnen. Aber auch die aufopferungsvollen Umsorgerinnen beziehen ihre persönliche Anerkennung und Identität fast ausschließlich durch ihre innerfamiliale Rolle als Mütter und hier vor allem als Hauptverantwortliche für die Gewährleistung der täglichen Essensversorgung. Weil die im Haushalt lebenden Kinder oft schon im jugendlichen Alter oder erwachsen sind und ihre eigene Lebensführung mit einer milieuspezifisch geprägten Esskultur favorisieren, wird werktags häufig am Abend nacheinander, solitär in unterschiedlichen Räumen, oft vor laufendem Fernsehgerät gegessen, obwohl es sich um den einzigen Zeitraum des Tages handelt, wo alle zu Hause anwesend sind. Aber auch dort, wo gemeinsam gegessen wird, läuft beim Essen der Fernseher. Die Mütter haben ihr Ideal einer gemeinschaftlichen abendlichen Mahlzeit im Hotel „Mama", besonders an den Werktagen, vielfach irgendwann resigniert aufgegeben. Woran sie allerdings festhalten, ist die tägliche, oft aufwändige Zubereitung eines kalorienreichen und warmen Abendessens und zwar unabhängig vom Kalorienverbrauch der einzelnen Familienangehörigen im Tagesverlauf, wobei es sich auf Wunsch der männlichen Familienmitglieder fast immer um ein üppiges Fleischgericht handelt.

Inkonsistenzen im Umgang mit den knappen Finanzbudgets zeigen sich zum einen in der Bevorzugung von Billigangeboten, zum anderen in einer vergleichsweise häufigen Nutzung von außerhäuslichen Versorgungsangeboten in Form von Fast-Food, Imbissen und der Frequentierung von Bäckereien und Metzgereien zum Frühstück oder zu Mittag. Reichhaltige Mahlzeiten mit Fleischportionen stehen symbolisch für den Leitsatz, dass es wenigstens beim Essen an nichts fehlen soll. Am Wochenende avancieren nicht sportliche oder gemeinsame kulturelle Aktivitäten zum Höhepunkt der Freizeitgestaltung mit Verwandten und Nachbarn, sondern das gemeinsame reichliche Essen, oft in der Abfolge Frühstück, Mittagessen, nachmittägliches Kaffeetrinken und Abendbrot. Das Essen stellt einen zentralen Bezugspunkt dar, um sich mit Verwandten und Bekannten auszutauschen und es sich gut gehen zu lassen. Die aufopferungsvollen Umsorgerinnen sind für den Einkauf, aber auch für das Kochen und Backen mehr oder weniger allein zuständig, was sie hin und wieder auch ärgert. Manche von ihnen halten ihre Kinder jedoch auch bewusst von diesen Aufgaben fern oder üben allenfalls ihre Töchter in die Techniken der Nahrungszubereitung ein. Obwohl weder die erwachsenen Familienmitglieder noch die heranwachsenden Kinder körperlich schwer arbeiten oder sich intensiv sportlich betätigen, werden Mahlzeiten nur dann als gut und vollwertig angesehen, wenn es sich um ansehnliche Portionen mit Fleisch in Gestalt von Rindsroulade, Fleischkäse oder Hackbraten handelt. Nicht ein ihrer heute größtenteils bewegungsarmen und motorisierten Lebensweise angepasster Kalorienbedarf ist ausschlaggebend für die Zusammensetzung der täglichen Mahlzeiten, sondern die über Generationen inkorporierte und tradierte Norm des in der Industriegesellschaft schwer arbeitenden Proletariats. Für dessen Angehörige hatte das Lebensmittel Fleisch von jeher den Status einer akzeptablen Kraftnahrung inne, um die männliche Arbeitskraft zu reproduzieren. Zudem steht dieses Lebensmittel bis heute als Symbol für Männlichkeit und Potenz (SETZWEIN 2004). Es verwundert deshalb kaum, dass ernährungsmitbedingte

Krankheiten (Diabetes mellitus Typ 2, Übergewicht, Hypertonie, Herz-Kreislauf-Probleme) bei diesem Ernährungsversorgungstyp überdurchschnittlich häufig manifest bzw. latent bestehen. Wenn sich Mütter dann auf ärztlichen Rat hin zu einer Diät oder Ernährungsumstellung entschließen, haben sie mit Widerständen und Unzufriedenheit ihrer Partner und Söhne zu kämpfen, so dass bald wieder zu den herkömmlichen Alltagsroutinen und Ernährungsgewohnheiten übergegangen wird.

Oft wird erst dann, wenn das körperliche und psychische Wohlbefinden durch Übergewicht oder eine Diabeteserkrankung bereits stark beeinträchtigt ist, Hilfe von Ärzten nachgesucht, allerdings meist in der Hoffnung, dem bestehenden gesundheitlichen Problem mit Medikamenten beizukommen.

Anläufe, die Ernährungspraktiken im Alltag nachhaltig zu verändern, misslingen immer wieder, selbst dann, wenn der Jahresurlaub für eine Diabetikerschulung geopfert wurde. Man spürt eine gewisse Hilflosigkeit in dieser Frage, aber auch die Tendenz zur Problemverdrängung bzw. zu einem fatalistischen Hang, sich am Ende mit dem scheinbar Unvermeidlichen abzufinden.

Es ist einsichtig, dass auch bei diesem Ernährungsversorgungstyp ein erheblicher Unterstützungsbedarf gegeben ist und zwar für Eltern und Kinder gleichermaßen. Es handelt sich um eine Zielgruppe mit den höchsten Gesundheitsförderungsbedarfen, die jedoch in der Vergangenheit oft nicht erreicht worden sind, weil es an integrierten Handlungskonzepten in den Kommunen und an den Lebens- und Lernorten der Kinder gefehlt hat. Obwohl auch diese Eltern wollen, dass es ihren Kindern gut geht, erzeugen sie mit der ausgeprägten Fokussierung ihres Alltags auf das Thema des reichlichen Essens als Sinnbild für Gemütlichkeit und Wohlbefinden mittel- und langfristig oft das Gegenteil. Deshalb sind Hebammen, Mütterpflegerinnen[60], Kinderärzte und andere kommunale Akteure gut beraten, bereits in der Übergangsphase von der Partnerschaft zur Elternschaft für diese Zielgruppe vielfältige Beratungs- und Bildungsangebote zu initiieren, die Eltern und Kinder stärken können, den allgegenwärtigen oralen Verführungen in einer adipogenen Umwelt möglichst nicht zu erliegen und von Anfang an Kompetenzen für eine gesunde Lebensführung positiv zu vermitteln. Auch an Kindergärten, Familienzentren und Schulen bleibt es dann im weiteren Biographieverlauf dieser Kinder eine beständige Aufgabe, sie gut zu versorgen, ihre Resilienz zu stärken, ihnen aber auch in Gesundheits-, Ernährungs- und Verbraucherfragen altersadäquate Bildungsangebote zu vermitteln. Zudem sollten ihre Eltern wertschätzend eingebunden werden: der Kindergarten- und Schulalltag bietet immer wieder lebensweltbezogene Ansatzpunkte für die Beschäftigung mit Themen wie Essen, Bewegung

---

60 Zum Nutzen der Präventionsarbeit von Mütterpflegerinnen siehe MEIER-GRÄWE/GASTMANN 2008.

und Wohlbefinden. Außerdem eröffnen sich in ihrem Sozial- und Lebensraum mit einer zielführenden und intensiven Kooperation zwischen den Ressorts Gesundheit, Jugendhilfe, Schule, Kultur und Sport zugleich vielfältige Möglichkeiten, gemeinsame Erlebnisse zu initiieren und dabei Eltern und Kindern alltagstaugliche Kompetenzen zu vermitteln, welche ihre Selbstwirksamkeitsüberzeugungen, ihr Durchhaltevermögen oder ihr Selbstwertgefühl insgesamt stärken und Zukunftsperspektiven aufzeigen. Wie internationale Studien in jüngster Zeit in beeindruckender Weise nachgewiesen haben, handelt es sich gerade bei Investitionen zur Vermittlung solcher nicht-kognitiven Fähigkeiten im öffentlichen Raum eben keineswegs um eine triviale Angelegenheit oder um „soziale Wohltaten". Je früher und je stetiger Kinder aus benachteiligten Herkunftsmilieus solche Bildungs- und Förderangebote erhalten, desto positiver und nachhaltiger sind die Effekte für ihren weiteren individuellen Lebensverlauf (DUCKWORTH/SELIGMAN 2005). Außerdem reduzieren solche Investitionen in frühkindliche Bildung, wie bereits gesagt, die gesellschaftlichen Folgekosten durch Schulversagen, Arbeitslosigkeit oder durch leidvolle Krankheitsgeschichten in ganz erheblichem Umfang.

Gelingt es zum Beispiel, Kindern aus diesen Herkunftsverhältnissen Spaß und Freude an einer gesunden Ernährung zu vermitteln, hat das auch positive Rückwirkungen auf ihr Elternhaus und kann schließlich aus dem Irrglauben herausführen, dass sich Lebenszufriedenheit allein über reichhaltige Mahlzeiten und den intensiven Verzehr von Süßigkeiten erreichen lässt. Außerdem bestätigt sich bei diesem Ernährungsversorgungstyp sehr eindrücklich, dass eine rein medizinisch angelegte Therapie zur Bewältigung von bereits manifesten gesundheitlichen Problemen eines Familienmitglieds wenig zielführend ist. Vielmehr besteht das Erfordernis, dauerhaft unterstützende gesundheitsfördernde Strukturen im Alltag unter Berücksichtigung des spezifischen Familienkontextes zu implementieren und bedarfsgerecht weiterzuentwickeln.

Literaturverzeichnis

ABT H G (1993): Ernährungsverhalten in Familienhaushalten. Ergebnisse einer empirischen Untersuchung. In: Weggemann S; Ziche J (Hrsg.): Soziologische und human-ethnologische Aspekte des Ernährungsverhaltens. Strategien und Maßnahmen. Schriftenreihe der Arbeitsgemeinschaft Ernährungsverhalten e.V., Bd. 9, Beiheft der Zeitschrift Ernährungsumschau 40: 95-104.

AHLHEIT P (1983): Alltagsleben. Zur Bedeutung eines gesellschaftlichen "Restphänomens". Frankfurt/M, New York: Campus Verlag.

AID INFODIENST ERNÄHRUNG LANDWIRTSCHAFT VERBRAUCH E. V. (2007): REVIS – Moderne Ernährungs- und Verbraucherbildung in Schulen. Heidelberg. Dr. Curt Haefner Verlag GmbH.

ALVESSON M; SKÖLDBERG K (2005): Reflexive methodology. New vistas for qualitative research. London: Sage.

ANXO D; CARLIN P (2004): Intra-family time allocation to housework – French evidence. In: electronic International Journal of Time Use Research 1 (1): 14-36.

BAETHGE M; EßBACH W (HRSG.) (1983): Soziologie: Entdeckungen im Alltäglichen. Hans Paul Bahrdt, Festschrift zu seinem 65.Geburtstag. Frankfurt/M, New York: Campus Verlag.

BARLÖSIUS E (1995): Perspektiven der Ernährungswissenschaft aus soziologischer Sicht. In: Schönberger G U; Spiekermann U (Hrsg.): Die Zukunft der Ernährungs-wissenschaft. Berlin, Heidelberg: Springer. 115-127.

BARLÖSIUS E (1999): Soziologie des Essens: Eine sozial- und kulturwissenschaftliche Einführung in die Ernährungsforschung. Weinheim, München: Juventa.

BARTHES R (1997): Toward a psychosociology of contemporary food consumption. In: Counihan C; Van Esterik P (Hrsg.): Food and culture: a reader. New York: Routledge. 20-27.

BEARDSWORTH A; BRYNAN A; KEIL T ET AL. (2002): Women, men and food: the significance of gender for nutritional attitudes and choices. In: British Food Journal 104 (7): 470-491.

BEBLO M (2001): Die Freizeitlücke zwischen erwerbstätigen Müttern und Vätern – Ein ökonomischer Erklärungsversuch mit Daten der deutschen Zeitbudgeterhebung 1991/92. In: Ehling M; Merz J u.a. (Hrsg.): Zeitbudget in Deutschland – Erfahrungsberichte der Wissenschaft. Band 17 der Schriftenreihe Spektrum Bundesstatistik. Stuttgart. 103-116.

BECK U (1986): Risikogesellschaft. Frankfurt/M: Suhrkamp.

BECK-GERNSHEIM E (1983): Vom „Dasein für andere" zum Anspruch auf ein Stück „eigenes Leben"- Individualisierungsprozesse im weiblichen Lebenszusammenhang. Soziale Welt 3: 307-340.

BECKER G S (1965): A theory of the allocation of time. In: The Economic Journal 75 (299): 493-517.

BEER S (2005): Nutrition Literacy and Illiteracy. Provokationen und Perspektiven für eine Reform der Ernährungsbildung. In: Tagungsband zur Arbeitstagung der DGE 2005. Aktuelle Aspekte in der Ernährungsbildung und -beratung.

BERGMAN M B; COXON A P (2005): The Quality in Qualitative Methods. In: Forum Qualitative Sozialforschung / Forum: Qualitative Social Research 6 (2), Art. 34. http://217.160.35.246/fqs-texte/2-05/05-2-34-e.htm (12.08.2008).

BIRCH L L; FISHER J O (1998): Development of Eating Behaviours among Children and Adolescents. In: Pediatrics 101: 539-549.

BLASS W (1980): Zeitbudgetforschung. Eine kritische Einführung in Grundlagen und Methoden. Frankfurt am Main: Campus-Verlag.

BUNDESMINISTERIUM FÜR ERNÄHRUNG, LANDWIRTSCHAFT UND VERBRAUCHERSCHUTZ (BMELV) (Hrsg.) (2008): In form. Deutschlands Initiative für gesunde Ernährung und mehr

Bewegung. Der nationale Aktionsplan zur Prävention von Fehlernährung, Bewegungsmangel, Übergewicht und damit zusammenhängenden Krankheiten. http://www.bmelv.de/cln_044/nn_1236852/SharedDocs/downloads/03-Ernaehrung/Aufklaerung/Aktionsplan__InForm/Aktionsplan__InForm.html (29.08.2008).

BODENSTEDT A A; FERBER C VON (1980): Ernährungsgewohnheiten. Zur Soziologie der Ernährung. In: Zeitschrift für Soziologie (9): 221-235.

BODENSTEDT A A; OLTERSDORF U (1983): Erfassung und Deutung des menschlichen Ernährungsverhaltens. Forschungsbericht. Gießen: Eigenverlag.

BONKE J (1999): Children's household work: is there a difference between girls and boys? Beitrag zur Konferenz der International Association for time use research. Copenhagen. http://www.iser.essex.ac.uk/conferences/iatur/1999/pdf/paper41.pdf (12.08.2008).

BONKE J; DATTA GUPTA N; SMITH N (2005): The timing and flexibility of housework and men and women's wages. In: Hamermesh D S; Pfann G A (Hrsg.): The economics of time use. Contributions to economic analysis 271. Amsterdam, Boston, Heidelberg: Elsevier. 43-77.

BONKE J; MCINTOSH J (2005): Household time allocation – Theoretical and empirical results from Denmark. In: electronic International Journal of Time Use Research 2 (1): 1-12.

BOURCIER E; BOWEN D J; MEISCHKE H ET AL. (2003): Evaluation of strategies used by family food preparers to influence healthy eating. In: Appetite (41): 265-272.

BOURDIEU P (1991): Die feinen Unterschiede: Kritik der gesellschaftlichen Urteilskraft. Frankfurt/M: Suhrkamp.

BOUTELLE K N; BIRNBAUM A S; LYTLE L A ET AL. (2003): Associations between Perceived Family Meal Environment and Parent Intake of Fruit, Vegetables and Fat. In: Journal of Nutrition Education and Behaviour 35 (1): 24-29.

BOVE C F; SOBAL J; RAUSCHENBACH B S (2003): Food choices among newly married couples: convergence, conflict, individualism, and projects. In: Appetite (40): 25-41.

BOWERS D E (2000): Cooking trends echo changing roles of women. In: Food Review 23 (1): 23-29.

BOWES J M; CHALMERS D; FLANAGAN C (1996): Children's involvement in household work: Views of adolescents in six countries. In: http://www.aifs.gov.au/institute/afrcpapers/bowes.html (12.08.2008).

BRANEN L; FLETCHER J (1999): Comparison of College Students' Eating Habits and Recollection of Their Childhood Food Practices. In: Journal of Nutrition Education 31 (6): 304-309.

BROMBACH C (2000): Ernährungsverhalten im Lebensverlauf von Frauen über 65 Jahren. Eine qualitativ biographische Untersuchung. Gießen: Köhler.

BROMBACH C (2001): Mahlzeit - Familienzeit? Mahlzeiten im heutigen Familienalltag. In: Ernährungs-Umschau 48 (6): 238-242.

BROMBACH C (2003): Das Mahlzeitenverhalten von Familien im Verlauf von drei Generationen. Ernährung im Fokus 3 (5): 130-134.

BROMBACH C (2005): Der "lange Arm" der Familie - Am Beispiel des Kochens. In: Ernährung im Fokus 5 (7): 201-207.

BROWN L J; MILLER D (2002): Couples' gender role preferences and management of family food preferences. In: Journal of Nutrition Education and Behaviour 34 (4): 215-223.

BÜHL A (2006): SPSS 14. Einführung in die moderne Datenanalyse. 10. überarbeitete und erweiterte Auflage. München: Pearson Studium.

BUGGE A B (2003): Cooking – As Identity Work. Paper presented at the 6th Conference of the European Sociological Association. Murcia. Spain. In: http://www.um.es/ESA/papers/St3_22.pdf (12.08.2008).

BUNDSCHUH I (1995): Ernährungssoziologie. In: Diedrichsen I (Hrsg.): Humanernährung. Darmstadt: Steinkopf: 80-121.

CARRIGAN M; SZMIGIN I; LEEK S (2006): Managing routine food choices in UK families: The role of convenience consumption. In: Appetite 47: 372-383.

CHARLES N; KERR M (1988): Women, food and families. Manchester, New York: Manchester University Press.

CONNORS M; BISOGNI C A; SOBAL J; DEVINE C M (2001): Managing values in personal food systems. In: Appetite 36: 189-200.

CRESWELL J W (2003): Qualitative, Quantitative and Mixed Methods Approaches. 2nd Edition. Thousand Oaks: Sage Publications.

CRESWELL J W; Plano Clark V L; Gutmann M L et al. (2003): Advanced mixed methods research designs. In: Tashakkori A; Teddlie C (Hrsg.): Handbook of mixed methods in social and behavioural research. Thousand Oaks, California: Sage Publications: 209-240.

CZAJKA S; KOTT K (2006): Konsumausgaben privater Haushalte für Nahrungsmittel, Getränke und Tabakwaren 2003. In: Wirtschaft und Statistik 6: 630-643.

DEDING M; LAUSTEN M (2006): Choosing between his time and her time? Paid and unpaid work of Danish couples. In: electronic International Journal of Time Use Research 3 (1): 28-48.

DENZIN N (1989): The research act. A theoretical introduction to sociological methods. 3rd ed. Englewood Cliffs, NJ: Prentice Hall.

DEUTSCHE FORSCHUNGSGEMEINSCHAFT E.V. (2006): Ernährungsforschung in Deutschland – Situation und Perspektiven. Standpunkte. Weinheim: Wiley-VCH.

DEUTSCHE GESELLSCHAFT FÜR ERNÄHRUNG E.V. (2007): Qualitätsstandards für die Schulverpflegung. In: http://www.schuleplusessen.de/cms/upload/pdf/Qualitaetsstandards/070920_DGE_Qualitaet sstandards_Druckversion_final.pdf (29.08.2008).

DEUTSCHE GESELLSCHAFT FÜR ERNÄHRUNG E.V. (2000): Ernährungsbericht 2000. Frankfurt am Main: Eigenverlag.

DEUTSCHE GESELLSCHAFT FÜR ERNÄHRUNG E.V. (Hrsg.) (2004): Ernährungsbericht 2004. Bonn: Eigenverlag.

DEVAULT M L (1991): Feeding the family. The Social Organization of Caring as Gendered Work. Chicago: University Press.

DEVINE C M; CONNORS M M; SOBAL J U.A. (2003): Sandwiching it in: spillover effects of work onto food choices and family roles in low- and moderate-income urban households. In: Social Science & Medicine 56: 617-630.

DIEDRICHSEN I (1995): Ernährungspädagogik. In: Diedrichsen I (Hrsg.): Humanernährung: ein interdisziplinäres Lehrbuch. Darmstadt: Steinkopf. 153-186.

DIXON J; BANWELL C (2004): Heading the table: parenting and the junior consumer. British Food Journal 3 (106): 181-193.

DOUGLAS M (1972): Deciphering a Meal. Daedalus 101 (1): 61-81.

DOUGLAS M; KARMASIN H (1999): Cultural Theory. Ein neuer Ansatz für Kommunikation, Marketing und Management. Wien: Linde.

DUCKWORTH A L; SELIGMAN, M E P (2005): Self-Discipline outdoes IQ in Predicting Academic Performance. In: Psychological Science 16 (12): 939-944.

DURKHEIM E; MAUSS M (1971): Note on the notion of civilisation. Social Research. New School for Social Research 38 (4): 808-813.

EHLING M; HOLZ E; KAHLE I (2001): Erhebungsdesign der Zeitbudgeterhebung 2001/2002. In: Wirtschaft und Statistik 6: 427-436.

EKSTRÖM M P; JONSSON I M (2005): Family Meals: Competence, Cooking and Company. In: http://home.edu.helsinki.fi/~palojoki/english/nordplus/FAMILY_MEALSpipping.pdf (12.08.2008).

ELIAS N (1969): Über den Prozess der Zivilisation, 2 Bde. München: Francke.

ELLIOTT R; FISCHER C T; RENNIE D L (1999): Evolving guidelines for publication of qualitative research studies in psychology and related fields. In: British Journal of Clinical Psychology 38: 215-229.

ERZBERGER C; KELLE U (2003): Making inferences in mixed methods: The rules of integration. In: Tashakkori A; Teddlie C (Hrsg.): Handbook of mixed methods in social and behavioural research. Thousand Oaks, California: Sage. 457-488.

FISCHLER C (1979): Gastro-nomie et gastro-anomie. Sagesse du corps et crise bioculturelle de l'alimentation moderne. Communicatons 31: 189-210.

FLICK U (1995): Qualitative Forschung. Theorie, Methoden, Anwendung in Psychologie und Sozialwissenschaften. Reinbek: Rowohlt.

FLICK U (2004): Triangulation. Eine Einführung. Qualitative Sozialforschung, Bd. 12. Wiesbaden: Verlag für Sozialwissenschaften.

FLICK U (2005): Qualitative Sozialforschung. Eine Einführung. Vollständig überarbeitete und erweiterte Neuausgabe. 3. Auflage. Reinbek: Rowohlt.

FURTMEYER-SCHUH A (1993): Postmoderne Ernährung: Food-Design statt Esskultur. Die moderne Nahrungsmittelproduktion und ihre verhängnisvollen Folgen. Stuttgart: Trias Thieme Hippokrates.

GERHARDT U (1991): Typenbildung. In: Flick U u.a. (Hrsg.): Handbuch qualitativer Sozialforschung. Grundlagen, Konzepte, Methoden und Anwendungen. München: Psychologie Verlags Union. 435-439.

GILL V (1999): Eating in: home, consumption and identity. In: Sociological Review 47 (3): 491-524.

GOODE J; BEARDSWORTH A; HASLAM C U.A. (1995): Dietary dilemmas: nutritional concerns of the 1990s. In: British Food Journal 97 (11): 3-12.

GOODNOW J J; BOWES J M; WARTEN P M; DAWES L J; TAYLOR A J (1991): Would you ask someone else to do this task? Parent's and children's ideas about household work request. In: Developmental Psychology. 27: 817-828.

GREEFF M (2005): Information collection: Interviewing. In: de Vos A S; Strydom H; Fouchè C B; Delport C S L (Hrsg.): Research at Grass Roots. For the Social Sciences and Human Service Professions. 3rd edition. Pretoria: Van Schaik Publishers. 286-313.

GREENSTEIN TN (2006): Methods of Family Research. Second Edition. Thousand Oaks: Sage.

GRUNERT S C (1993): Essen und Emotionen: Die Selbstregulierung von Emotionen durch das Essverhalten. Weinheim: Psychologie-Verlag.

GUTHRIE J F; BIING-HWAN L; FRAZAO E (2001): Role of Food prepared away from Home in the American Diet, 1977-1978 versus 1994. 1996: Changes and Consequences. Journal of Nutrition Education and Behaviour 34 (3): 140-150.

GWOZDZ W; HUFNAGEL R; SEEL B et al. (2006): Messung der Entwicklung der geschlechtsspezifischen Arbeitsteilung mit den Daten der Zeitbudgeterhebungen 1991/92 und 2001/02. In: Hauswirtschaft und Wissenschaft 54 (1): 22-28.

HECKMAN J J (2007): The Economics, Technology and Neuroscience of Human Capability Formation. In: Proceedings of the National Academy of Sciences 104 (3): 13250-13255.

HEINDL I (2005): Ernährung, Gesundheit und institutionelle Verantwortung - eine Bildungsoffensive. In: Heseker H (Hrsg.): Neue Aspekte der Ernährungsbildung. Frankfurt/Main: Umschau Zeitschriftenverlag.

HEINDL I (2003): Studienbuch Ernährungsbildung. Ein europäisches Konzept zur schulischen Gesundheitsförderung. Bad Heilbrunn: Klinkhardt.

HOLM L; KILDEVANG H (1996): Consumer's Views on Food Quality. A Qualitative Interview Study. In: Appetite 27: 1-14.

HOLM L (2001): Family Meals. In: Kjaernes U (ed.): Eating Patterns. A Day in the Lives of Nordic People. Lysaker. National Institut of Consumer Reasearch. 199-212.

HÖFÄCKER D (2007): Gut gemeint ist noch lange nicht getan. In: Informationsdienst Soziale Indikatoren (ISI). 32: 12-15.

ICHINO A; SANZ DE GALDEANO A (2005): Reconciling motherhood and work: Evidence from time-use-data in three countries. In: Hamermesh D S; Pfann G A (Hrsg.): The economics of time use. Contributions to economic analysis 271. Amsterdam, Boston, Heidelberg: Elsevier. 263-288.

JANßEN C; PFAFF H (2005): Psychosocial Environments. In : Kerr J ; Weitkunat R ; Moretti M (Hrsg.): ABC of Behavior Change. A guide to successful diseaseprevention and health promotion. Elsevier.

JANSSON S (1995): Food Practices and Social Interaction: The Case of Becoming a Family. In: Feichtinger E; Köhler B M (Hrsg.): Current research into eating practices: Contributions of social sciences. 16th Annual Scientific Meeting AGEV and European Interdisciplinary Meeting 14 - 16 October 1993, Potsdam, Germany. Frankfurt am Main: Umschau Zeitschriftenverlag: 78-81.

JOHANNSEN U (2003): Die gesundheitsfördernde Schule. Möglichkeiten und Grenzen von Gesundheitsförderung durch Organisations- und Schulentwicklung. Dissertation. Justus-Liebig-Universität Gießen.

JOHNSON R B (1997): Examining the validity structure of qualitative research. In: Education 118 (2): 282-293.

JURCZYK K; RERRICH M S (HRSG.) (1993a): Die Arbeit des Alltags. Beiträge zu einer Soziologie der alltäglichen Lebensführung. Freiburg im Breisgau: Lambertus.

JURCZYK K; RERRICH M S (1993b): Einführung: Alltägliche Lebensführung: der Ort, wo „alles zusammen kommt". In: JURCZYK K; RERRICH M S (Hrsg.): Die Arbeit des Alltags. Beiträge zu einer Soziologie der alltäglichen Lebensführung. Freiburg im Breisgau: Lambertus 11-45.

KELLE U (2004a): Integration qualitativer und quantitativer Methoden. In: Kuckartz U; Grunenberg H; Lauterbach A (Hrsg.): Qualitative Datenanalyse computergestützt. Methodische Hintergründe und Beispiele aus der Forschungspraxis. Wiesbaden: VS Verlag für Sozialwissenschaften. 27-41.

KELLE U (2004b): Computergestützte Analyse qualitativer Daten. In: Flick U; Kardorff E v; Steinke I (Hrsg.): Qualitative Forschung - ein Handbuch. 3. Auflage. Reinbek: Rowohlt. 485-502.

KELLE U; ERZBERGER C (2004): Qualitative und quantitative Methoden: kein Gegensatz. In: Flick U; Kardorff E v; Steinke I (Hrsg.): Qualitative Forschung - ein Handbuch. 3. Auflage. Reinbek: Rowohlt. 299-309.

KEMMER D; ANDERSON A S; MARSHALL D (1998): Living together and eating together: changes in food choice and eating habits during the transition from single to married/cohabiting. In: The Sociological Review. 46: 48-72.

KEMMER D (1999): Food preparation and division of domestic labor among newly married and cohabiting couples. In: British Food Journal 101 (8): 570-579.

KJAERNES U (Hrsg.) (2001): Eating Patterns. A day in the lives of Nordic people. SIFO Report. No 7. Lysaker.

KLAPP S (1998): Kinder (lernen) essen. Gemeinsame Mahlzeiten in Kindertagesstätten als Ort der Ernährungssozialisation und - erziehung. In: Ernährungs-Umschau 45 (7): 232-236.

KLAPP S, LEONHÄUSER I U (1995): Analyse der Verpflegungssituation in Gießener Kindertagesstätten. Forschungsbericht. Gießen.

KLEINSPEHN T (1987): Warum sind wir so unersättlich: Über den Bedeutungswandel des Essens. Frankfurt/M: Suhrkamp.

KLUGE S (1999): Empirisch begründete Typenbildung. Zur Konstruktion von Typen und Typologien in der qualitativen Sozialforschung. Opladen: Leske Budrich.

KLUGE S (2000): Empirisch begründete Typenbildung in der qualitativen Sozialforschung In: Forum Qualitative Sozialforschung 1(1), Art. 14g. http://www.qualitative-research.net/fqs-texte/1-00/1-00kluge-d.htm (12.08.08).

KLUGE S (2001): Strategien zur Integration qualitativer und quantitativer Erhebungs- und Auswertungsverfahren. In: Kluge S (Hrsg.): Methodeninnovation in der Lebenslaufforschung: Integration qualitativer und quantitativer Verfahren in der Lebenslauf- und Biografieforschung. Weinheim: Juventa. 37-88.

KNAPP W (2005): Die Inhaltsanalyse aus linguistischer Sicht. In: Mayring P; Gläser-Zikuda M (Hrsg.): Die Praxis der Qualitativen Inhaltsanalyse. Weinheim, Basel: Beltz UTB. 20-37.

KÖNIG W (1998): Fast Food: Zur Ubiquität und Omnitemporalität des modernen Essens. In: Adam B; Geißler K-A; Held M (Hrsg.): Die Nonstop-Gesellschaft und ihr Preis. Stuttgart/Leipzig: Hirzel. 45-62.

KUCKARTZ U (1996): MAX für WINDOWS: ein Programm zur Interpretation, Klassifikation und Typenbildung. In: Bos W; Tarnai C (Hrsg.): Computerunterstützte Inhaltsanalyse in den Empirischen Sozialwissenschaften. Theorie, Anwendung, Software. Münster, New York: Waxmann. 229-243.

KUCKARTZ U (2004a): QDA-Software im Methodendiskurs: Geschichte, Potenziale, Effekte. In: Kuckartz U; Grunenberg H; Lauterbach A (Hrsg.): Qualitative Datenanalyse computergestützt. Methodische Hintergründe und Beispiele aus der Forschungspraxis. Wiesbaden: VS Verlag für Sozialwissenschaften. 11-26.

KUCKARTZ U (2004b): Computerunterstützte Analyse qualitativer Daten. Kölner Zeitschrift für Soziologie und Sozialpsychologie. Sonderheft 44: 453-478.

KUTSCH T (1993): Ernährungssoziologie. In: KUTSCH T (Hrsg.): Ernährungsforschung interdisziplinär. Darmstadt: Wissenschaftliche Buchgesellschaft. 98-136.

KUTSCH T; SZALLIES R; WISWEDE G (1991): Mensch und Ernährung 2000. In: Szallies R; Wiswede G (Hrsg.): Wertewandel und Konsum. Landsberg/Lech: Verlag moderne Industrie. 309-363.

KVALE S (1995): The social construction of validity. In: Qualitative Inquiry 1 (1): 19-40.

LAMNEK S (1989): Qualitative Sozialforschung. Bd. 2 Methoden und Techniken. München: Psychologie Verlags Union.

LAMNEK S (1995): Qualitative Sozialforschung. Bd. 1 Methodologie. München: Psychologie Verlags Union.

LAMNEK S (2002): Qualitative Interviews. In: König E; Zedler P (Hrsg.): Qualitative Forschung. Grundlagen und Methoden. 2. Auflage. Weinheim: Beltz. 157-193.

LAMNEK S (2005): Qualitative Sozialforschung. Ein Lehrbuch. 4. vollständig überarbeitete Auflage. Weinheim: Beltz.

LANGE I-M (1994): Ernährungsverhalten erwerbstätiger Frauen: Eine empirische Studie bei vollzeitbeschäftigten Frauen eines westdeutschen Grossunternehmens. Aachen: Shaker.

LEGEWIE H (1987): Interpretation und Validierung biographischer Interviews. In: Jüttemann G; Thomae H (Hrsg.): Biographie und Psychologie. Berlin, Heidelberg: Springer. 138-150.

LEHMKÜHLER S (2002): Die Giessener Ernährungsstudie über das Ernährungsverhalten von Armutshaushalten (GESA). Qualitative Fallstudien. Gießen: Online – Ressource: http://geb.uni-giessen.de/geb/volltexte/2002/825/pdf/d020125.pdf (12.08.2008).

LEITNER S; OSTNER I; SCHRATZENSTALLER M (2004): Wohlfahrtsstaat und Geschlechterverhältnis im Umbruch. Was kommt nach dem Ernährermodell? Jahrbuch für Europa- und Nordamerika-Studien. VS Verlag für Sozialwissenschaften: Wiesbaden.

LEONHÄUSER I-U (1993): Families and private households in their function of responsibility for sustainable health and health promotion in Germany. In: Schweitzer R v (Hrsg.): Cross-Cultural Approaches to Home-Management. Reihe: Stiftung der Private Haushalt, Band 18. Frankfurt: Campus. 65-73.

LEONHÄUSER I-U (1995): Ernährungswissenschaft. In: DIEDRICHSEN I (Hrsg.): Humanernährung – Ein interdisziplinäres Lehrbuch. Darmstadt: Steinkopff. 4-36.

LEONHÄUSER I-U (2002): Concerning food patterns in a comparative way. In: Butijn C A A; Groot-Marcus J P: van der Linden M; Steenbbekkers L P A, Terpstra P M J (Hrsg.): Changes at the other end of the chain: Everyday consumption in a multidisciplinary perspective. Maastricht: Shaker.19-30.

LEONHÄUSER I-U (2003): Women's Role in the Context of Coping with Everyday Life: Challenges for Public and Privacy in Germany. In: International Journal of Human Ecology 4/1: 55-70.

LEONHÄUSER I-U; MEIER-GRÄWE U; MÖSER A; ZANDER U; KÖHLER J (2008): Interviewtranskripte zur Studie „Ernährungsversorgung zwischen privatem un öffentlichem Raum – Der Essalltag von Familienhaushalten". Unveröffentlichtes Forschungsmaterial. Gießen.

LINCOLN E G; GUBA Y S (1985): Naturalistic inquiry. Beverly Hills: Sage Publications.

LUCKMANN T (1992): Theorie des sozialen Handelns. Sammlung Göschen. Berlin: de Gryter.

LÜDERS C (2004): Herausforderungen qualitativer Forschung. In: Flick U; Kardorff E v; Steinke I (Hrsg.): Qualitative Forschung. Ein Handbuch. 3. Auflage. Reinbek: Rowohlt. 632-642.

MÄKELÄ J; KJAERNES U; EKSTRÖM M ET AL. (1999): Nordic Meals: Methodological Notes on a Comparative Survey. In: Appetite 32: 73-79.

MARSHALL D W; ANDERSON A S (2002): Proper meals in transition: young married couples on the nature of eating together. In: Appetite 39: 193-206.

MAYRING P (2003): Qualitative Inhaltsanalyse. 8. Auflage. Weinheim: Beltz.

MAYRING P (2005): Neuere Entwicklungen in der qualitativen Forschung und der Qualitativen Inhaltsanalyse. In: Mayring P; Gläser-Zikuda M (2005): Die Praxis der Qualitativen Inhaltsanalyse. Weinheim, Basel: Beltz UTB. 7-20.

MAX RUBNER INSTITUT (Bundesforschungsinstitut für Ernährung und Lebensmittel) (2008): Nationale Verzehrsstudie II Ergebnisbericht, Teil 1. Bundesweite Befragung zur Ernährung von Jugendlichen und Erwachsenen. In:
http://www.was-esse-ich.de/uploads/media/NVS_II_Ergebnisbericht_Teil_1.pdf (12.08.2008).

MEIER U (2000): Die Pluralisierung der Lebensformen und ihre kulturelle Ausdifferenzierung. In: Kettschau I et al (Hrsg.): Familie 2000. Bildung für Familien und Haushalte. Europäische Perspektiven. Hohengehren: Schneider. 56-69.

MEIER U (2002): Gender-Perspektiven für eine interdisziplinär verfahrende Ernährungswissenschaft. In: Lexikon der Ernährung, Bd. 3, N-2. Spektrum Akademischer Verlag. 57-62.

MEIER U (2004): Zeitbudgets, Mahlzeitenmuster und Ernährungsstile. In: Deutsche Gesellschaft für Ernährung e.V. (DGE) (Hrsg.): Ernährungsbericht 2004. Bonn. 72-93.

MEIER U; KÜSTER C; ZANDER U (2003): Auswertung von Zeitbudgets, Ernährungsstilen und Mahlzeitenmustern. Unveröffentlichter Endbericht des gleichnamigen Forschungsprojekts im Auftrag des BMVEL. Justus-Liebig-Universität Giessen. Giessen.

MEIER-GRÄWE U; GASTMANN S (2008): Evaluation der Präventionsarbeit des Vereins für Mütter- und Familienpflege e.V. in Giessen. Unveröffentlichter Forschungsbericht.

MEIER-GRÄWE U; ZANDER U (2005): Veränderte Familienzeiten – Neue Balancen zwischen Männern und Frauen? In: Mischua A; Oechsle M (Hrsg): Arbeitszeit – Familienzeit – Lebenszeit: Verlieren wir die Balance? In: Zeitschrift für Familienforschung. 5: 92-109.

MEIER-GRÄWE U (2006): Ernährungsstile, Mahlzeitenmuster und Beköstigungsarrangements von Familien. In: DJI Bulletin 74 (1): 22-23.

MESTDAG I (2005): Disappearance of the traditional meal: temporal, social and spatial destructuration. In: Appetite 45: 62-74.

METHFESSEL B (Hrsg.) (2000): Essen lehren – Essen lernen. Beiträge zur Diskussion und Praxis der Ernährungsbildung. 2. Aufl. Baltmannsweiler: Schneider Verlag

MEYER S; WEGGEMANN S (2001): Mahlzeitenmusteranalyse anhand der Daten der Zeitbudgeterhebung 1991/92. In: Ehling M; Merz J et al.: Zeitbudget in Deutschland – Erfahrungsberichte der Wissenschaft. Bd. 17 der Schriftenreihe Spektrum Bundesstatistik. Stuttgart: Metzler-Poeschel.

MEYERS M (2001): A Bite Off Mama's Plate. London: Bergin & Garvey.

MITCHELL J (1999): The British main meal in the 1990s: has it changed its identity? In: British Food Journal 101 (11): 871-883.

MOISO R; ARNOULD E J; PRICE L L (2004): Between Mothers and Markets. In: Journal of Consumer Culture. 4/3: 361-384.

MORSE J U (2003): Principles of mixed methods and multimethod research design. In: Tashakkori A; Teddlie C (Hrsg.): Handbook of mixed methods in social and behavioural research. Thousand Oaks, California: Sage Publications. 189-208.

MÖSER A; ZANDER U; KÖHLER J et al. (2008): Generierung von Ernährungsversorgungstypen in Familienhaushalten mit erwerbstätigen Müttern unter Einsatz einer computergestützten Datenanalyse. Anwenderbeitrag auf der CAQD 2008. 10. MAXQDA - Anwendertagung zur Computergestützten Analyse Qualitativer Daten. 6. - 8.3.2008, Marburg. In: http://www.caqd.de/dateien/band2008.pdf (12.08.2008).

MÜLLER C; GROENEVELD M; BÜNING-FESEL (2007): Food Literacy – Essen als Querschnittsthema in der Erwachsenenbildung. In: ernährung im fokus 7: 138-142.

MURCOTT A (1983): Cooking and the cooked. In: Murcott A (Hrsg.): The Sociology of Food and Eating. Aldershot: Gower: 178-185.

NAYGA RM, JR (2008): Nutrition, obesity and health: policies and economic research challenges. In: European Review of Agricultural Economics 35 (3): 281-302.

NEULOH O; TEUTEBERG H J (Hrsg.) (1979): Ernährungsfehlverhalten im Wohlstand. Paderborn: Schöningh.

NEUMARK-SZTAINER D; HANNAN P J; STORY M ET AL. (2003): Family meal patterns: Associations with sociodemographic characteristics and improved dietary intake among adolescents. In: Journal of the American Dietetic Association 103: 317-322.

N.N. (2008): Kinder kochen gerne selbst. In: GV-Praxis. Wirtschaftszeitschrift für professionelle Gemeinschaftsverpflegung. 02: 3.

OBERNDORFER R; ROST H (2002): Auf der Suche nach den neuen Vätern. Familien mit nichttraditioneller Verteilung von Erwerbs- und Familienarbeit. ifb-Forschungsbericht Nr. 5. Bamberg.

OECD (Hrsg.) (2001): Lernen für das Leben. Erste Ergebnisse von PISA 2000. Ausbildung und Kompetenzen. Paris.

OLTERSDORF U (2002): Zeit für's Essen – Zeit zum Essen. Mahlzeitenstrukturen in Deutschland: Neue Perspektiven der Ernährungsforschung. In: Moderne Ernährung Heute, Nr. 1, 1-7. http://www.suessefacts.de/download/wpd0102.pdf (12.08.2008).

O. V. (2008): Der Außer-Haus-Markt bleibt Umsatzgarant. http://ausserhausmarkt.wordpress.com/tag/auser-haus-markt/ (12.08.2008).

PÉREZ-RODRIGO C; ARANCETA J (2001): School-based nutrition education: lessons learned and new perspectives. In: Public Health Nutrition 4 (1A): 131-139.

PISA Finnland (2006): School inside and out. School Catering. In: http://www.pisa2006.helsinki.fi/finnish_school/school_day/school_inside_and_out.htm (12.08.2008)

POULAIN J-P (2002): The contemporary diet in France: "De-structuration" or from commensalism to "vagabond feeding". In: Appetit. 39: 43–55.

PRAHL H-W; SETZWEIN M (1999): Soziologie der Ernährung. Opladen: Leske & Budrich.

PREUßE H; MEIER U; SUNNUS E-M (2003): Die Vielfalt von Alltagsproblemen in prekären Lebenslagen – Möglichkeiten ihrer Bewältigung und Prävention. Leitfaden für die Bildungs-, Beratungs- und Betreuungsarbeit. Gießen. Lehrstuhl für Wirtschaftslehre des Privathaushalts und Familienwissenschaft.

PUDEL V, WESTENHÖFER J (1998): Ernährungspsychologie: eine Einführung. 2. überarb. und erw. Auflage. Göttingen: Hogrefe.

RATH K D (1984): Reste der Tafelrunde. Das Abenteuer der Esskultur. Hamburg: Rowohlt.

RIESMAN D (1958): Die einsame Masse. Hamburg: Rowohlt.

ROBERT KOCH-INSTITUT (2004): Bundes-Gesundheitssurvey.
http://www.rki.de/cln_048/nn_197444/sid_283CAC389CA5F71D9C821A40135633E5/DE/ Content/GBE/Erhebungen/Gesundheitsurveys/BGSurveys/Vorbemerkung/vorbemerkung__ inhalt.html?__nnn=true (6.3.2008).

RÜLING A (2007): Jenseits der Traditionalisierungsfallen. Wie Eltern sich Familien- und Erwerbsarbeit teilen. Frankfurt/Main: Campus.

SCHAFER R B; SCHAFER E; DUNBAR M; KEITH P M (1999): Marital food interaction and dietary behavior. In: Social Science & Medicine 48: 787-796.

SCHLEGEL-MATTHIES K (2001): Ernährung als Schnittstelle von Naturwissenschaften und Kulturwissenschaften – das Beispiel Fleisch. In: Hauswirtschaft und Wissenschaft 3: 120-127.

SCHLEGEL-MATTHIES K (2002): Die Tischgemeinschaft vor dem Aus? "Liebe geht durch den Magen". Mahlzeit und Familienglück im Wandel der Zeit. In: Der Bürger im Staat: Nahrungskultur, Essen und Trinken im Wandel. Heft 4.
http://www.buergerimstaat.de/4_02/liebe.htm (12.08.2008).

SCHULZE G (1992): Die Erlebnisgesellschaft. Kultursoziologie der Gegenwart. Frankfurt/New York: Campus.

SCHÜTZ A (1979): Der sinnhafte Aufbau der sozialen Welt. Frankfurt/Main: Suhrkamp.

SCHÜTZ A; LUCKMANN T (1990): Strukturen der Lebenswelt Bd.1. Frankfurt: Suhrkamp.

SCHÜTZ A; LUCKMANN T (1994): Strukturen der Lebenswelt Bd. 2. Frankfurt: Suhrkamp.

SCHWEITZER R VON (1978): Haushalte, private, I und II. In: Handwörterbuch der Wirtschaftswissenschaft. Stuttgart: 27-62.

SCHWEITZER R VON (1987): Der private Haushalt in der gesellschaftlichen Diskussion. In: Rapin H (Hrsg.): Der private Haushalt zwischen Individualinteresse und sozialer Ordnung. Frankfurt am Main: Campus Verlag. 9-28.

SCHWEITZER R VON (1991): Einführung in die Wirtschaftslehre des privaten Haushalts. UTB für Wissenschaft: Uni-Taschenbücher, Bd. 1595. Stuttgart: Ulmer.

SCHWEITZER R VON (2006): Home Economics Science and Art. Managing Sustainable Everyday Life. Schriften zur Internationalen Entwicklungs- und Umweltforschung, Bd. 17. Frankfurt am Main: Peter Lang. Europäischer Verlag der Wissenschaften.

SCHWEITZER R VON; PROSS H (HRSG.) (1976): Die Familienhaushalte im wirtschaftlichen und sozialen Wandel. Göttingen: Schwarz.

SETZWEIN M (2004): Ernährung – Körper – Geschlecht. Zur sozialen Konstruktion von Geschlecht im kulinarischen Kontext. Wiesbaden: VS Verlag.

SIMSHÄUSER U (2005): Appetit auf Schule – Leitlinien für eine Ernährungswende im Schulalltag. Berlin: Institut für ökologische Wirtschaftsforschung. In:
http://www.ernaehrungswende.de/fr_ver.html (29.08.2008).

SOBAL J (2000): Sociability and meals: facilitiation, commensality and interaction, In: Meiselman H L (ed.): Dimensions of the meal, the science, culture, business and art of eating. Gaithersburg: Aspen Publication. 119-133.

STATISTISCHES BUNDESAMT (2003): Wirtschaftsrechnungen. Einkommens- und Verbrauchsstichprobe. Aufwendungen privater Haushalte für Nahrungsmittel, Getränke und Tabakwaren. Fachserie 15, Heft 3 , Wiesbaden.

STATISTISCHES BUNDESAMT (1994): Aufwendungen privater Haushalte für den privaten Verbrauch. Einkommens- und Verbrauchsstichprobe 1988. Fachserie 15, Heft 5, Wiesbaden.

STEINKE I (1999): Kriterien qualitativer Forschung: Ansätze zur Bewertung qualitativ-empirischer Sozialforschung. Weinheim, München: Juventa Verlag.

STEINKE I (2004): Gütekriterien qualitativer Forschung. In: Flick U; Kardorff E von, Steinke I (Hrsg.): Qualitative Forschung. Ein Handbuch. 3. Auflage. Reinbek: Rowohlt. 319-331.

STEINKE I (2005): Qualitätssicherung in der qualitativen Forschung. Tagungsband zur CADQ 2005 vom 10. - 11. März 2005. Marburg: 6-17.

TASHAKKORI A; TEDDLIE C (Hrsg.) (2003): Handbook of mixed methods in social and behavioural research. Thousand Oaks, California: Sage Publications.

TEUTEBERG H J (1985): Der Wandel der häuslichen Tischgemeinschaft und Aufgaben einer Haushalts- und Ernährungserziehung. In: Hauswirtschaft und Wissenschaft. 33: 30-40.

TEUTEBERG H J (HRSG.) (1992): European Food History. A Research Overview. Leicester: Leicester University Press.

TEUTEBERG H J (1993): Essen und Trinken als Gegenstand der Geschichtswissenschaft. In: Kutsch T (Hrsg.): Ernährungsforschung – interdisziplinär. Darmstadt: wissenschaftliche Buchgesellschaft. 178-206.

TEUTEBERG H J; NEUMANN A; WIERLACHER A (HRSG.) (1997): Essen und kulturelle Identität. Europäische Perspektiven. Berlin: Akademie Verlag.

TULVISTE T (2000): Socialisation at Meals. A Comparison of American and Estonian Mother-Adolescent Interaction. In: Journal of Cross-Cultural Psychology. 31/5: 537-556.

VEREECKEN C A; KEUKELIER E; MAES L (2004): Influence of mother's educational level on food parenting practices and food habits of young children. In: Appetite 43: 93-103.

WEBER M (1972): Wirtschaft und Gesellschaft. Studienausgabe. 5. Aufl., Tübingen: Mohr.

WESTENHÖFER J (2001): Establishing good dietary habits – capturing the minds of children. In: Public Health Nutrition, 4 (1): 125-129.

WEUFFEL K; MICHELS P (2006): Der Außer-Haus-Markt. Strukturen der kommerziellen Gastronomie. In: Zentrale Markt- und Preisberichterstattung (ZMP) (Hrsg.): http://www.zmp.de/shop/inhaltsverzeichnis/K692_Inhaltsverzeichnis.pdf (28.07.2008).

WISSENSCHAFTSRAT (2006): Empfehlungen zur Entwicklung der Agrarwissenshaften in Deutschland im Kontext benachbarter Fächer (Gartenbau-, Forst- und Ernährungswissenschaften). In: http://www.wissenschaftsrat.de/texte/7618-06.pdf (29.08.2008).

WITZEL A (1989): Das problemzentrierte Interview. In: Jüttemann G (Hrsg.): Qualitative Forschung in der Psychologie. Grundfragen, Verfahrensweisen, Anwendungsfelder. Heidelberg: 227-257.

ZANDER U; MEIER-GRÄWE U; MÖSER A (2005): Change in time use for daily eating and household work activities in Germany. In: International Journal of Human Ecology 6 (2): 37-49.

ZMP (Zentrale Markt und Preisberichtstelle) (Hrsg.) (2005): Frühstücken in Deutschland. In: http://www.zmp.de/shop/inhaltsverzeichnis/K521_Inhaltsverzeichnis.pdf (28.07.2008).

ZMP (2007): Gastronomie im Aufschwung. Aktuelle ZMP-Infografik vom 07.05.2007. In: http://www.zmp.de/presse/agrarwoche/marktgrafik/archiv/grafik_2007_19.asp (12.08.2008).

ZULEHNER P M; VOLZ R (1999): Männer im Aufbruch. Wie Deutschland Männer sich selbst und wie Frauen sie sehen. Ein Forschungsbericht. Ostfildern: Schwabenverlag oder http://www.univie.ac.at/pastoraltheologie/lbi/seiten/download/BRD%20summary.pdf (12.08.2008).

MIX
Papier aus verantwortungsvollen Quellen
Paper from responsible sources
FSC® C105338

If you have any concerns about our products,
you can contact us on
ProductSafety@springernature.com

In case Publisher is established outside the EU,
the EU authorized representative is:
Springer Nature Customer Service Center GmbH
Europaplatz 3, 69115 Heidelberg, Germany

Printed by Libri Plureos GmbH
in Hamburg, Germany